数字化校园探索与信息化管理能力

初　晓◎著

吉林出版集团股份有限公司

图书在版编目（CIP）数据

数字化校园探索与信息化管理能力 / 初晓著 . 一 长春 : 吉林出版集团股份有限公司，2020.6

ISBN 978-7-5581-2234-7

Ⅰ . ①数… Ⅱ . ①初… Ⅲ . ①学校管理－信息化－研究 Ⅳ . ① G47-39

中国版本图书馆 CIP 数据核字（2020）第 098590 号

数字化校园探索与信息化管理能力

著　　者	初　晓
责任编辑	王　平　白聪响
封面设计	林　吉
开　　本	787mm×1092mm　1/16
字　　数	240 千
印　　张	10.75
版　　次	2021 年 6 月第 1 版
印　　次	2021 年 6 月第 1 次印刷
出　　版	吉林出版集团股份有限公司
电　　话	总编室：010-63109269
	发行部：010-82751067
印　　刷	炫彩（天津）印刷有限责任公司

ISBN　978-7-5581-2234-7　　　　　　　　　　定价：58.00 元

前　言

在 2000 年 10 月，教育部就做出了建设校园网工程的决定。当前，我国正在推进教育信息化的步伐，在云计算、物联网等新型技术的带动下，教育教学资源更加丰富，学校人员需要更频繁地使用智能设备，数字化校园由此而产生。随着现代社会科技的迅速发展，网络化和信息化的普及，数字化校园的管理和应用也逐步成了现代化数字校园的标准和建设要求。

本书立足于我国数字化校园的发展情况，按照由浅至深、由理论到实践的层次展开，对我国数字化校园的建设情况及其对校园带来的变革与发展等做了阐述，并对数字化校园下的信息管理能力做了分析与探讨，旨在为我国数字化校园的发展提供指导，从而推动我国的教育信息化进程。本书主要内容包括：认识数字化校园、数字化校园发展的现实基础、数字化校园的建设、建设数字化校园的技术支撑、数字化校园与教育变革、数字化校园管理与文化建设以及信息化项目管理能力的评估分析。

由于时间仓促，加之能力有限，书中的不足之处在所难免，望广大读者给予批评指正。

编者

目　录

第一章 认识数字化校园

国家中长期教育改革和发展规划纲要（2010—2020 年）提出："信息技术对教育发展具有革命性影响，必须予以高度重视。到 2020 年，基本建成覆盖城乡各级各类学校的教育信息化体系，促进教育内容、教学手段和方法现代化。充分利用优质资源和先进技术，创新运行机制和管理模式，整合现有资源，构建先进、高效、实用的数字化教育基础设施。加快终端设施普及，推进数字化校园建设，实现多种方式接入互联网。"[1]

第一节 数字化校园的发展

数字化校园是信息技术在学校教育广泛应用的产物。它的产生是一个在实践中不断孕育与发展的过程。研究数字化校园的理论与实践，首先要坚持历史唯物主义观点，了解数字化校园起源与发展的历程，探索数字化校园发展的特点和规律。

一、数字化校园的概念提出

目前，关于校园信息化、数字化的名称有许多不同的提法。国外使用 I-cam-pus（信息化校园）、E-compus（电子化校园）、Campus Computing（计算化校园）、Virtual Compus（虚拟学校）等，国内经常使用数字校园、数字化校园、信息化校园、数字化学校、虚拟校园等，我国政府部门也经常把数字校园、数字化校园混用，这些提法虽略有区别，但含义基本相同。本书使用数字化校园这一说法主要基于两点考虑：一是突出"数字"的时代特征；二是强调"化"的动态发展过程。

把数字化校园概念的最早使用归结为某一个人或某一件事似乎有些牵强，实际上，数字化校园的提出经历了一个在实践中不断孕育与发展的过程。从 20 世纪 60 年代开始出现计算机辅助教学，到后来学校大量使用计算机上网，进而建设学校校园网，开展在线学习和远程教育，建立各种数字化教育资源，进行数字化学习，同时借鉴了数字化生存、数字生活、数字地球、数字化社会等概念的用法，数字校园、数字化校园的概念逐步形成。

但是可以肯定的是，数字化校园的发展起源于美国。美国是世界上教育信息化最发达的国家，早在 20 世纪 60 年代就开始进行计算机辅助教学。自从 1959 年美国 IBM 公司研

---

[1] 中共中央国务院国家中长期教育改革和发展规划纲要（2010—2020 年）[EB/OL].2010-07-29.http:// politics.people.com.cn/GB/12292524.html.

制成功第一个 CAI 系统后，人类就开始进入计算机应用于教育的时代。80 年代中期之后，随着微型计算机的进一步普及，更多的计算机进入了美国校园，"计算化的校园"成为美国学校教育的新潮流。[2]20 世纪 90 年代加利福尼亚州用 110 亿美元为全州所有的公共学校配备计算机，并建立校园网。1990 年由美国克莱蒙特大学教授肯尼斯·C·格林发起并主持了一项大型科研项目——信息化校园计划[3]，该项目以调查和研究现代信息技术在美国大学中的发展状况及促进大学信息技术的应用为目的，在国际上产生很大影响。1998 年 1 月 31 日，美国前副总统戈尔（Albert Arnold Gore Jr.）在美国加利福尼亚科学中心发表了题为《数字地球：21 世纪认识地球的方式》（*The Digital Earth：Understanding our Planet in the 21st Century*）的演讲，最先提出"数字地球"概念，全世界开始普遍接受数字化概念，引出"数字城市""数字化社会""数字化校园"等各种概念。

【知识拓展】

美国大学"信息化校园计划"

20 世纪 90 年代初，美国克莱蒙特大学教授肯尼斯·C·格林（Kenneth C.Green）发起并主持了一项大型科研项目"信息化校园计划"（The Campus Computing Project）。这项计划以调查和研究现代信息技术在大学中的发展状况及促进大学信息技术的应用为目的，是美国目前关于高等教育信息化最大最有权威的研究项目之一[4]。从 1990 年起，通过定量和定性研究相结合的方法，每年在全国范围内选择 600～800 所大学进行抽样调查和访谈，定期发布美国各大学信息技术的发展和应用方面的详细资料，并对发展过程存在的各种问题提出许多建设性的意见和建议，是迄今为止美国持续时间最长和规模最大的教育技术研究项目。总的来看，信息化校园计划全面地：展示了美国大学信息技术应用的现状和未来发展趋势，为世界各国高等教育的信息化进程提供了许多可资借鉴的经验。

世界上，美欧发达国家教育信息化的步伐率先启动，也始终处于领先地位。20 世纪 80 年代以后。美国政府先后组织了几项规模较大的中小学教育信息化工程。例如，由美国教育部发起的"明星学校"计划（1988—1997 年）使 6000 多所学校联通信息高速公路，并开发了 30 多门完整的信息化课程；由美国科学基金会资助的"全国学校网络试点项目"，美国教育联合会为此建立了"21 世纪教师"网络服务等。为了更好地促进教育信息化发展，美国政府先后在 1996 年、2000 年、2005 年、2010 年制定并颁布了四个"国家教育技术计划"。1996 年 6 月美国政府公布了首个"国家教育技术计划"——《让美国学生为 21 世纪做好准备：迎接技术能力的挑战》，提出 2000 年实现全美的每间教室和每个图书馆都将联上信息高速公路，建议国会通过立法措施使美国从小学到大学都实现"人、机、路、网"成片联结，彻底改变美国高等教育领域教与学的方式、手段和过程，从而为美国抢占教育

[2] 赵国栋.大学数字化校园与数字化学习纪实研究 [M].北京：北京大学出版社，2012：19.

[3] 国内学者据此认为是肯尼斯·C·格林教授最早提出数字化校园概念的。

[4] 赵国栋.美国大学"信息化校园计划"评述 [J].比较教育研究，2001（4）：47-50.

在国际上新的制高点做准备。2010 年 11 月美国政府又公布了最新一轮的"国家教育技术计划"——《改革美国教育：技术支持的学习》，推动教育领域的结构性变革。除了联邦政府制定国家教育技术计划外，各州还根据自己的实际情况制定了相应的教育技术计划。[5] 美国各类学校更加重视学校信息化建设。著名研究型大学麻省理工学院（MIT）有着悠久的利用技术变革教育的传统：1983—1991 年 MIT 与 IBM 合作启动实施了"雅典娜项目"，其主题为"计算机真的可以帮助本科生更快更好地学习？"1999—2006 年 MIT 又和微软合作启动了"信息化校园"（I-cam-pus）项目；其间又于 2001 年 4 月启动了"网络课件开放工程"（OCW），在全世界产生了极其广泛的影响。[6]

【知识拓展】

美国："国家教育技术计划"系列

美国以科技立国，历来重视技术（特别是现代信息技术）在教育、教学领域的应用，强调要通过信息技术来促进教育的改革与发展。自前总统克林顿在 20 世纪 90 年代初倡导建立信息高速公路以来，历届美国总统始终不渝地遵循"要运用信息技术促进教育改革与发展"的战略方针。为此，从 1996 年开始，曾先后在 2000 年、2005 年、2010 年制定并颁布过四个"国家教育技术计划"。

1996 年 6 月：首个国家教育技术计划——《让美国学生为 21 世纪做好准备：迎接技术能力的挑战》。该计划确定了美国发展教育信息化的四个核心目标：①全国所有教师都得到培训和支持，以便帮助学生学会使用计算机和信息高速公路；②所有学校的教室中都将拥有现代化的多媒体计算机；③每个教室都将连接信息高速公路；④有效的软件和在线学习资源将成为每个学校课程的必要组成部分。通过实施该计划，彻底改变美国高等教育领域教与学的方式、手段和过程，从而为美国抢占教育在国际上新的制高点做准备。

2000 年 12 月：第二个国家教育技术计划——《电子化学习：将世界一流的教育置于儿童的指尖》。该计划提出了五个发展目标：①所有的学生和教师都能在课堂、学校、社会和家庭中运用信息技术；②所有的教师都能够有效地运用技术帮助学生达到较高的学业水平；③所有的学生都应具备技术和信息素养技能；④研究和评估促进下一代技术在教育和学习中的应用；⑤数字化内容网络应用将改变教学和学习。美国希望通过这个计划改变美国的教育现状，继续保持美国教育的世界领先地位。

2005 年 1 月：第三个国家教育技术计划——《迈向黄金时代的美国教育：因特网、法律和当代学生展望》。该计划提出了七个主要步骤及建议：①加强领导力；②考虑改革预算；③促进教师培养；④支持 E-learning 和虚拟学校；⑤鼓励使用宽带网；⑥迈向数字化内容；⑦整合数据系统。第三个国家教育技术计划侧重的是如何在教育中有效运用技术。[7]

2010 年 11 月：第四个国家教育技术计划——《改革美国教育：技术支持的学习》。该技术提出四个方面的应对策略：①改革美国教育，要对整个美国的教育系统进行革命性

[5] 王运武，陈琳 . 中外教育信息化比较研究 [M]. 北京：电子工业出版社，2008：82.

[6] 祝智庭 . 世界各国的教育信息化进展 [J]. 外国教育资料，1999（2）.

[7] 王运武，陈琳 . 中外教育信息化比较研究 [M]. 北京：电子工业出版社，2008.

的变革；②实施用技术支持的学习模型；③明确目标、提出相关建议；④立即采取行动。第四个国家教育技术计划提出了教育领域一个意义最为重大的命题：如果想要看到教育生产力的显著提高，就需要进行由技术支持的重大结构性变革，而不是进化式的修修补补。[8]

纵观四个美国"国家教育技术计划"，我们不难发现美国国家教育技术计划经历了一个由重视基础设施建设，到重视应用，再到重视有效应用，最后到结构性变革的过程。除了联邦政府制定国家教育技术计划外，各州还根据自己的实际情况制定了相应的教育技术计划。

欧盟各国十分重视教育信息化发展。20世纪90年代，欧盟教育部发布了《信息社会中的学习：欧洲教育创意行动规划（1996—1998年）》，目的在于加速学校的信息化进程，并且提出了明确的有关教育信息化及其改革的发展计划，如关于推动高校教育改革的"苏格拉底"计划（1995—1999年）、改革职业技能培训的"达·芬·奇"计划（1995—1999年）、开发多媒体教材的MEDIA Ⅱ与INFO 2000计划（1996—1999年）、计算机通信应用计划（1994—1998年）等。相应地，欧盟各国也纷纷制定了各自的学校信息化发展计划：德国教育科技部与电信部发起了一项关于在三年内使10000所学校联网的动议；芬兰教育部于1995年提出一个名为"信息社会中的教育、培训与研究"的国家战略五年计划，规定到2000年时使全部学校和教育机构联网；意大利教育部于1995年提出一个行动计划，打算在2005年前为20%的小学和30%的中学配备多媒体设备与软件；法国政府于1995年确定了一批有关教育信息化的课题，建立了一批网上信息资源，将13个学区的学校先行联网，并制定了一项为期三年的多媒体教学发展计划，至2000年，从幼儿学校到大学的每个学生都要介入多媒体学习活动。

英国称教育信息化为ICT（Information and Communication Technology），即信息与通信技术。进入数字化时代后，英国政府逐渐认识到要创造一流的教育品牌，必须依靠信息与通信技术，在发展战略方面给予了高度重视。1995年，英国推出"教育高速公路：前进之路"行动计划，将400多家教育机构首批联网。1997年5月，英国首相布莱尔承诺要利用信息通信技术的威力，改善教与学的质量，发表了"连接学习化社会——国家学习信息系统建设"计划。英国政府宣布1998年是英国的网络信息化年，实施全国上网学习计划，并提出了"四年内训练所有教师使用因特网"的具体目标。2005年3月，英国教育技能部出台了主题为"电子化战略"的教育信息化发展的新五年政策。提出2007年至2008年有8个战略目标，如让教育走向普遍技术支持的学习；确保儿童和学习者有安全的上网环境；确保所有的学校改善对技术的使用；增加使用技术的教师以支持个性化学习等。英国高校联合信息系统委员会又提出2010—2012年发展战略，规划主要包括E-learning文化、研究环境、人员素质、共享服务、云计算和改变评估等内容。[9]

我国自20世纪90年代开始大规模推进教育信息化和数字化校园建设，并得到快速发

[8] 何克抗.关于《美国2010国家教育技术计划》的学习与思考[J].电化教育研究，2011（4）.

[9] 王运武，陈琳.中外教育信息化比较研究[M].北京：电子工业出版社，2008.

展。1994年4月，由国家教委主持的"中国教育和科研计算机网（CER-NET）示范工程"开始启动，1995年12月正式开通运行。CERNET作为联通全国大学的骨干网络，对促进我国教育和科研事业的发展、人才的培养以及我国信息化建设起到重要作用，同时对高校的信息化建设起到了引领和推动作用。自此我国高校开始以局域网建设为主流的校园网建设，"数字化校园"在高校广泛流行。1999年6月召开的全国教育工作会议，公布了《关于深化教育改革全面推进素质教育的决定》，明确提出了教育信息化的任务。2000年10月，教育部下发《关于在中小学实施"校校通"工程的通知》指出：决定用5～10年时间，在中小学实施"校校通"工程，使全国90%左右的独立建制的中小学校能够上网，使中小学师生都能共享网上教育资源。2001年11月，教育部印发《关于中小学校园网建设的指导意见》，推进中小学校园网建设，总体规划，分阶段实施，逐步完善，有条件的学校校园网建设要考虑"三网"（计算机网、闭路电视网、广播网）合一，以满足学校的实际需要和规范校园信息网络的整体建设。2004年3月，国务院印发《2003—2007年教育振兴行动计划》，提出实施教育信息化建设工程，加快CERNET和中国教育卫星宽带传输网（CEBsat）的升级扩容工程建设，积极参与新一代互联网和网格（ChinaGRID）的建设，推动高等学校数字化校园建设。这是在国家层面首次提出数字化校园的概念和推进策略。2010年7月颁布的《国家中长期教育改革和发展规划纲要（2010—2020年）》指出：构建先进、高效、实用的数字化教育基础设施，推进数字化校园建设，实现多种方式接入互联网。2012年3月，教育部印发《教育信息化十年发展规划（2011—2020年）》，全面部署未来十年我国教育信息化的发展，对各类学校的数字化校园建设提出了具体要求。这一系列政策的出台和要求，说明国家对加快学校教育信息化、推进数字化校园建设的高度重视，我国数字化校园建设进入一个新的发展时期。

【知识拓展】

我国推进数字化校园发展的历程

我国教育信息化和数字化校园建设起始于20世纪90年代中期。1994年4月，由国家教委主持，全国十所重点大学共同承担的重点公益性试验项目"中国教育和科研计算机网（CERNET）示范工程"开始启动，覆盖全国八大区10个网点，作为联通全国大学的骨干网络，1995年12月第一阶段工程通过验收，并正式开通运行。1999年，CERNET开始建设自己的高速主干网。2004年，开通中国第一个IPv6全国主干网CER-NET2。CERNET示范工程建设的成功，对最终促进我国教育和科研事业的发展、人才的培养以及我国信息化建设起到重要作用，同时对高校的信息化建设起到了引领和推动作用。

1998年12月，教育部制定了《面向21世纪教育振兴行动计划（1998—2002年）》。1999年6月，中共中央和国务院召开全国教育工作会议，公布了《关于深化教育改革全面推进素质教育的决定》。两个文件明确提出教育信息化的任务：启动并实施现代远程教育工程；以CERNET和卫星视频传输系统为基础，提高主干网传输速率；进一步扩大CERNET的传输容量和联网规模。重点建设全国教育资源库，建立大学招生远程录取、计算机学籍管理、毕业生远程就业服务一体化的信息系统，提高教育现代化水平。

2000年10月，教育部下发《关于在中小学实施"校校通"工程的通知》（教基〔2000〕34号），决定用5～10年时间，在中小学实施"校校通"工程，使全国90%左右的独立建制的中小学校能够上网，使中小学师生都能共享网上教育资源。

2001年11月，教育部印发《关于中小学校园网建设的指导意见》（教基厅〔2001〕16号），推进中小学校园网建设，总体规划，分阶段实施，逐步完善，有条件的学校校园网建设考虑"三网"（计算机网、闭路电视网、广播网）合一方案，以满足学校的实际需要和规范校园信息网络的整体建设。通过校园网在教学过程中合理有效地应用，改变传统的教学模式、教学方法、教学手段，促进教育观念、教学思想的转变。

2004年3月，国务院印发《2003—2007年教育振兴行动计划》（国发〔2004〕15号），提出实施教育信息化建设工程，加快CERNET和CEBsat的升级扩容工程建设，积极参与ChinaGRID的建设，加强高等学校校园网建设，建立网络学习与其他学习形式相互沟通的体制，推动高等学校数字化校园建设。

2010年7月，中共中央、国务院颁布《国家中长期教育改革和发展规划纲要（2010—2020年）》指出：信息技术对教育发展具有革命性影响，必须予以高度重视。到2020年，基本建成覆盖城乡各级各类学校的教育信息化体系，促进教育内容、教学手段和方法现代化。整合现有资源，构建先进、高效、实用的数字化教育基础设施。加快终端设施普及，推进数字化校园建设，实现多种方式接入互联网。

2012年3月，教育部印发《教育信息化十年发展规划（2011—2020年）》，全面部署未来十年我国教育信息化的发展任务，明确指出：针对基础教育实际需求，提高所有学校在信息基础设施、教学资源、软件工具等方面的基本配置水平；加强职业院校，尤其是农村职业学校数字校园建设，全面提升职业院校信息化水平；加强高校数字校园建设与应用，构建先进、高效、实用的高等教育信息基础设施，推进信息技术在教学中的普遍应用。

2012年10月，教育部等九部门联合下发《关于加快推进教育信息化当前几项重点工作的通知》（教技〔2012〕13号）对近两年教育信息化重点工作进行具体安排，提出网络条件下的教学环境建设、网络学习空间建设、教育资源服务平台建设等七项举措，全面推进教育信息化和数字化校园取得新进展。

二、数字化校园的发展过程

纵观国内外学校信息化建设的发展历程。尽管不同国家区域、不同类型学校的信息化建设具有各自的特点，但有一个共同点，就是学校信息化发展随着信息技术的发展和应用在向前演进，学校信息化水平随着信息技术水准的提升而不断上升。从一般的发展过程来说，数字化校园的发展可分为校园网基础设施建设、单项应用系统建设、综合应用系统建设、数字化校园集成建设等四个阶段。

（一）校园网络基础设施建设阶段——初级网络应用

数字化校园发展的第一阶段为校园网基础设施建设阶段。校园网最开始的建设主要以网络建设为主，就是架网。基础设施建设时期，重点任务包括网络线路铺设、计算机的采购及升级、应用软件平台的架构、管理操作人员的教育培训等工作，建设的投入主要在基本的信息化软硬件设备的投资上。

在网络建设中，由于校园网运用的技术比较繁杂，而且业务相对单一，因此这一阶段主要关注如何保证校园网的联通、技术性能水平，以及各种不同网络技术的兼容和融合。学校校园网主要采用局域网技术，以太网技术、FDDI、ATM 等各种网络技术也可能同时都有应用；网络部分现在比较主流的是内网千兆主干，百兆到桌面，与中国教育科研网和 Internet 各有一个百兆或千兆的出口；应用服务器部分根据需要一般包括 DNS、邮件、文件传输、视频流、业务系统等，基本满足数字化校园硬件支撑平台的需要。

在此阶段，学校数字化校园建设刚刚起步，校园网基本孤立，信息资源极少，教职员工初步接触计算机网络，还不能深切认识到网络对人们工作和日常生活方式的改变，网络速度和可靠性都不是很高，网上所运行的应用大多是网页浏览、文件上传下载、远程登录和电子邮件等初级网络应用功能。此阶段在我国所有高等学校已经完成，部分中小学校可能还没有完整的校园网，但均已具有联网的终端计算机，实现了初级网络应用。

（二）单项应用系统建设阶段——辅助提升效率

第二阶段为单项应用系统建设阶段，即业务软件和信息资源建设的初级阶段。此阶段，各学校已经具备硬件网络平台和终端计算机设备，开始注重基于网络平台的各类教学和管理应用，针对学校工作的实际需要，开发各类辅助教育系统，提升教学和管理工作效率，但这些辅助软件大多为单项应用系统。

这一阶段建设的重点主要是各类单项业务软件系统和数字化教育资源，学校各部门根据自己业务需要，建设一些对电子数据进行处理的单项应用系统。比如，计算机辅助教学软件、多媒体教学课件等教学平台软件，学科资料库、数字图书馆等教学资源系统，选课系统、成绩管理系统、学籍管理系统、工资系统、设备管理系统等单项管理系统，会议通知、文件传递等自动化办公系统。同时，进一步完善基础设施和公共服务平台，如综合应用服务器，多媒体教室、数字化备课室、电子阅览室等各类数字化教学场所等，支持各类业务系统的建设和应用。

我国有不少学校正处于此阶段。从应用来看，在此阶段校内各个部门已经逐渐适应使用计算机来管理日常事务，在较大程度上减轻了一线工作人员的事务性工作，教师利用信息技术手段辅助课堂教学，提高了课堂效率，学生也可以轻松地通过网络来进行选课，利用数字化图书馆查阅资料，接受网络远程教育等，但存在应用系统独立建设，系统之间数据需要重复输入，数据难以统一等问题，造成每个系统都要单独登录，不能形成全面的决策数据。为了解决日益突出的矛盾，数字化校园应尽快发展到第三阶段，即部门级综合应用系统建设。

（三）综合应用系统建设阶段——整合促进变革

第三阶段为综合应用系统建设阶段。此阶段以平台的概念对信息资源和业务应用进行整合，建设和应用网络化、综合化业务信息系统，如网络化教学平台、综合教务管理系统、综合人事管理系统、综合财务管理系统、综合办公系统等。这些系统的建成，有利于部门内部的数据共享，有利于实现信息技术与学科教学的整合，有效地配合学校课程教学和管理方式的改革。

这一阶段的建设以网络化应用软件平台建设为重点，技术选型上多以 B/S 三层结构为主，为整合信息和业务构建业务中间层，同时建立学校综合数据库，将身份信息等核心数据后置以便于共享和管理，各类业务系统可以在统一的用户信息和权限控制平台基础上进行。这期间，随着网络技术的发展，各种网络应用也开始出现并迅速发展，如 BBS、QQ、BT 下载、视音频业务等，这些应用对带宽和公共服务提出了新的要求，高速以太网等新的网络技术开始步入校园。

从应用来看，此阶段基于网络的综合系统应用已深入人心，校园信息网络是一种极为方便的信息沟通工具。可以弥补传统教学的不足。从最初的 CAI 课件开发，到基于网络的大型教学辅助系统，实现了课件点播、VCD 流式点播、远程课堂、网络在线答疑和考试等复杂功能，网络教学的内容和形式逐步得以完善，为学校探索新的教学方式提供了一条新路子。在管理服务上，基于网络的综合管理系统、综合办公系统、综合服务系统为师生和管理人员提供了方便快捷的信息服务，促进了管理和服务模式的变革。

我国大多数学校正处于此阶段或正从第二阶段转入此阶段。这一阶段在一定程度上解决了部门内部数据共享、统一的问题，但没有从根本上解决全局数据共享、全局数据统一、用户身份统一认证、全面决策等问题。是数字化校园走向成熟阶段的过渡产品。这些问题需要在新的发展阶段加以解决。

（四）数字化校园集成建设阶段——融合实现创新

第四阶段是数字化校园集成建设阶段。随着各类综合应用系统的全面投入使用，需求不断深入，对系统互联互通、资源集成共享等提出了更高的要求。在这个阶段，需要站在全局的角度和更高的层次来考察校园的信息化建设，进入数字化校园建设的全面规划与集成化建设阶段。

这一阶段的数字化校园建设在建设目标和途径上具有更高的要求，要求以一种动态化、层次化、整体化的观点来规划和实施学校的信息化建设。各类学校数字化校园建设注重整体规划，具有清晰、长远的发展目标，在此基础上分步实施，并以统一的标准对各应用系统进行整合集成，构建统一的数字化平台，实现用户身份统一、核心数据统一、门户展现统一。针对前三个阶段已建成比较完善的硬件网络平台和各类软件应用平台，重点解决已有旧系统、旧数据的兼容问题，按照新的目标和标准，将已有的各类应用系统都集成在统一的数字化平台之下，并考虑与校外资源互联互通，实现信息的流通和资源的共享。

数字化校园的集成建设依赖于现代信息技术的迅猛发展和集成应用。近几年，万兆以太网已经开始在高校校园网中规模化应用，下一代以太网标准将达到 10 万兆标准。同时，随着 CERNET2 的开通，IPv6 技术也已经在校园网中实验并逐步应用。基于云计算技术建立学校私有云，基于物联网技术建立感知教学环境，基于 Web 2.0 建设学习交流平台，基于大数据技术挖掘学校信息等，通过当代多种先进信息技术的一体化开发应用，实现网络融合、资源整合和系统集成，为学校构筑一个统一的信息资源平台，为学校每个人提供更人性化的服务，不断推动学校的信息化发展。

数字化校园建设的理想目标应该是，信息技术与学校教育的深度融合——综合应用系统集学校的业务处理、管理、服务及决策于一体，实现信息共享、数据流通、统一认证，解决前面各阶段遇到的问题，为学校教学、科研、管理、服务提供先进的信息化环境，促进学校教育的结构性、全面性变革。我国现已有少部分学校开始进入第四阶段，更多的学校则是把此阶段作为各自的数字化校园发展的目标。

📁 第二节　数字化校园的内涵及特征

虽然数字化校园的实践已有相当的历史，但对数字化校园的概念尚无统一的定义，目前存在对数字化校园的多种不同理解。因此，探讨和建立明确、统一的数字化校园的概念、内涵及特征，对于建立数字化校园的理论体系，更好地推进数字化校园建设和应用，具有重要的意义。

一、数字化校园的概念

数字化校园是信息时代学校教育变革中最常见、最重要的概念，是一个伴随技术应用变化而不断发展的概念。数字化校园起源于早期的教育信息化实践活动，但又不等同于一般的教育信息化，是学校信息化发展到一定阶段涌现出来的，是学校信息化发展到较高水平的标志性产物。从这个意义上讲，数字化校园的概念应具有以下五点含义。

（1）数字化校园和数字化企业、数字化城市、数字化地球都是一类概念，只是范围不同而已。要实现教育信息化就必须从校园信息化做起，即建设数字化校园。

（2）数字化校园是在传统校园的基础上，利用先进的信息化手段和工具，将现实校园的各项资源数字化，形成的一个数字化空间，使现实的校园环境在时间和空间上得到延伸。

（3）数字化校园是用层次化、整体化的观点来实施校园信息化建设，对学校所有信息资源进行统一的、科学的组织与管理，而构建的数字化资源丰富、多种应用系统集成、相关业务高度整合的校园信息化环境，是集教学、科研、管理、服务为一体的新型数字化的工作、学习和生活环境。

（4）数字化校园是以校园网络为基础，在将环境（包括设备、教室等）、资源（包括图书、讲义、课件等）以及活动（包括教、学、管理、服务、办公等）全部数字化后，通过应用系统的紧密联结实现校园的信息传递和信息服务，从而优化和提高学校教育质量与水平。

（5）数字化校园的根本目的，是通过建设和应用数字化的学习环境，促进信息技术与学科教学的深度融合，以有效支持学生学习和教师教学，构建适应信息时代要求的新的学校教育模式，使传统的教育产生深刻变革，最终实现学校教育的全面信息化。

综上所述，所谓"数字化校园"，是指以校园网络为基础，利用先进的信息技术手段，将教学环境、教学资源和教育活动全部数字化，构建一个数字化校园环境，拓展现实校园的时空维度和功能，有效支持学生学习和教师教学，促进传统教育深刻变革与创新，最终实现学校教育的全面信息化。

数字化校园与现实校园相比较，既有区别又有联系。一方面，与现实校园相比，数字化校园在校园空间、时间、教育对象、教学方式和内容等方面得到了拓展，这样教育理念和管理体制就必然会发生变化。另一方面，现实校园中的人、环境、活动三个要素可以全部对应在数字化校园中。在现实校园中，人通过各种活动与环境发生作用，形成一个有机的整体。在这个有机体中，人是现实校园的主体，学校中人的特点、身份千差万别，如学生、教师、管理者、服务人员等，有的还具有多重身份，将这些形形色色的人进行数字化，就需要建立安全可靠、身份具体、权限规范的电子身份认证系统。环境是指相对于主体人之外的外部因素，包括校园的场地、教室、实验室、图书馆、宿舍、运动场馆等硬件环境，也包括学校理念、教学内容、教学方式、学生成绩、管理程序、服务模式等软件环境。环境的数字化是一个非常复杂的过程，可以通过系统仿真、虚拟现实等方法来实现校园场景的模拟化，这需要建立数据中心，将各种信息通过数字化手段，通过大型数据库技术进行存储管理，形成数据基地。活动是联系校园主体的人与客体的环境之间的纽带，人通过活动与环境发生作用。活动的数字化过程主要是人以电子身份通过应用系统表现活动的形式，与数字环境发生作用，即访问数据。活动的全面数字化需要建立全面的应用系统，覆盖活动的各个领域，如网络教学、网络办公、综合管理、学校社区服务等。通过对人、环境、活动三个要素的数字化，构建数字化的校园。[10]

二、数字化校园的内涵

数字化校园是一个伴随技术应用变化而不断发展的概念，是学校信息化发展到一定水平的标志性产物。要想准确理解数字化校园的概念，就要正确把握其丰富的内涵。

（一）数字化校园是一个以知识管理为核心的复杂信息系统

数字化校园是一个复杂的信息系统，它的建设实施涉及学校教育的方方面面。数字化校园由基础设施、数字化资源、数字化应用、保障条件等要素组成，具体内容十分复杂。基础设施包括网络设施、机房设施、计算机、数字化教室、数字化实验室、校园广播电视

[10] 燕敏.高校数字化校园建设中关键技术的研究 [D]. 西安：西安石油大学，2008.

台等；数字化资源包括教学资源（如媒体素材类教学资源、集成型教学资源、网络课程教学资源等）、科研资源、管理资源、数字图书馆等；数字化应用包括数字化教学、数字化科研、数字化管理、数字化办公、数字化家校互动、数字化服务等；保障条件包括数字化校园规划、人才队伍、管理制度、建设资金等，其中人才队伍是十分关键的因素，又包括学生、学科教师、技术人员、管理人员等，他们既是数字化校园的建设者，又是最直接的价值享受者，他们的信息素养水平和相互协调合作的程度，直接关系到数字化校园功能和效益的发挥。数字化校园系统功能的发挥依赖于各个要素的水平，更取决于各个要素之间的有机结合，取决于要素组成的系统整体。

数字化校园离不开技术系统的构建，但其核心不是技术，而是知识管理。①知识管理不仅仅是技术，不仅仅是文档管理，不仅仅是管理信息系统（MIS），也不仅仅是学校资源计划（URP）、客户关系管理（CRM）等的补充，实际上是从"学校管理信息系统""学校资源计划"到"知识管理"的变革和发展，体现了一种管理思想的革命，即从"资源观"到"知识观"的跃迁。以知识管理为核心，表明数字化校园建设从基础设施的信息化转向教学、科研、管理、服务数字化后，又从这些主要过程的数字化转向对数字化效果的分析与评估，指向校园数字化发展的最终目标。以知识管理为核心，体现了以人为本的管理思想，学校从根本上来说是人的事业，强调技术、过程与组织围绕教育过程中的人（学生、教师、管理者等主要参与者）的需要进行有机整合，在数字化校园规划和建设中，面向学生、教师和管理者的需求提出适合组织结构与机制的技术系统方案，才能使得技术为人所用，实现学校的整体目标。

【知识拓展】

基于知识管理的数字校园的 5E 架构 [11]

清华大学教育技术研究所负责教育信息化研究团队有 50 余名专职科研人员，是全国从事高校教育教学信息化研究的最专业化和实力最强的团队之一，设有教育技术学博士学科点。

多年来，研究所不断基于学习科学、学习技术和管理工程的新理论，运用现代信息技术，发挥学校理工科学科背景优势，对数字校园理论、规划与设计，E-learning & E-management 理论与实践进行探索，并取得许多在国内外有影响的成果，同时形成了"清华教育技术研究模式"。

清华教育技术学科负责人韩锡斌博士长期从事高校校园数字化的理论与实践研究，2005 年他率先提出了基于知识管理的大学数字校园的概念和架构，如图 1-1 所示。

---

[11] 韩锡斌，杨娟，陈刚．基于知识管理的大学数字校园的概念、架构和策略 [J]．中国远程教育，2005（8）．

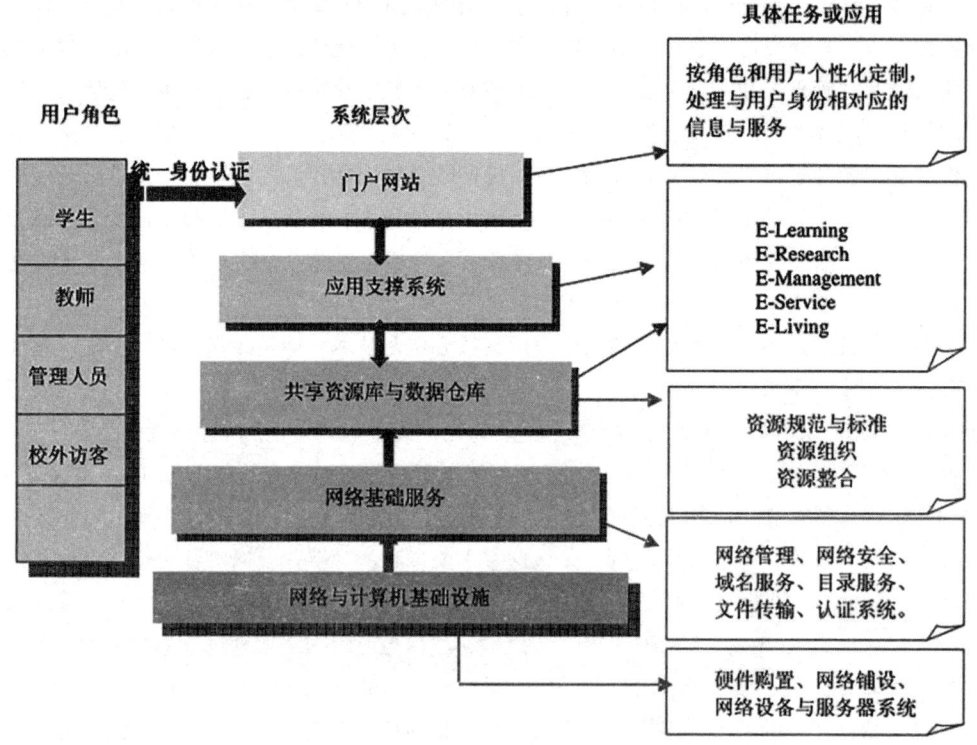

图 1-1　基于知识管理的数字校园的 5E 架构

数字化校园建设是一个复杂的系统工程，其复杂性主要表现在：

（1）范围的复杂。数字化校园建设涉及学校内部教学、管理、后勤保障等各部门，涉及普通教师、管理人员、学生、高层领导等各类人员，涉及人、财、物等各个方面，涉及管理咨询、技术开发、资源合作等单位，甚至包括银行、财政等外部条件，是一个十分庞大复杂的系统工程。

（2）过程的复杂。数字化校园建设过程包括前期调研、总体规划、实施准备、项目实施、系统完善等阶段，每个实施阶段又包括一系列实施步骤，整个实施过程均有着严格的实施规范及要求，过程复杂而又具有关联性。

（3）技术的复杂。数字化校园项目建设是一个涉及多学科、多技术领域的复杂的信息系统构建过程，需要综合运用计算机信息技术、系统工程、教育学、心理学、管理科学、项目管理等多方面的专业知识和技术等，这些对项目的组织、实施和管理人员的综合业务素质及项目管理经验提出了很高的要求。

（二）数字化校园是学校教育信息化的具体途径和表现

数字化校园是实现教育信息化的基本途径，是学校信息化的具体表现。教育信息化是在教育领域全面深入地运用现代信息技术促进教育改革和教育发展的过程，其结果是形成一个信息化的全新教育形态，其根本目的是促进教育的全面变革，包括教育观念、教育目标、教育内容、教育方式、教育评价、教育管理等一系列的改革和变化，提高学校教育的现代化水平。数字化校园是在信息化教育理论指导下，通过建设和应用数字化时空，利用先进的信息技术和工具，与教育教学各个环节紧密融合，实现学校教育过程的信息化，从而达到优化和提高教学质量、科研和管理水平与效率的目的。其理论基础是以建构主义为核心的信息化教育理论，其教学方式是基于网络信息资源的数字化学习（E-learning），最终目的是对传统学校教育模式、管理体制、组织结构及业务流程的突破。因此，数字化校园将渗透在学校教学、科研、管理、服务等各个领域，实现信息技术与学校教育的全面深度融合，促进学校教育变革和发展，实际上就是不断实现教育信息化的过程。

数字化校园在教学应用层次上就是 E-learning，通过 E-learning 实现学校教学信息化。数字化校园与 E-learning 既有区别又有联系。在认识上，数字化校园是一个综合反映学校系统变革进程的整体性概念，E-learning 是一个反映教学改革实践的局部性概念，两者反映了教育信息化实践的不同范畴和重点。数字化校园是学校信息化发展到一定水平的标志性产物，体现了学校教育信息化的整体状况，是一个包括多个层次和多个要素的系统综合实践。而 E-learning 是借助于技术的全新的教与学的新模式，其本质是数字化学习。实际上，E-learning 是数字化校园的教学应用层次的概念，是数字化校园实践的关键环节，反映学校教育信息化进程中教与学变革特征。因此，数字化校园实践水平和成败主要看 E-learning 实践的水平。[12]

【知识拓展】

数字化学习和数字化学习模式

美国教育技术首席执行总裁论坛（简称 ET—CEO 论坛）2000 年 6 月召开了以"数字化学习力量：整合数字化的内容"为主题的年会，将这种数字技术与课程教学相整合的方式称为数字学习（E-learning），进而提出数字化学习的观念，并着重阐述将数字技术整合于课程中，建立培养适应新世纪人才需要的数字化学习资源、方法和环境。提出数字化学习应具有的三个基础要素。

1. 数学化学习环境

数字化学习环境，也就是信息技术学习环境，经过数字化信息处理，具有信息传输网络化、信息显示多媒体化、教学环境虚拟化和信息处理智能化的特征。包括资源、设施、工具、平台和通信等。

2. 数字化学习资源

数字化学习的资源，是指经过数字化处理的，可以在多媒体计算机或网络环境中方便运行的多媒体信息。包括数字音频、数字视频、多媒体软件、电子邮件、网站、计算机模拟、在线学习管理系统、数据库以及数据文件等。

[12] 陈丽. 数字化校园与 E-learning 的关系 [M]. 北京：北京师范大学出版社，2007：33-34.

3. 数字化学习方式

该方式利用数字化资源和数字化平台，使学生、教师之间能够开展合作学习、协商讨论，并通过对教育资源的收集利用，以发现知识、探究知识、展示知识以及创造知识的方式进行学习。

（三）数字化校园建设是一个理念、技术、管理相结合的过程

数字化校园建设不单纯是一个技术问题，更是一个教育问题，一个管理问题，一个校园内部各组织、各部门的协调合作问题。数字化校园是信息时代学校教育发展的产物，学校数字化校园不只是信息技术[13]。数字化校园建设涉及教育需求、目标定位、发展思路、推进模式等总体策略问题，需要从思想、理念上进行顶层思考，离不开信息化的教育理论做指导。数字化校园建设过程中会触及管理机构的重组、人员结构的优化等敏感问题，仅依靠一个技术部门是难以胜任的，需要能够超越各职能管理部门的权威，对高校信息化有决策能力，能够协调各职能部门之间的关系。因此，数字化校园建设是一个理念、技术和管理相结合的过程，它的实施必须有先进、科学的理念为指导，有强有力的组织保障体系，依赖于学校信息化决策层、组织协调层和技术服务层组织体系的建立与协同配合。数字化校园处于刚刚起步阶段，现在仍是一个发展中的体系，在开发和建设过程中要不断应用新的理论和技术，管理保障及时协调到位，使其在概念、功能和发展模式上日益充实和丰富。

（四）数字化校园的实现是一个长期探索与不断实践的过程

数字化校园的建设与形成是一个十分漫长的动态探索、实践过程。一方面，数字化校园建设是一个庞杂的巨系统工程，要素、结构、技术等十分复杂，其建设不是一蹴而就的。需要长远规划，分步实施，通过长期的努力，来逐步建设完成。尤其是教育信息资源、教学应用系统等，都需要不断开发、维护和升级，这是持续改进和不断发展的过程。另一方面，数字化校园建设本身不是目的，其归宿在于应用，通过信息化资源的有效配置和充分利用，实现教育教学和管理过程的优化、协调，教师与学生实现教学过程与学习过程的优化，从而实现提高各种工作的效率、效果和效益。数字化进程中必将带来的教学模式的创新、评价体系的变化、管理制度的改革和教育结构的调整，也会遇到各种矛盾、困难甚至挫折，因而需要不断加强研究和探索，始终对学校教育信息化进程中的问题保持清醒的认识，提出解决实际问题的办法，推进数字化校园不断发展。

三、数字化校园的特征

数字化校园是利用网络信息技术建立的新的校园环境，是对学校教育教学进行数字化建设与应用的过程。与传统的校园环境相比，数字化校园无论在技术属性、教育属性和管理属性上，都呈现出新的特征。

[13] 董群，钱何珍，刘文艳.关于创建数字化校园的思考 [J]. 中国现代教育装备，2008（6）.

（一）从技术的视角看

数字化校园是以信息技术为基础建设的，依托技术系统的开发与应用，在技术属性上具有网络化、数字化、智能化、集成化等特征。

1. 网络化

数字化校园的基础技术支撑是校园网，即在校园范围内连接的计算机网络。它把校园内的计算机、服务器、打印机等终端设备连接起来，将学校行政管理、教学科研、学生思想政治工作、后勤保障、社会服务等各个应用系统联通起来，实现这些系统之间的信息交换和信息服务，使校园网络全面进入每个教职员工的工作、学习和生活，并与国际互联网充分互联，实现方便快速的全球通信和信息服务。

2. 数字化

数字化校园应用现代信息技术，将文本、图像、声音、动画等各类信息以一定的数字格式录入、存储并传播，实现信息的数字化。这样可以大大方便信息存储，加快信息的传播速度和扩大传播的范围，提高信息资源共享的效率。通过数字化校园，无所不在、充分共享的数字资源将成为学校全体师生、员工，乃至整个社会的共有知识财富。

3. 智能化

通过应用包括多媒体、超媒体、人工智能以及知识库在内的多种信息技术，结合计算机网络，可以使数字化校园的数字资源得到更为有效的利用，建立教学内容的结构化、动态化、形象化表示，不但包含文字和图形，还能呈现声音、动画、录像以及模拟的二维甚至三维景象，创造出一个智能化的教学系统和教学环境。

4. 集成化

以校园网络硬件和软件平台建设为载体，应用系统集成技术，对学校各种信息资源进行汇聚，对各类业务流程进行重组，对多种架构的应用系统进行整合，对信息技术和教育应用进行深度融合，实现技术与教学、管理业务的高效集成。

（二）从教育的视角看

数字化校园是信息时代学校教育发展的产物，是学校教育信息化的具体表现。在教育层面上数字化校园具有开放性、共享性、交互性、个性化、协作性等特征。

1. 开放性

数字化校园是以校园信息网络为基础的，尤其是与互联网的联结和应用，使数字化校园突破了传统校园的空间、时间、学习对象、学习资源的限制，表现出极大的开放性。任何人（Anyone）可以在任何时间（Anytime）、任何地点（Anywhere）、学习网络上具备的任何事情（Anything），打破了以学校为中心、以课堂为中心的教育教学体系，在网络平台上可以建设一个开放性的教育系统，支持自主学习、按需学习、弹性学习和终身学习。

2. 共享性

充分利用信息共享的特征，使得大量丰富的教育资源能够为全体学习者共享，且取之不尽、用之不竭。特别是全球教育网络的形成和发展，可以使全世界的教育资源连成一个信息海洋，供广大教育用户共享，打破了过去教育资源种种形式的封闭和垄断.使全球教育资源的共享化程度大大提高。

3. 交互性

依托校园信息网络，能实现人—机之间的双向沟通和人—人之间的远距离互动交流，实现交互学习。通过交互式教学软件的开发和应用，教学由单向灌输变为互动交流，师生间建立起更加民主、平等的关系，学生独立思考和创造性学习得到鼓励和有力的技术支持，促进教师与学生、学生与学生、学生与其他人之间的多向学习和交流。

4. 个性化

数字化校园环境为学校实施个性化教育创造了极为便利的条件。依托网络上的数字化教学资源和个性化教学空间，学生可以根据自己的个性特点，选择所需要的学习内容、学习方法、学习时间；教师针对每个学生的不同需要，进行个性化教学设计，采取一对一的沟通、交流和辅导，真正实现因材施教；利用大数据技术，可以关注每个个体学生的微观表现，记录、评价和改进他们的学习行为与学习过程，实现从群体教育的方式转向个体教育。

5. 协作性

通过合作进行学习活动是当前国际教育的发展方向。在数字化校园中，信息技术在支持合作学习方面可以起重要作用，为学习者、教育者提供了更多的人—人、人—机协作完成任务的机会，其形式包括通过计算机合作（网上合作学习）、在计算机面前合作（如小组作业）与计算机合作（计算机扮演学生同伴角色）等。

（三）从管理的视角看

数字化校园建设是复杂的系统工程，其规划实施需要科学的管理指导，在管理层面上，数字化校园具有人本性、整体性、多样性、发展性等特征。

1. 人本性

人本性即以人为本。以人为本、以师生为中心符合现代学校管理的理念，也是数字化校园建设的核心理念。数字化校园的建设和运作，无不与人有关。软硬件系统的规划建设需要人去实施，建好的平台管理、使用需要人去操作，网络规则、网络文明靠大家维护，建设数字化校园的根本目的是为了更好地培养人。数字化校园建设涉及学生、教师、管理者、系统开发和维护人员等各层次的人员。在数字化校园建设中要始终坚持以人为本，从以"系统"为中心（关注软硬件系统）转移到以"人"为中心，重视发挥人的作用，注重人的培养，提高师生数字化素质，这是数字化校园建设的价值追求。

2. 整体性

整体性是系统管理的基本特点。数字化校园是由相互联系的多个要素组成的复杂信息系统，是由多类业务应用、多种信息资源、多个子系统综合而成的整体，学校教育信息化是学校整体的信息化，它本身是一个有机的系统整体。推进数字化校园建设，最重要的是要从整体上考虑问题，用开放的复杂巨系统的观点，用从定性到定量的综合集成方法来研究整体性问题。在建设过程中要从整体上进行组织、协调和控制，只有这样才能使整体效益趋向最大。[14]

3. 多样性

数字化校园的发展道路和表现形态不是单一的，具有多样性。中小学、职业学校、高等学校等各类学校的信息化需求不同，同一类学校的历史文化传统、信息化基础的差异性，各类学校的保障条件、管理水平、发展方式各异，客观决定了数字化校园的建设和发展必然是多途径、多样性的。我们可以对各类学校信息化建设的技术运用和一般过程提出技术规范，但不必对学校的具体建设模式、路径规定统一的标准，应尊重数字化校园系统的多样性，这是实现学校信息化可持续发展的先决条件。

4. 发展性

发展是指人或事物由小到大、由简单到复杂、由低级到高级的变化过程。数字化校园是一个发展的概念，具有阶段性、层次性和发展性特征。数字化校园代表了学校信息化的发展方向，具有强大的生命力和广阔的发展前途，从信息技术辅助教学、提升教学效率，到与学科教学的整合、促进学校变革，再到与学校教育深度融合、实现体系创新，反映了学校教育信息化不断发展的进程。同时，数字化校园是一项长期建设任务，要经历一个由低级到高级、由不完善到比较完善的过程，要坚持科学规划，分步实施，不断完善，持续发展。

四、数字化校园的运转机制

数字化校园旨在通过建成完整统一、技术先进，覆盖全面、应用深入，高效稳定、安全可靠的技术网络，消除信息孤岛和应用孤岛，提高学习效果、工作效率、管理和决策效益，为广大教职工和校园的各项服务管理工作提供无所不在的一站式服务。简而言之，数字化校园要实现整个学校的 E 学习、E 办公、E 管理。

（一）E 学习与数字化校园

E 学习，即 E-learning。简单地说，就是学生通过网络进行学习的一种全新的学习方式。E 学习的发生依赖于由多媒体网络学习资源、网上学习社区及网络教学平台构成的全新的网络学习环境。在网络学习环境中，汇集了大量数据、档案资料、程序、教学软件、兴趣讨论组、新闻组等学习资源，形成了一个高度综合集成的资源库。

E 学习是数字校园的核心。所有的教育、教学、管理活动都是为了促进学生的学习与发展。在数字校园中，知识的更新更快捷和及时，课程的设计更加开放和灵活，学习的时间更加自由和弹性化，学习的形式更加协作化、更具反思性。在数字校园中发生的 E 学习实质上是一种混合式学习，混合了在线学习与线下学习、同步学习与异步学习、集体学习与个别化学习，不仅大大拓展了学习的时间空间范围，而且有助于提升学习质量。

---

[14] 钱学森. 要从整体上考虑并解决问题 [N]. 人民日报，1990-12-31.

（二）E 办公与数字化校园

E 办公包含但不限于我们常说的办公自动化。传统意义上的办公自动化（Office Automation，简称 OA）主要形式为办公 OA 系统。受到技术、管理等因素的制约，早期的 OA 系统在支持范围和影响水平上都不甚理想，不同机构的 OA 系统间缺乏互通，致使信息传达不流畅，OA 系统支持的业务对象单一，只实现了少量工作的自动化，大量日常工作仍需人工完成。数字校园环境下的 E 办公将办公自动化扩大到教职人员，尤其是任课教师工作中的方方面面。在利用传统 OA 系统的基础上，E 办公还在提升教研与科研、增强协同性等方面显示出优势。

E 办公将教师日常的教研与科研工作整合在数字校园的环境中，以期通过创新机制、变革传统教研，来促进教师的专业发展，实现工作学习化、学习工作化。

（三）E 管理与数字化校园

现代网络技术的广泛应用，正在深刻改变着社会各个领域的面貌，改变着人们的生活和工作环境，挑战着传统的思想观念、思维方式、工作方法和管理模式。其在管理中的运用，从本质上也对管理的理念、手段、方法等都产生了巨大变革。

在数字校园环境下，通过 E 管理可以实现如下功能：

（1）提升工作效率，增强服务效能。通过信息化业务系统的应用，可实现业务自动化，以减少部分人力劳动，提升管理效率；利用信息化方式提供更灵活周到的数字化教学与培训服务，可提升面向学生成长及教师专业发展的服务效率。

（2）强化信息共享，促进沟通协调。通过实时共享工作安排、业务进展情况等信息，可促进部门间的沟通与协调，同时增进决策者对各部门工作状况的了解，有利于在更高的层面上提升协调统筹。

（3）增强管理规范，实现标准流程。通过搭建信息化业务管理系统，可将一些原本不甚清晰的工作流程标准化，减少传统手工作业的不规范性。

（4）搭建互动平台，促进民主管理。改变学校面向公众单向传递信息的传统工作方式，为公众提供参与学校管理、与校方实时互动的平台；可进一步加强信息公开，提升管理透明度。

📁 第三节　数字化校园的作用

数字化校园的建设本身不是目的，其目的与归宿在于应用。数字化校园通过在学校教育中的具体应用，包括教学信息化、科研信息化、管理信息化、服务信息化等方面，发挥其功能与作用，体现了其建设的目的和意义。

数字化校园是学校信息化的具体途径，最终的目的是建设和应用数字化的学校教育环境，实现数字化学习、数字化教学、数字化科研和数字化管理，培养适应信息化社会要求的创新型人才。在这一过程中，数字化校园的具体功能和作用体现在六个方面。

一、拓展教学时空

与传统校园相比，数字化校园大大拓展了学校教学的空间、时间、教育对象、教学内容等，为信息时代人才培养提供了广阔的时空环境。主要表现在以下五个方面。

（一）空间拓展

校园、教室的概念不再局限于传统意义上的物理空间，而是指网络环境中同时处于学习状态的学习者群体所共处的网络空间、信息空间。网络空间是一种虚拟化的空间，而与物理位置无关，体现新空间的开放性、共享性。如学生可以通过网络空间完成选修科目的学习，递交作业，向老师请教，查阅学习资料；教师可以在网络中进行授课、在线答疑，对学生进行个别化指导，进行家访；家长可以在网络中参加学校的家长会，与校长面对面地交流等。

（二）时间拓展

网络空间每天 24 小时开放，教学不再受时间的限制，学习者可以根据自己的需要自主安排学习时间，教师也可以根据自己的时间将准备好的学习材料提前上网，突破了传统上定时集中上课的束缚。接受教育的时限也不再有学制的限制，有利于实现终身学习、终身教育。

（三）教育对象拓展

学生跨专业选修课程将十分方便，有余力的学生可以根据自己的需要学习多个专业。除了学校的在册学生（包括校内的和远程教育的）外，数字化校园也可以接受社会上其他成员的请求，向全社会开放其教学资源。

（四）教学方式拓展

教学不再是以班级授课、教师讲授为主，而是以学习者自主式、交互式、个别化学习为主，体现学习的自主性。

（五）教学内容拓展

教学内容不再局限于传统的书本知识，而是扩展到整个 Internet 和信息空间，体现教学内容的广泛性。

二、开发和建立数字化教育资源

数字化校园通过信息技术与教学的整合，开发建立类型多样、内容丰富的数字化教育资源，实现方便快捷的交流、共享，来支持学校数字化教育教学活动。信息化教育资源，主要指蕴含了大量的教育信息，在教与学的过程中，通过使用者的使用能创造出一定的教育价值，且以数字化形式存在并在互联网上进行传输的信息资源。数字化教育资源包括媒体素材类、集成型、网络课程、电子图书等多种类型资源。[15]

（一）媒体素材类教学资源

媒体素材类教学资源，是教学信息传播的基本信息单元，可分为文字资源、图形＋图像资源、音频资源、动画资源和视频资源等五大类。

（二）集成型教学资源

集成型教学资源，是指根据特定的教学目的，将多媒体素材和资源进行有效的组织，是一种"复合型"的资源。按照这些资源的实际应用形态，又可以将其分为：课件、案例、操作练习、试题库、试卷、模拟教学、虚拟实验、电子期刊、教育专题网站、研究性学习专题、问题解答、信息检索、认知工具、探究性学习对象、教育游戏类等众多类别。

（三）网络课程类资源

网络课程类资源，是指通过网络表现的、某门学科的教学内容及实施的教学活动的总和，它包括两个组成部分：按一定的教学目标、教学策略组织起来的教学内容和网络教学支持环境，其中网络教学支持环境特指支持网络教学的软件工具、教学资源以及在网络教学平台上实施的教学活动。

（四）电子图书类资源

电子图书类资源，即数字化图书馆。建立以电子图书数据库为核心的图书网络，具有良好的检索功能，通过校园网实现在本地即可查阅书刊文献信息，并通过加入 Internet 为校内外师生、科研人员及公众提供信息服务。从而改变传统文献资源的存储方式，打破传统图书馆的时空界限，实现图书资源的数字化存储、检索功能。从质和量两个方面为教与学提供丰富的教育资源，有利于扩展学习者的知识领域，也有利于支持学生的自主学习。

三、打造互动式教学平台

数字化校园在传统教学媒体、视听教学、计算机辅助教学的基础上不断发展深化，基于校园网，打造网络化、互动式教学平台，为变革传统课堂教学方式，形成开放、高效的教学模式提供了重要支撑。

综合运用多媒体技术的形、声、色、光效果，灵活、随意的界面交互功能，实现高质量教学资源深度加工，达到教学内容的结构化、动态化、形象化。不仅能激发学生的兴趣，使学生在不知不觉中全身心地投入到教学活动中，还能极大地增强他们的认识动力和能力，推动他们的学习，教师也可以更主动地控制教学过程，从而增强教学效果。

计算机网络具备的双向传输、交互能力，资源共享与传播能力，全时空服务能力，改

[15] 张有录.信息化教学概论 [M].北京：中国铁道出版社，2012：104-107.

变了以往学生与教师相互交流的性质，大大增加了交流的频率，无论何时、何地均可以彼此联系。在没有教师在场的条件下也能实现信息的双向传输，增进了学生的参与程度，有利于实现教师与学生、学生与学生之间的互动交流，师生采取讨论、交流、合作等多种协同学习形式，促进主动式、协作式、研究型学习，更好地培养学生的信息素养和创新应用能力。

利用 Web2.0 技术建立新的网络教学服务体系架构。Web2.0 是新的一类互联网应用的统称，其显著特征是：参与性、交互性、个性化、真实性、简便性等。Web2.0 提供了一种自由、平等、开放的信息交流、传播的方式方法，促使传统的师生关系和教育观念的转换；Web2.0 打破了传统教育的单向信息传输模式，让每一个学生都有机会参加信息的生产和传播，从单纯的"读"向"写"和"共同建设"信息资源发展；可以打破传统的课堂集中教学方式，学生和老师之间可以在不限时间和空间的情况下，以多种方式进行沟通和交流；可以基于网络开展大范围、群体性协作，从而实现分布式内容共享、协作、集体智能聚合，使学习者完全按照自己的方式、喜好和无数的定制服务创造自己的互联网，建立属于自己的个人化学习环境，创造新的网络学习接收方式和表达方式，催生出 Education2.0。[16]

通过网络信息平台管理教育教学过程，进行教学评价改革，从结果评价转向过程评价。建立教师个性化空间，记录教师教学、教研、业务学习活动等各类信息，辅助教师进行自我成长评价。构建学生个人空间，建立学生的电子学习档案，记录学生的身份、学习活动、电子作业测评等各类信息，实现面向学生学习过程的评价，辅助学习过程管理。

四、整合学校"大数据"

信息化时代的学校，数据是无处不在的、巨大的并且以不断增长的速度向我们袭来，我们面临着教育大数据的考验。数字化校园的一个重要作用，就是对这些海量数据进行整合，挖掘数据背后真实世界的逻辑关系，提取和分析出有用的信息，为学校教学、管理和科学决策服务。具体来说，有以下四个方面的作用。

（一）整合多种格式的媒体数据

突破传统意义上的"数据"概念，对学校的内容、结构复杂的大量数据进行系统归集，包括各类文本、图片、声音、视频等各种格式的数据。特别是新媒体出现之后，学校数据更加复杂，对数据的收集、保存、维护、使用等任务进行过程性和综合性的考虑，利用基于高速网络、物联网、云虚拟服务器等综合技术的不断成熟，建立学校数据中心，实现对学校大数据的整合集中。

（二）获取学习行为数据

利用网络教学和在线学习，将学习行为的数据自动留存，便于后期的学习行为评价。改变过去基于教师的教学经验来分析学生的学习偏好、重难点等，通过分析整合学习的行

---

[16] 余胜泉，程罡，董京峰 .E-learning 新解：网络教学范式的转换 [J]. 远程教育杂志，2009（3）.

为记录来研究学生的学习模式，得到学习过程中的规律，便于修正课程以便满足学生的个人需要。同时开发相应的数据分析软件，可以通过其实时反馈的学业表现来帮助学生，根据学生个人的学习数据制定相应的学习计划和辅导方法。这方面国外已有成功的经验，如美国著名的在线教育公司 Coursera，利用大数据技术为普林斯顿、伯克利、杜克、香港理工等全世界 30 多所大学提供免费开放课程平台。

（三）归集管理业务数据

实行学校教育管理"数据化"，着眼于管理决策、管理活动、管理过程控制，全面归集学校管理大数据。针对教务管理、行政管理、科研管理、人事管理、财务管理、后勤管理等各类领域，进行全校系统的规划、梳理，具体细化数据收集标准规范，及时归集，形成"全校"大数据。针对重要管理业务，进行纵向上有一定的时间积累，横向上有细致的记录粒度，再和其他数据整合，实现在时空两个维度上的"全息"大数据。针对重要管理对象的数据，由多个源头、从不同方向对同一个对象进行数据记录，数据之间可以互相印证，形成"多源"大数据。

（四）挖掘大数据的"大价值"

利用关联分析、数据挖掘、智能分析技术，建立数据勘探和数据分析软件，在系统归集的各类管理数据、行为数据中进行深度挖掘，发现有价值的信息。分析学校日常业务工作和管理行为，可得知各种行为活动之间的内在联系，并作出相应的对策。

五、建立虚拟服务社区

数字化校园基于覆盖学校教学、教研、管理、生活等各个区域的校园高速宽带网络，建立了虚拟化的学校服务社区，为全体师生、员工提供数字化的网络基础服务、网络公共服务和网络化后勤服务等社区服务。

基于数字化校园服务社区，提供面向全体师生的网络基础服务，包括网络通信服务、工具软件服务、防病毒服务、电子邮局服务、音视频资源服务等，通过建立校园无线网络，实现无线通信、上网服务。

基于虚拟服务的社区平台，提供网络公共服务，包括建立电子身份及其认证系统，统一数据平台，开展校园公共数据服务，为学校高水平的教学、科研和管理等提供强有力的支撑；建设高质量的数字化图书馆、档案馆、博物馆、艺术馆等，提供公共文化信息服务。

适应后勤社会化改革的需要，开展各种网络化服务项目，包括餐饮费、网上商店购物、网上餐饮预订、食堂菜谱、网上诊所、在线心理咨询、在线法律咨询、意见反馈等服务，为师生员工提供更加便捷、高效、健康的生活环境以及休闲娱乐服务和公用设施服务等，形成智能型的学校社区服务体系。

六、创新数字化校园文化

校园文化是全校师生以校园为主要空间，在长期的教育实践过程中所创造的，以校园精神为主要文化特征的一种群体文化。数字化校园成为学校校园文化的崭新空间，数字化校园建设大大促进了校园文化建设，以网络文化为核心，在观念、制度和行为等方面创新数字化校园文化。[17]

依托数字化校园，在校园观念文化方面强化了独具特色的学校精神。数字校园使学校精神的积淀更加丰富，更具有时代性，体现为网络民主意识、开放创新意识和未来意识。比如，校园网络使师生员工参与学校管理、师生沟通与交流更加民主自由；接入国际互联网、进行在线学习、探究学习使得师生开放创新意识得到加强；在网络时代人们将从未来社会发展来思考今天的学习和生活，以未来社会发展来要求今天的教师和学生。

依托数字化校园，在校园制度文化方面增强了高效性和规范性。各类业务系统的开发应用，为教学、科研、办公、服务提供了快速方便的手段，学校各项工作体现了信息时代的高效率、高效果、高效益。在数字化校园，管理者按流程办事，依据事实说话，依靠数据决策，增强了管理工作的规范有序性。

依托数字化校园，在校园行为文化方面突出了网站群体化和学生个性化。利用学校网站等网络公共空间，建立学校公共文化传播等栏目，通过文字、图片和动画、视频等媒体的快速及时地传播，鼓励各个班级、各个年级组、各个教研室等组成文化节目上传群体，促进了健康主流文化在数字化空间的传播。同时，学生可以灵活地使用各种数字化语言和工具，通过个人喜爱的各种方式进行学习和交流。

[17] 乔方，方丽英.试论数字校园中的校园文化建设 [J].重庆交通大学学报：社会科学版，2007.

第二章　数字化校园发展的现实基础

第一节　信息技术对教育发展的"革命性影响"

中共中央国务院《国家中长期教育改革和发展规划纲要》（2010—2020 年）高瞻远瞩地提出："信息技术对教育发展具有革命性影响，必须予以高度重视。"实际上，在十几年之前就有专家学者预言信息技术将引发教育的一场"革命"，许多国家非常重视并采取了多种措施大力推进教育信息化进程。但遗憾的是，迄今为止，世界上还没有一个国家能够使信息技术对教育发展真正产生出革命影响。我国在国家层面首次明确地提出这样的观点，无疑具有非常重要的先导意义。所谓信息技术对教育发展的"革命性影响"，是指信息技术正以传统教育技术手段、无可比拟的力量和优势，对教育教学进行迄今为止最深刻、最全面的变革和改造。"在教育领域，技术绝不是仅仅用于完成现有的模式和方法，而是要推动技术时代的教育革新。技术的革新必然要对教育思想、教育模式、教育方法、教育组织体系等都发生意义深远的颠覆性的影响。"[18]

一、信息技术对教育的"革命性影响"是时代发展的必然要求

确立信息技术对教育发展的"革命性影响"观念，是国家教育行政部门大力推进我国教育信息化的战略思想和顶层设计理念，也是时代发展的必然要求。我们可以从三个角度来认识和理解。

（一）从马克思主义哲学的角度来看

马克思主义哲学认为，生产力是社会发展的决定性因素，生产力的发展要引起生产关系的变革，生产关系的总和就是经济基础；经济基础的改变将引起整个上层建筑的改变，包括政治、经济、法律、文化、教育、意识形态等的改变。人类社会形态从生产力的角度可以分为农业社会、工业社会和信息社会。在不同的社会形态，与不同的生产力相适应，就有了不同的生产组织形式和生产方式，也必然有相适应的教育组织形式和教育方式。农业社会的教育方式主要是手工作坊的、师傅带徒弟的形式，教育工具也主要是手工形式的

[18] 余胜泉.技术何以革新教育：在第三届佛山教育博览会"智能教育与学习的革命"论坛上的演讲 [J].
中国电化教育，2011（7）.

口耳相传、生活用具等。工业社会的教育方式典型地体现为流水线形式的班级授课、集体教学，使用工具主要为书本、投影、幻灯等媒体。当今社会，信息技术迅猛发展，已经成为现代科学技术的前沿，人类社会由工业社会进入信息社会，以计算机和网络技术为代表的现代信息技术成为新的生产工具、教育工具。"计算机不再只和计算有关，它决定我们的生存。"[19] 信息技术的内涵绝不仅仅是能够改善和提高工作与生产效率的手段、程式与方法，它已经成为最先进、最活跃乃至最伟大的生产力。信息技术的发展必将引起人类社会各个领域的全面而深刻的变革。在教育领域，运用代表当前最先进生产力的信息技术去优化和改造教育教学过程，变革教育教学方式，以提高教育教学的效果、效率与效益，这种变革和改造在深度与广度上都是前所未有的，将渗透到教育的各个环节，使教育从内到外、从内容到形式发生前所未有的变化，必将引起教育领域的全面而深刻的变革。

（二）从人类的思维方式角度来看

教育的变革始于思维方式。信息时代，人类的基本思维方式正在发生意义深远的改变。我们正处在信息爆炸的时代，知识越来越多，信息和知识正快速地膨胀，但每一个人学习的时间和学习的容量是有限的，传统教学观点就是把外部世界的知识，通过老师的讲授迁移到学生的大脑里面，这在信息爆炸时代是根本不可能的。信息时代人类基本的认知方式，正从个体认知转变为分布式认知，即依赖于人和电脑的协同的分布式认知，这是信息时代人适应复杂性的基本思维方式。分布式认知超越了认知是个体级别上的信息加工过程的传统的认知观点，认为认知的本性是分布式的，认知现象不仅包括个人头脑中所发生的认知活动，还涉及人与人之间以及人与技术工具之间的交互作用过程。维基百科（Wiki）的建立过程和 Google 搜索引擎的优化过程都证明了分布式认知的强大。在信息时代，人—机结合的思维将会取代我们以个人为主的思维方式。人脑和计算机都是信息处理的工具，人脑通过经验积累与形象思维，擅长不精确的、定性的把握，而计算机则以极快的速度，擅长准确的、定量的计算，两者充分发挥各自的优势，又互相结合，既能达到集智慧之大成，又通过反馈的作用来提高人的思维效率，从而增强人的智慧。当人类的基本认知方式都发生改变的时候，在此基础上建立的教育大厦必然发生深刻的改变。

（三）从现代教育技术发展的历史进程来看

现代教育技术是以计算机为核心的现代信息技术在教育教学中的运用。纵观教育领域认识和利用信息技术的发展历史，先后经历了技术的媒体观、认知工具观和信息生态观等阶段，[20] 从计算机辅助教学、信息技术与学科教学整合，到技术促进教育教学变革和师生的全面发展。随着网络化、智能化、多媒体化等现代信息技术的迅速发展和应用，技术将融入我们的学习和生活的各种空间中，融入教育教学过程中，由人、信息、教育实践和信息化的环境构成一个组织、自我进化的系统，形成一个良好的教育信息生态。技术的媒体观或认知工具观是针对个体来优化学习过程，生态规则从技术和人的共生关系来考察，是

---

[19] 尼葛洛庞帝. 数字化生存 [M]. 胡泳，范海燕译，海口：海南出版社，1997：15.
[20] 余胜泉，程罡，董京峰. E-learning 新解：网络教学范式的转换 [J]. 远程教育杂志，2009（3）.

从系统观的角度来思考和构建和谐的教育信息生态。在教育信息生态系统中。人与信息化环境之间以教育实践活动为纽带，以信息技术为手段促进信息资源的传输、交流、反馈和循环，实现最大的系统价值——促进教师和学生的全面发展。[21] 因此，教育信息化不再局限于技术方面，而愈来愈重视人、信息、教育实践活动以及人与信息环境的相互关系，要以应用为核心，推进信息技术与教育教学活动的深度融合，促进教育过程的优化。改革相关体制、传统模式与方法，创新信息时代的教育模式和教育体系。这就是为什么现在国家提出技术对教育具有革命性影响的根本原因。美国于 2010 年 11 月发布的《美国国家教育技术规划》（NETP, *The National Educational Technology Plan*），号召对美国教育实施革命性的转变，并提出了一种技术支持下的学习生态模型。该模型强调技术与教育服务的融合、人和技术的融合、实体的空间和虚拟的空间融合，形成一个技术完全融入"学习"的和谐教育信息生态。通过对技术与学校教育深度融合，21 世纪将出现一些从根本上进行重新设计的学校，它们将展示一系列重组教育的可能性，最终实现对学习和教育的根本性变革。

二、信息技术对教育"革命性影响"的主要体现

信息技术对教育发展产生的影响，在深度与广度上都是前所未有的，将渗透到教育的各个领域、各个环节，促使教育基础、教育资源、教育模式、教育观念等都发生意义深远的变革。

（一）对传统教育基础的影响

阅读、写作和计算被公认为传统教育的三大基石（基础教育的首要任务就是要培养这三种能力），而信息技术则对传统教育的这三大基石造成强大的冲击，使得三大基石发生了深刻的变化。[22]

1. 阅读方式的变革

信息时代带来全新的信息呈现方式和组织方式。使人们的阅读方式发生了三大变化，高效检索和超文本阅读成为主要的阅读方式。在电子书刊中，基于多媒体、网络的知识联结是：非线性、网状的。可以有多种联结组合方式与检索方式，从抽象化的文字扩展为图像、声音、动画等多种媒体，这种近乎"全息"的跨时空阅读方式，使阅读和感受、体验结合在一起，大大提高了阅读的兴趣和效率。同时，计算机给阅读方式带来的最大变革是基于网络的高效率检索，在同电子资料库对话中进行高效率检索式阅读，有效地提高了获取资料和信息的能力。

2. 写作方式的变革

信息技术对传统写作方式提出了强烈挑战。键盘输入、扫描输入、语音输入等多种输

[21] 余胜泉 . 推进技术与教育的双向融合：《教育信息化十年（2011—2020 年）发展规划》解读 [J]. 中国电化教育，2012（5）.

[22] 桑新民 . 当代信息技术在传统文化、教育基础中引发的革命 [J]. 教育研究，1997（5）.

入方式，逐渐取代纸上书写，极大地提高了人类写作的效率。写作内容与形式可以实现多媒体化，除了使用文字还能配以图片、声音、动画等形象地表达自己的思想。对于作者与读者之间的沟通、交流和相互理解在现代与未来社会中将越来越重要。电子文本采取灵活多变的网络式超文本结构，每个句子和段落之间建立起多种网络化联系通道。从而以各种不同的顺序提供给读者。网上写作，采取博客存储方式，可以承载点点滴滴的思想，便于存储与管理。

3. 计算方式的变革

计算早已不是仅与数学及数学教育有关的数字运算，从数学计算走向二进制的数字化模拟和高速运算。随着计算机的深入应用。整个社会生活越来越"数字化"，这就大大拓展了计算的概念。文字、图像、声音、影视的数字化使人类进入了"虚拟现实"中的计算机仿真世界，并使数字化成为人类把握历史、现实与未来的一种重要文化方式、生存方式、教育模式。云计算必将成为一种最新的并由软件实现自动管理的计算服务方式，使得人类可以通过网络以按需、易扩展的方式获得所需的计算资源服务。随着人类传统教育的三大基石在数字世界融为一体，计算机从语言上升为文化，将对未来教育产生重大的挑战和促进作用。

（二）对教育观念的影响

不同时代对教育的影响和要求不同，反映在教育观念上也不同。信息时代带来的教育观念的变革表现在很多方面，与学校教育和人才培养密切相关的教育观念变革主要体现在以下三个方面。

1. 转变传统的学校观

传统的学校是在工业化过程中诞生的，适应工业化社会人才培养的需要。信息时代，在信息技术所构成的教学环境中，学校将不再以传统意义上的校园围墙为标志，出现了数字化校园、网络学校、虚拟大学等新的学校形式。在信息化学校环境中，学生除了可以通过面授的方式获取知识外，还可以足不出户地通过计算机和网络接受优秀教师和专家的辅导。也可以浏览其他学校甚至世界各地电子图书馆中的资源，分布于不同地方的学生和教师可以同时坐在一个"虚拟的教室"中进行学习和讨论。事实上，传统的学校理所应当是教育的主要场所的观点已经受到挑战，现代学校应该被变成学习服务中心，不同类型的学校发挥不同的学习服务功能。

2. 转变传统的人才观

传统的观点把知识拥有量的多少、记忆知识能力的强弱作为人才的标志，这导致了评价教育效果的主要标准是知识的记忆量和考试分数。信息技术到来后，知识的更新越来越快，知识的外在形式也发生了变化，会应用知识、探究知识比知道知识更为重要。信息时代的人才观应该由知识型人才观转变为素质型人才观，学校人才培养除了应该包含传统的德智体的内容以外，还要特别突出信息能力和创新能力，以及相关的协作精神、适应能力的培养。把这种观念运用于学校教育中，就要求在确定人才培养目标和教学内容时，要把握信息时代的人才需求特点。在教学过程中要关注学生的学习过程，把创新型人才的培养作为最终目的。

3. 转变传统的教学观

传统教学中，教师作为知识的拥有者，作为学生的知识之源，在教学过程中占据"中心"地位，在这种教学观念下，严重制约了学生的个性化和创造力的发展。随着信息技术的发展和应用，学生的知识来源多元化，他们接受新事物的能力和对于事物的看法也不再局限于课堂和教师限定的思维，信息时代中新知识、新思维、新观念的传播更便利，直接导致学生的个性化更强，这种背景下传统观念面临前所未有的挑战。面对这种变化要树立新的教学观念，教师的教是学生学习过程中的一个环节，教师可以主导"教"，但不能主导、决定学生的学习，只能起引导和辅助作用，应该还课堂于学生，还学习于学生，这样才能使教师适应网络时代的教育发展。同样，学生的学习观念也应与时俱进，自主学习、广泛汲取，学会从更广的渠道汲取新的知识，这样才能适应信息时代的要求。

（三）对教育资源的影响

信息技术的发展与应用，对教育资源的建设和运用产生巨大的影响，无论是物质资源、信息资源还是人力资源，都发生了重大变革。

1. 物质资源的变革

教育教学活动的开展离不开物质资源作支撑，学校物质条件对教育教学效果产生重要影响。学校物质资源主要指学校的校园、教学场所、实验室、图书馆、运动场、宿舍等物理空间和设施设备，属于硬件教育资源。信息技术对学校物质资源的影响，主要体现在教育时空的变革上，是利用信息技术对学校各类场所和设施设备进行的信息化改造，构建信息化的校园空间。教育信息化让学生能够随时、随地、随需开展学习，教育活动已经不必拘泥于教室、实验室等场所，也不必拘泥于师生面对面的形式。正式学习与非正式学习、正规教育与非正规教育的界限逐步消融，教育活动的时空结构将发生根本性的改变。新的教育时空提供了理想的学习环境，任何需要学习的人，可以根据自己的特点和需要选择最适合自己的学习，学习的时间、地点、内容、方式均由个人决定，真正实现按需学习。

2. 信息资源的变革

信息时代教育信息资源对教育教学活动的开展具有重要作用，学生获取教育信息资源质量和数量的差异直接导致学习者个体学习效果的差异。在以计算机与网络技术为核心的信息技术支持下，教育信息资源不再具备独占性和排他性，而具有共享性。在网络带宽和信息流量许可的情况下，同一教育信息资源完全可以供多人在线同步使用而互不影响，学校已不是教育信息资源建设的唯一主体，教育信息资源的建设从"校校建信息资源库"到"区域内共建共享、区域间共享互换"，乃至全国、全球范围内的信息资源共建共享。在 Web 2.0 环境下，教育信息资源用户不仅可以通过网络获取资源，而且可以及时反馈和补充资源。用户将由单一被动的信息资源获取者，转变为既是信息资源的获取者，又是信息资源的建设者。网络环境下的教育信息资源建设在建设理念发生了根本性变化，资源的质量和数量将发生根本性改变,实现了资源再生和"动态发展",资源使用者的角色也发生根本性变化。

3. 人力资源的变革

学校人力资源主要包括教师、学生、管理人员等,从传统教育来说,教师资源是教育资源中最重要、最核心的人力资源。随着新技术、新知识、新学科的迅猛发展,学校教师素质和能力提升问题、资源优化配置问题,尤其是我国不同区域之间、同一区域内不同学校之间严重的优质教师资源配置失衡问题,一直是困扰教育界的棘手问题。目前采取的是通过在职培训、继续教育等手段提高教师的教学技能,通过"支教""轮岗"等途径来平衡优质教师资源配置。实际上难以解决这些问题。基于网络通信技术,开展网络远程教育、开放课程学习,进行"异地网络教研互动",实现授课教师、点评专家和无数观摩者终端之间的异地同步视频交流、研讨,从而变革了传统的在职培训和"集中观摩课教研活动",让重点学校优秀教师帮助薄弱学校教师提升教学技能。网络技术完全可以让教师足不出户地对异地学生实施"面对面"的授课,如通过网络视频会议系统实现师生异地之间声画同步的即时互动,实现优秀教师不离开本校而进行"异地网络支教",有效激发了支教教师的积极性和创新性,探索出网络时代人才培养的新模式。[23]

(四) 对教育模式的影响

信息技术在教育领域的应用,对传统教育产生了重大影响,无论是教育模式、教育关系,还是教学组织形式、教与学的方式等,都发生了重要的变化。

1. 教育模式与教育关系的变革

信息社会的知识与知识、知识与人、人与人的关系发生了革命性的变化,必将引起教育模式的变革,传统的应试教育、灌输教育模式受到挑战,原有的考试制度也因为不符合信息社会创新型人才培养的需要而被扬弃,注重团队合作、重视探索探究的教育模式将因其符合信息时代的需要而得到迅速发展。教育模式的变革将引起教育关系的变化,学校与学生、教师与学生、家长与学生、学生与学生之间的教育关系都将因信息化的到来而创新发展。信息化对于学校的管理也将产生深远的影响,优化教育管理模式,变革学校管理结构,也将促使新型教育关系的产生。网络信息技术改变了教育信息资源的分布形态和人们对它的拥有关系,使得人人可以享有优质资源和学习机会,使教师和学生拥有了平等的信息地位,迫使教育从以教师为中心向以学习者为中心转变,大大推进了教育公平、教育民主和学习型社会的发展进程。

2. 教学组织形式的变革

教学组织形式就是围绕既定教学内容,在一定时空环境中,师生相互作用的方式、结构与程序。采用合理的科学的教学组织形式有利于提高教学工作的效率,并使种种有效的教学方法、手段得以在相应的教学组织形式中应用。传统教育模式下实行的是班级授课制、课堂化教学,学生在一个固定的教室里分门别类地、按部就班地接受各种文化知识的学习。这种组织形式适应工业化社会需要,进行规模化、批量化人才培养,但不适应现代社会尊

---

[23] 熊才平,何向阳,吴瑞华.论信息技术对教育发展的革命性影响 [J].教育研究,2012(6).

重个性、发展个性的趋势，不利于教师与学生个体间的直接交流。现代信息技术手段的应用，使教学组织形式朝着个别化方向发展。网络环境下的教学由集体授课向小组合作学习、个别化学习等多种方式转变，它是教师对学生进行个别辅导的极好方式，也改变了传统课堂教学的单向传授过程。对于发展学生的个性和创造性，具有明显的优越性。

3. 教学方式与学习方式的变革

信息技术推动了教学内容的呈现方式、教师的教学方式、学生的学习方式和师生互动方式的变革，为学生的学习和发展提供了丰富多彩的教育环境和有力的学习工具。通过在教学过程中普遍应用信息技术创新教学，促进信息技术与课程的整合，改变传统的教与学行为方式，创新人才培养模式，对培养信息时代高素质创新型人才、提高教育质量产生积极而深远的影响。在信息化教学环境下，教学模式正从学习者单纯的通过网络获取资源的探究式学习，转化为通过网络实现学生与学生之间、教师与学生之间的多终端同步视频互动教学。泛在学习 U-learning 也正从理想转变成现实，学习者从传统的在课堂向教师学习，转变为学习者通过网络资源和视频互动学习平台，随时随地向教师请教，与同伴交流。同时，网络给学生提供了一个可操作、可自学的环境。他们可以根据自己的需要和兴趣选择学习内容，根据自己的能力和水平确定学习进度，这样可以真正意义上实现因材施教，这与传统的教学与学习方式完全是不一样的。

三、实现信息技术对教育"革命性影响"的途径

（一）教育思想理念的重塑是先决条件

先进的教育思想理念，无论是对教育的改革和发展，还是对教育工作者的教育教学活动都具有重要的指导和促进作用。信息技术对教育发展产生影响的前提是思想理念的转变，信息技术只有与先进的教育思想与教育理念有机结合才能发挥其作用。因为任何技术本身与教育的优化或改进并没有什么必然的联系，关键是使用技术的人持什么样的观念，在什么样的思想理念指导下进行教育教学活动。思想理念不同，运用技术的方式、方法也会不同，所得到的效果也不同。传统的教育思想理念适应工业文明时代需要，培养出满足工业化社会需求的知识型和知识应用型人才，信息时代要造就信息化社会所需要的高素质、创新型人才，就要改变传统的教育思想理念。同时，教育思想理念的重塑可以加速教育模式转型的进程，并完善信息化教育理论体系的内容。因此，当前要解放思想，勇于创新，树立新的教育思想理念。只有这样，才能发挥教育技术的优势，适应和推进教育正在发生的包括教育体制、教育结构和教育方式在内的深刻变革。也只有这样，才能使信息技术真正在推进素质教育、培养创新型人才方面发挥重要的作用。

（二）技术与教育的深度融合是基本方法

信息技术不仅仅能够为教育战略目标的落实提供高效率的工具，信息技术的普及和渗透，还会改变重大教育战略实施的生态环境，对教育战略目标的落实提供变革性的思路和

挑战。信息技术与教育的深度融合会带来教育创新，这是"革命性影响"的核心内涵。具体来说包括两个方面的含义，一方面信息技术对教育具有提高效率、支撑发展的内涵，另一方面，信息技术更有改变教育生态环境、引领变革的内涵。如果从这个角度看，教育信息化是教育现代化的核心特征。

技术与教育的融合是实现教育革新的基本手段。融合是两者相互靠近，相互优势互补，寻求共同点与连接点，产生实质的、有意义的联系，最终成为一体的过程。融合要实现技术环境下的教育系统性的流程革新与系统性改造，建构起整合型的信息化教育新形态，为教师和学生的生活提供人本信息化空间，在这个空间中，信息技术更多表现为文化性的存在和精神性的存在，拥有最优的人与技术的共生关系。联合国教科文组织《亚太地区教师技术——教学整合能力标准》将信息与通信技术（ICT）在教育教学中的应用发展分为四个阶段：兴起、应用、融合、革新。参照上述阶段划分，我国的教育信息化正处于"初步应用整合"阶段，正在向"融合创新"阶段推进。

通过深度融合促进教育创新，实现信息技术对教育发展的"革命性影响"。融合是一个互相欣赏、互相靠近的过程；融合是自然的、柔和的，而非生硬的；融合是一种润滑和渗透，更流畅、更高效；融合是弥漫的、无处不在的；融合不再是主体、客体二分，而是二位一体，形成新的创新性体系，创新是融合的结果，也是必然。我国前几年一直在推进信息技术与学科教学的整合，取得"初步应用整合"成果。未来的发展重点是：着力推动信息技术与教育的深度融合，推进信息技术在各级各类教育教学、管理、科研等方面的深入应用，促进相关流程优化与再造，变革传统教育理念、模式与方法，支撑和引领教育创新发展，从而实现信息技术对教育发展的"革命性影响"。

（三）推进技术支持的结构性变革是重点任务

长期以来信息技术在教育领域内的应用一直成效不大，中外各国都在讨论这一问题的原因。美国 NETP 通过回顾和总结近 30 年来企业部门应用信息技术的经验与教训，并与教育部门的信息技术应用作对比，引出了一个重大命题：教育部门可以从企业部门学习的经验是，如果想要看到教育生产力的显著提高（即技术对教育的发展产生出革命性影响的最终结果），就需要进行由技术支持的重大结构性变革，而不是进化式的修修补补。[24] 这与我国提出的信息技术对教育发展具有"革命性影响"的认识是一致的。

重大结构性变革就是重新设计各级教育系统的工作流程和体系结构，在此基础上运用技术来提高教学和学习成果，实现技术对教育发展的"革命性影响"。由于学校教育系统是整个教育系统的主体和核心，所以关键和主要内容应当是学校教育系统的结构性变革。学校教育结构性变革的基本方法仍然是融合，通过将信息技术有效地融合于各学科的教学过程来营造一种信息化教学环境，实现教学观念、师生关系、教学内容、学习方式的改变和革新，使传统的由教师为中心的教学结构发生根本性变革——转变为适应创新型人才培养需要的新型教学结构。

---

[24] 何克抗 . 关于《美国 2010 国家教育技术计划》的学习与思考 [J]. 电化教育研究，2011（4）.

教学结构的变革不是抽象的、空洞的。课堂教学是学校教育的主阵地，学校教育系统的结构变革要以课堂教学结构变革为重点。课堂教学系统就是由教师、学生、教学内容和教学媒体这四个要素相互联系、相互作用而形成的有机整体。课堂教学结构变革要实际体现在课堂教学系统四个要素的地位、作用和相互关系的改变上，通过信息技术与课程深层次整合，实现一种以"自主、探究、合作"为特征的新型教与学方式，从而把学生的主动性、积极性、创造性较充分地发挥出来，从而使创新人才培养的目标真正落到实处，也就实现了信息技术对学校教育发展的"革命性影响"。

🗁 第二节 教育为学习服务观念的树立

随着信息技术的发展和开发利用，学校积极构建和应用信息化教育环境，对教师与学生的关系、教的活动与学的活动的关系等产生了重要影响。为了打破传统"以教师为中心"的教学结构，充分调动和发挥学生学习的积极性、主动性，必须转变教育理念，变革教学模式，树立教育为学习服务的观念。所谓教育为学习服务，就是指教育具有服务的性质，它的主要任务和宗旨是为学习服务、为学习者服务。教育为学习服务观是适应信息社会对学校教育发展的要求而提出的新的学校教育观念，是当前国际上公认的一种先进教育思想的反映。

一、树立"教育为学习服务"观念的意义

（一）学校教育本身应具有的基本内涵

教育和学习是互相包含、互为前提的一对概念。根据教育学的定义，教育是指教育者有计划、有组织地对受教育者的身心施加影响，期望受教育者发生预期变化的活动。具体来说，它是根据一定社会的现实和未来的需要，遵循受教育者身心发展的规律，有目的、有计划、有组织地引导受教育者主动学习，促使他们提高素质、健全人格的一种活动，以便把受教育者培养成为适应一定社会需要、促进社会的发展的人，追求和实现其人生价值。因此，教育的目的就是促进学生的自主发展，让他们成为社会上有用的人才。而在教育学领域中，一般认为学习是人类个体在认识与实践过程中获取经验和知识、掌握客观规律、使身心获得发展的社会活动。教育和学习从两个相对的方向共同阐述和说明"人自身的发展"这一历史终极目的的实现途径。教育是站在人类总体（社会）的角度，影响和规定个体（教育对象），帮助和促进个体的全面发展。而个体的发展，归根到底要靠他在学习中的自我作用，靠他在对象化活动中形成内在本质。教育就是要创造出学生的活动，给学生提供适宜的活动对象、适当的活动方法和条件，来帮助学生的学习和发展。正如蔡元培先生所说的："所谓教育，其实就是为学习提供帮助。"

建构主义学习理论认为，学习是学习者主动建构内部心理表征的过程，强调学习过程中学习主动性的发挥。学习既是个性化行为，又是社会性活动，学习需要对话与合作。学习是获取知识的过程，知识不是通过教师传授得到，而是学习者在一定的情境即社会文化背景下，借助其他人（包括教师和学习伙伴）的帮助，利用必要的学习资料，通过意义建构的方式而获得的。[25] 在教学过程中，学生是学习的主体，"教"的目的是为了促进"学"，教师应成为教学过程的组织者、指导者，学生自主建构意义的帮助者、促进者，教师不应牵着学生的鼻子走，而应启发、引导学生自主学习，使学生真正成为学习的主人，而不是"外部刺激的被动接受者"。由此可见，教师为学生服务、教育为学习服务是学校教育的基本任务。

（二）信息时代学校教育发展的必然要求

信息时代的来临以及互联网技术日新月异的发展，彻底改变了传统教育的基本理念。传统的教育是工业文明的产物，是适合工业文明、为工业社会服务的教育，表现为学生"产品"的批量化、规模化生产。信息技术特别是互联网正在从根本上动摇和瓦解现行教育的基础，催生出适应信息文明、为信息社会服务的"新教育""新学校"。"新教育"是教育信息化发展的最终形态，就是信息化教育。学习，是新教育的核心。新教育要围绕每一个人的学习，采用信息技术，充分发挥它的"帮助"功能和"服务"功能。

新教育与传统教育的根本区别，就在于它是通过帮助个体的学习，来促进个性的发展，而以往的教育则是直接地进行人的培养或塑造。传统教育的功能强调自上而下规范学习，规范学习者，使之标准化、模具化。以便批量生产和造就工业化所需要的大量人才。这种传统教育具有学制统一、班级授课、分科学习等特征，专注于对学习者的直接塑造或改变，是"以教定学"的教育。而随着互联网技术在教育领域的广泛应用，打破了传统教育学校中教师作为对知识和知识标准的垄断者、裁定者的地位，人们对教育的自主性、选择性要求日益强烈，个性化的、互动的、自由的学习成为必要和可能。在这种前提下，教育不再服务于人才的批量生产，而是旗帜鲜明地提出为学习服务、为学习者服务，提倡学制多样化、教育个性化和学生自主和谐的发展。因此，信息化教育具有了前所未有的鲜明的服务性质，它是为学习服务、为学习者服务的。

二、为学习服务的教育的主要特征

信息时代的教育突出为学习服务职能，以服务学习为核心，显示出信息化教育与工业化教育具有不同的特征。[26] 主要体现在以下六个方面。

（一）教育目的的变化

信息时代的教育，不再只是"传道、授业、解惑"，灌输和传授书本知识，也不再只

[25] 何克抗. 建构主义：革新传统教学的理论基础 [J]. 学科教育，1998（3）.
[26] 陈建翔，王松涛. 新教育：为学习服务 [M]. 北京：教育科学出版社，2002.

是促进背诵、写作业和考试。信息化社会对受教育者所需要的是动态的技术，是鲜活的知识，是生生不息的超前的创造力。教育将深刻改变自己的目标与职能，教育的目的是要实现教育对象的全面发展，教育的职能是帮助学习，"提供帮助"是教育功能的实质。教育应使受教育者学会学习。教育将帮助学生学习和成长视为自己的根本任务。教育要创造出良好的教育环境和条件，指导和组织学生的活动，来帮助学生的学习和发展。努力成为学生全面发展和成长的助手，成为信息社会个人选择和发展的无微不至的"教练"或指导者。随着人的全面丰富性的展开，随着学习的全面丰富性的展开，教育也将恢复它应有的全部丰富性。

（二）教育内容的拓展

为适应信息化社会的新型人才培养需要，更好地为学习者服务，信息化教育教学的内容将大大拓展。原来只教书本上的知识技能，现在还要教书本外的知识技能，帮助学生拓展知识；原来只教知识技能，现在要教如何生存、如何关心、如何负责、如何选择，帮助学生全面提高；原来只教既定的知识技能，现在要教获得与拓展这些知识技能的方法，帮助学生学会学习；原来只教学习者自己以外的知识技能，现在要教学习者认识和掌握自己，要把学习者自己作为知识对象，帮助学生自我学习与成长。因此，教学内容的确定，并非是以教师的教为依据，而是以学生学的需要作为主要依据的，由"以教定学"向"以学定教"转变，依据学习者全面发展的需要为依据。

（三）教育方式的丰富

信息技术的开发应用，为学校提供了先进的教育技术手段和丰富多样的教育方式，更好地满足了学习者的需要。传统学校里的教育方式非常单调，基本上是以书本知识学习为主、以课堂教学为主、以班级授课为主、以教师讲授为主，学生的多样化、个性化、全面发展的需求难以得到满足。信息化教育环境和手段的开发利用，教育教学资源无处不有，使得现代教育方式更加丰富多彩。例如，开展认知性的教育、动作性的教育、审美情趣的教育、社会交往的教育，进行潜意识的教育、内省的教育、运动的教育、游戏的教育、实验的教育、探索的教育，利用人—物的教育（向大自然学习）、人—机的教育（用电脑学习）、人—人的教育（在集体中学习）等，类型丰富多样，形式不拘一格。尤其是基于计算机网络开展各种探究的、合作的、互动的、个性化的教育方式，将得到越来越广泛的应用。

（四）教育时空的开放

信息时代"信息爆炸"最直接的后果，是时空的裂变，给传统的封闭的工业化教育系统带来猛烈的冲击，导致教育时空的开放。以计算机和网络通信技术为依托的"信息时空"，跃出了物理时空的框架，实现了"时空再造"，构成新的最主要的学习平台、工作平台和生活平台。信息时空的利用让人们能赢得更快、更多、更有效的时间，能占据更大、更重要、更有利的空间。时空裂变与再造为打破以"限定学制"和"班级授课"为主要表现的传统教育模式提供了有效的途径。这场全球大变革的全部秘密，都表现在这个时空的再造和转化上。信息化教育时空的开放性，突破了传统教育固定时空的限制，为学习者创造了前所未有的便利条件。学生可以在任何时间、任何地点、根据自己的意愿选择需要的学习内容和学习方式，可以获取学校内外的学习资料乃至全世界图书馆的资料进行学习，可以方便地与教师、合作伙伴进行异地沟通交流。为学习者创建"个人时空"：在空间上，"我"与整个世界互通、形成一个整体；在时间上，未来与现在不再隔阂，教育就在个人的生活中，在学习者的成长中。信息化教育时空为学习、为学习者提供了最有效的帮助和服务。

（五）师生角色的改变

在过去的教育中，师生的角色和关系是很明显、很确定的。教师是知识的传授者、垄断者，是教学的主导者、控制者，这样的角色与工业时代教育的"制造业"性质相适应，学校就是"制造"学生"产品"的工厂，教师是教育工厂负责"制造"学生的"工程师"。信息化教育中，教师的角色发生了很大变化，与教育的"服务业"性质相适应，教师是服务的提供者。是学习的指导者、帮助者，为学生的学习提供帮助，帮助学生成为自主的学习者、能够进行独立的思考，教师的教必须要符合并且适应学生的认知规律和心理特征，有助于学生的学习和发展。网络条件下，教师与学生具有民主的关系。学生可以与教师进行平等的交流。此外，传统教育中教师就是教师，学生就是学生。一日为师，终身为师。现在情况也发生了变化，随着科学技术迅猛发展，知识信息快速膨胀，学生获取知识的渠道非常多，有时能比教师更快速地获取新的知识信息，这就打破了固定不变的角色定位，建立了相对的边界不明的教学关系。"为师"只能说是一种行为，而不可能是固定不变的状态。

（六）学习评价的重构

传统教育对学习的评价，适应"班级教学""课堂教学"模式，主要采取课程考试的方式来进行，往往是用一张试卷对学习的效果和质量进行评判，评判的标准主要是学生掌握的知识技能的数量水平，对学生的学习过程、学习活动中的创新行为、创新能力就难以评价。信息时代，教育内容、教育方式、教育时空的变化，传统的学习评价已不能适应新的需要。信息化教育环境的建设与应用，引发学习评价标准、评价过程、评价方式等方面的全面变革，学习评价将实现体系重构。比如，教育的基本职能变成为学习服务，帮助学习者进行快速改变，它的评价标准就必然发生变化，出现以学习者的需求和满意度为核心的价值评定。在评价的方式上，网络化教学和学习系统的开发应用，可以方便地实现对学习过程、学习行为数据进行记录，通过"大数据"挖掘分析，对学生的学习效果、学习习惯、学习规律进行准确判断和科学把握，可以迅速进行形成性评价，及时给出反馈，帮助学生改进学习行为，从而优化了学习方法和教学策略，提高了学习效果。这从根本上改变了传统学习评价的观念和方法。

三、实现教育为学习服务的途径

体现"为学习服务"理念的教育、教学思想古已有之，但由于班级教学制的提出、工业革命的影响、中国的特殊国情等原因，片面强调教育的规定性，逐渐偏离了"为学习服务"的宗旨。随着信息技术、教育科学和学习科学的发展与实践应用，使教育"为学习服务"得以真正实现。

（一）实行"以学生为中心"

"以学生为中心"不是指教师与学生角色、身份、地位的高低之分，而是指教学理念、管理理念、服务理念的转变，教学方法、评价手段的转变。教学的目的、任务不在"教"，而在"学"。"以学生为中心"，即以学生的学习和发展为中心，最根本的是要实现从以"教"为中心向以"学"为中心转变，即从"教师将知识传授给学生"向"让学生自己去发现和创造知识"转变，从"教师规定、主导教学"向"指导、帮助学习"转变。因此，学校要以学生、学习、学习过程为关注焦点，优化教学模式和方法，有利于学生自主发现和构建学问，有利于学生主动发现和解决问题，有利于学生自主学习，从而提高学生的学习质量，使学生在知识、能力和素质上获得全面提升。[27]

实行"以学生为中心"，应把握关键，突出重点，始终抓好学生的学习和发展。教育的根本问题是人的问题、人的发展问题。教育通过对人的成长的引导。从而促进人的发展。"以学生为中心"，就是在教育教学中，要依据人的发展规律，着力于学生的发展。促进学生的发展，要通过学生的学习来实现，学生在学习中发展，在学习中提高。要满足学生学习的需要，遵循教育和学习的规律。在教学中，"学"是目的，"教"是手段，教为学服务。教师的任务不再是直接教授学生，而是创造一种有效的学习氛围，并为学生们提供鼓励和支持。老师在学习环境中不再是统治者，而成了顾问、资源提供者、提问者、解释者、共同学习者。教师的教是受学生的学所制约的，要服从于学生的认知规律，要适应学生的心理特征，要以学生的学决定应该如何教。同时，教育又有自身的规律。例如，教育具有非决定性、非线性的特点，教师讲课与学生学习之间并没有直接的决定的关系。因为各种知识进入大脑之后，要经过内化，才能化为自己的知识结构、思想、灵魂。因此，教学中，教师要了解学生，了解学生的个性，进行针对性教学。同时，要通过教学评价，了解学生的学习效果。教学评价的重点应该是"学"，是指学生的"学习效果"，而不是"教"。应该将评价结果及时向教师反馈，让教师了解自己在教学中存在的问题，从而不断改进教学，提高教学效果。

（二）实施建构主义的教学模式

建构主义教学理论认为，知识不是通过教师传授得到的，而是学习者在一定的情境即社会文化背景下，借助其他人（包括教师和学习伙伴）的帮助，利用必要的学习资料，通

[27] 刘献君.论"以学生为中心"[J].高等教育研究，2012（8）.

过意义建构的方式获得的。[28] 建构主义把"情境""协作""会话""意义建构"作为学习环境中的四大要素。在众多教育理论中，只有建构主义理论（它既是一种学习理论，又包含新的教学理论），特别强调学习者的自主建构、自主探究、自主发现（在教师和学习伙伴的帮助下），并要求将这种自主学习与基于情境的合作式学习、与基于问题解决的研究性学习结合起来，因而特别有利于学习者创新意识、创新思维与创新能力的培养。因此，实施建构主义的教学模式，对于实现教育为学习服务具有重要意义。

建构主义强调以学生为中心，不仅要求学生由外部刺激的被动接受者和知识的灌输对象转变为信息加工的主体、知识意义的主动建构者，而且要求教师要由知识的传授者、灌输者转变为学生主动建构意义的帮助者、促进者。这对传统的教学理论、教学观念提出挑战，要求必须彻底摒弃以教师为中心、强调知识传授、把学生当作知识灌输对象的传统教学模式，教师应当在教学过程中采用全新的、与建构主义学习环境相适应的新的教学模式和教学方法。建构主义的教学模式可以概括为："以学生为中心，在整个教学过程中教师起着组织者、指导者、帮助者和促进者的作用，利用情境、协作、会话等学习环境要素充分发挥学生的主动性、积极性和首创精神，最终达到使学生有效地实现对当前所学知识的意义建构的目的。"在这种模式中，学生是知识意义的主动建构者，教师是教学过程的组织者、指导者、意义建构的帮助者、促进者。通过实施建构主义教学模式和教学方法，实现教育为学习服务、为学习者服务的宗旨。

（三）打造数字化学习服务中心

数字化学习服务中心是新教育、新学校和新技术综合作用的产物，是实现信息化教育为学习服务的重要条件和保障。打造数字化学习服务中心，就是依托计算机网络强大的交互性、极大的自由度和个性化服务等技术优势，对传统学校进行革命性改造，建立数字化的"新学校"。"新学校"是"以教助学""按需助学"，以个性化服务帮助学生，学校变成了个性化学习服务中心。"新学校"像一个"教育超市"，教师是"超市"里引导和帮助学生顾客的服务员，所有教育资源"开架"展示，学习者在这里可以自由徜徉，选择他们感兴趣的教育产品和教学模式。"新学校"也像一个"教育诊所"，这个特殊的"诊所"为每一个学习者建立一个无微不至的"学习档案"，包括个体的遗传、情绪、性格及其他心理倾向的测试记录，包括他从小到大的学习经历和成绩。包括他所接受的每一次来自专家的咨询建议等等，形成了详细的"个人学习资源库"，用于支持他的学习和发展。

把学校打造成数字化学习服务中心，首先，需要秉承新的教育思想和新的学习理念，打破传统教育封闭性的教育制度体系，建立符合信息化教育本质要求的、高度开放而又高度规范的现代教育体系。其次，以学生为中心的学习是基于资源的学习。建立学习资源中心是打造数字化学习服务中心的核心任务，也是教育为学习服务的基本途径。数字化学习资源包括教学信息资源、学科信息资源、电子图书资源、再生教育资源等，随着教育技术、网络技术的发展而变得越来越丰富，它们可以让学习者完全根据自己的需要进行选择和组

---

[28] 何克抗，建构主义：革新传统教学的理论基础 [J]. 学科教育，1998（3）.

合。在现代通信技术、计算机技术和网络技术的支撑下，构建起适合以学生为中心学习模式的学习环境，才能使学习者真正做到个别化、自主学习，真正成为学习的"中心"。当然，打造成数字化学习服务中心，并不意味着传统学校会消亡，而是要大大加强其功能。"尽管有人认为信息与通信技术可能会削弱教师的重要性，甚至学校的重要性，但事实正好相反。对学习者来说，学校仍然发挥着重要的作用，教师也仍然是学生接触的主要对象。"[29]所不同的是，学校的功能不再是传统工业时代的直接"生产""制造"功能，而是强大的、全方位地为学习服务功能。

📁 第三节　个性化教育观念的树立

个性化教育是一种以培养人的完美个性为根本目的，充分尊重学生的个体差异，发挥学生的主动性和创造性的教育。个性化教育，就是承认学生在智力、才能、情感、特长和爱好等方面存在着差异性，教育只有适应这种差异性，才能使每个人得到发展。个性化教育的实质，是通过教育实践活动来实现学生自我潜能的激发，形成一种自主、和谐、不同于他人的独立人格。在发现和尊重受教育者现有个性，以及有利的物质条件的基础上，尽可能地促进受教育者的体能、智能、活动能力、道德品质、情感意志等素质自主、和谐、能动地发展，最终形成优良个性的教育。个性化教育的终极目的就是培养个性化的人。[30]

一、树立"个性化教育"观念的意义

（一）个性化教育是实现人的全面发展的必由之路

马克思主义关于人的全面发展学说对当代教育有着极为丰富和深远的意义。人的全面发展的基本内容主要包括人的能力的全面发展、人的社会关系的全面发展、人的需要的全面发展和人的个性的全面发展等方面。所谓个性是指个人独特的主体性，是人与人在特性方面的差异，如兴趣、爱好、性格、心理、气质、行为特点等。马克思认为，人的发展在一定意义上就是"有个性的个人"逐步代替"偶然的个人"。马克思主义关于人的全面发展学说认为，"实现人的全面发展的根本途径是教育同生产劳动相结合。"全面发展的人是精神和身体、个体性和社会性都得到普遍、充分而自由发展的人。个性的自由发展，是全人类的自由发展的必要条件，它将使人类的生活永不枯竭而丰富多彩。一个人的教育和全面发展，并不是朝着某一理想模式看齐，决不等于德、智、体、美、劳诸方面的均衡发展，而是自我潜能和特性的充分而自由地发挥。亦即是说，个性化教育主张遵循个性的多样性决定人才的多样性规则。由教育对象的特长、志趣、才能及个性特征等决定其发展的

[29] 经济合作与发展组织. 学会变革：学校中的信息与通信技术 [M]. 王晓华，彭欣光译，北京教育科学出版社，2008.

[30] 刘彦文，袁桂林. 个性化教育的内涵和特征分析 [J]. 教育评论，2000（4）.

方向，这样才能真正实现教育的价值。因而，尊重个性，尊重个体选择和发展的无限多样性，是当代教育发展的必然选择。世界正是由多种多样的、个性化的个体组成的，没有差异就没有进化和发展。

（二）个性化教育是当代世界教育发展的重要趋势

21 世纪是发展个性的世纪。现代科学技术的迅猛发展既对社会经济发展给予了积极的推进，同时又给人类生存和社会生活带来了严峻挑战。为了克服传统教育中重共性、轻个性，重知识灌输、轻智能开发，重理性训练、轻和谐发展等弊端，以适应新技术革命和利：会变革对高素质创新型人才的需求，个性化教育在经济发达国家兴起，已经逐渐成为当今世界各国教育改革的一个重要趋势。1988 年日本文部相提交的教育白皮书中写道："这次教育改革的基本指导思想是，实现向终身学习体系的转变，重视个性，实现国际化、信息化的教育。"发展人的个性已成为日本的一个基本目标。美国教育一直以培养具有独立个性和反抗精神的人为根本出发点，个性化教育是美国教育的一个传统。[31] 联合国教科文组织的报告《学会生存——教育世界的今天和明天》指出：教育不再限于那种必须吸收的固定内容，而应被视为一种人类的进程，在这一进程中人通过各种经验学会如何表现自己，如何和别人进行交流，如何探索世界，并且学会如何不断地完善他自己。教师将来的任务是培养一个人的个性并为他进入现实世界开辟道路，培养人的自我生存能力，促进人的个性全面发展，并把它作为当代教育的基本宗旨。注重人的个性全面、和谐的发展已成为当代世界教育改革和发展的核心。

（三）个性化教育是贯彻素质教育的基本要求

我国的教育改革经过多年的不断探索，目前正在全面实施素质教育。素质教育的落脚点在于对于人的潜能的开发，促进人的素质全面发展，而个性是人综合素质的一种体现。我们倡导的素质教育其实就是个性化教育，就是一种以人为本，充分尊重学生的主体性和差异性，发展学生潜能的教育。围绕着如何实施素质教育，全面提高学生综合素质这一目标，教育界进行了多方面积极的探索和实验：普通学校的"成功教育""愉快教育""和谐教育""情景教育"，高等学校的讨论式教学、问题教学、案例教学，等等。所有这些实验有一个共同的特点，就是都与个性化教育有着密切的联系，都强调尊重学生的主体地位，发挥学生的学习主动性，重视创新能力的培养和个性的发展，引导学生自尊、自重、自主、自律。通过个性化的教育，达到全面提高学生素质的目标。在新世纪课程改革中，《基础教育课程改革纲要》明确指出，教育要"使学生在普遍达到基本要求的前提下实现有个性的发展"。"教师在教学过程中应与学生积极互动、共同发展，要处理好传授知识与培养能力的关系，注重培养学生的独立性和自主性，引导学生质疑、调查、探究，在实践中学习，促进学生在教师指导下主动地、富有个性地学习。教师应尊重学生的人格，关注个体差异，满足不同学生的学习需要，创没能引导学生主动参与的教育环境，激发学生的学习积极性，培养学生掌握和运用知识的态度和能力，使每个学生都能得到充分的发展。"

[31] 张尚兵，张尚武 . 个性化教育特征与实施途径 [J]，安庆师范学院学报：社会科学版，2002（4）.

可见，实施个性化教育对于指导我国当前的教育改革具有重要的现实意义。

二、个性化教育的主要特征

个性化教育作为一种新的教育观念和思想，是教育的多维度、多层面因素影响的结果，故个性化教育的特征具有复杂性。探讨个性化教育的特征应有广阔视野，从多个视角来分析。个性化教育的主要特征体现在以下五个方面。

（一）主体性

教育的主体性主要指教育确立学生主体地位，注重提升学生的主体意识、主体能力及主体价值。教育是对人的成长发展的引导与帮助，教育的根本问题是人的发展问题。教育中要"以学生为本"，以学生的学习和个性发展为本。个性发展是一个自主、自由的过程，个性的形成必须经过"自我建构"。个性化教育强调学生是学习的主体，教师在教学活动中要充分尊重学生的自主选择权，要把学习变为学生的自觉活动，让学生乐学且会学，把学习的主动权还给学生，有意识地培养学生自主学习、自主思考、自主管理、自主评价的能力。自我教育是人的个性形成的内在因素，个性的发展只能由自己来完成。学校必须把教育的对象变成自己教育自己的主体，使学生学会学习，使之自我成长，自我实现，自我超越。

（二）民主性

个性化教育具有显著的民主性特征，是真正的民主化教育。教育民主的本质在于为受教育者提供适合其个人特点的教育，让其充分、和谐、自由发展。个性化教育正是在个人特点基础上展开的，以适应并促进个性发展的方式，实现具有完善个性的人的培养。个性化教育充分尊重学生的差异和独特性，根据内容难易和学生兴趣来组合教学内容，实施差异化教学。这与让所有的学生接受统一的传统教育相比，更具有民主性的色彩。教育的民主性还体现在民主的师生关系上。个性化教育所倡导的师生关系是民主型的。师生角色要调整变化，教师要以平等的姿态对待学生，做学生的朋友，了解学生，理解学生，尊重学生，帮助学生寻找最适合他自己个性发展的方式。民主的师生关系有利于个性化教育的开展，有利于促进学生个性的成长和发展。

（三）多样性

现代教育是同现代生产联系在一起的，随着现代生产的不断发展，教学结构和教育手段也发生了根本变化，并出现了多样化趋势，这就为每个受教育者的学习成长提供了更为完善的学习条件。人们的不同个性特点、不同气质、兴趣。以及不同爱好和特长，都可以因此而得到有利的发展，受教育者自由选择学习专业的主动权将大大提高。个性化教育不仅包容多种有益的教育方法，还在学校教育制度、组织形式、教育内容、教育评价等各方面、全方位地具有兼容性，以适合个性不同的学生发展的需要。同样，学生作为个性化教育的出发点和归宿，通过接受多样的、适合自身的教育，而表现出各自不同的个性特征，这是人的发展目的之所在。个性化教育要求教学方式多样化，对传统课程、教材、教法和手段等各方面进行深刻的变革，改变统一化和单一化教学模式，倡导教育的个性化、多样化和灵活化，营造灵活多样、宽松和谐的教学环境，从而使学生的个性得到充分、自由的发展。

（四）全面性

有些人提到个性化教育，常常只提发展学生的兴趣、爱好和特长。实际上这只是个性化教育的一个方面，远非全部。个性化教育是追求人的全面而自由发展的教育，是培养人的独立人格的教育。全面发展的教育不等于平均发展，整齐划一的发展，全面发展的本质特征是人的和谐发展，而且是因人而异的。人的全面发展是人的个性发展的基础，而人的个性发展则是全面发展中最强的一面，彼此是相辅相成、相互促进的。个性化教育主张每一个个体，在全面发展的基础上，根据个人的个性特长，可以在某方面或某些方面突出地发展，有利于其他方面发展，最终构成和谐的个性整体。全面性还表现在教育要面向全体学生，促进每一个学生全面发展。个性化教育不同于英才教育，英才教育重视的只是少数尖子生。个性化教育最本质的特征是面向全体学生，立足于对每个人的教育，对每一个人负责，要从每个学生的个性特征出发，为学生创造适当的学习环境，让他们各自通过自己的努力去获得相应的发展。

（五）社会性

教育作为人类一种特有的社会现象与社会活动，它的发展是社会发展的一个重要方面或重要标志，同时又促进了社会的变革与进步。[32] 教育目的之一是为了培养适应社会发展的人才，个性化教育强调个性化人才培养、人才的个性发展，必然要体现社会发展的要求。社会发展与个人发展在本质上是历史的、具体的、现实的统一。二者统一的关键在于人的发展，因为社会及人类的任何进步都是个人发展的结果。但是，个性的发展不是脱离社会的发展，而是在社会实践中的发展。个性的培养和发展，所受到的教育和影响，无不打上了时代和社会的烙印。教育作为社会子系统，对个性的影响，无疑具有社会性。

三、实施个性化教育的途径

（一）实行特色化办学

实施个性化教育，教育体制的改革和教育思想的转变是基本前提。随着社会发展对人才培养的需要发展变化，客观要求从传统学校教育到终身教育、从应试教育到素质教育的根本性转变，对办学模式、办学理念也提出了新的要求，多方向、多层次、多规格、多形式的新型办学模式正在逐步构建和完善。个性化教育需要个性化学校、个性化办学。日本的教改报告对"个性"作了如下的界定："所谓个性，不仅指个人的个性，同时还意味着家庭、学校、社会、企业、国家的文化和时代的特征。"也就是说，既有单个人的个性，也有集体的个性，所以个性化教育必然包括学校的个性化，即学校办学的特色化。

---

[32] 袁振国. 当代教育学 [M]. 北京：教育科学出版社 .1999：348.

学校实行特色化办学，具体而言包括三个方面：

（1）要有独特的办学理念和办学定位。办学理念和办学定位是学校办学指导思想的核心内容，任何学校要想成为具有竞争力的名校，必须有自己独特的办学理念和长远的育人目标与定位。例如，英国伊顿公学就以其"培养上流社会精英"的办学思想闻名于世；陶行知先生的晓庄学校体现着"生活教育"的思想；张伯苓先生在南开大学的"文以治国、理以强国、商以富国"的办学思想，至今还被有效地传承着并被赋予新的含义，成为学校办学的优良传统和宝贵财富。

（2）要有特色的管理与文化。一所学校要保持一种活力，必须有一套适合本校特点的管理体制，形成有特色的校园文化，且这套管理体制和校园文化应与学校的办学条件和办学理念相一致。美国西点军校之所以在世界军队院校中享有盛名，原因之一就是有"健全有效的规章制度"。

（3）要有特色学科与课程。一个学校的独特办学思想具体体现在课程上。如果一个学校的课程没有自己的特色，那么很难说这个学校有自己的特色。对于高校来说，学科专业结构和特色是一所大学形成办学特色最基本的因素，大学要围绕经济社会和自身发展需要，积极开拓，勇于创新，建立具有特色的新型学科专业。对于基础教育而言，当前新的课程改革强调建立国家、地方和学校三级课程，学校应充分利用自己的社区资源来开发校本课程，形成自己的特色。[33]

（二）进行自主化学习

实施个性化教育，必须充分发挥学生的自主性，进行自主化学习。个性发展是一个自主、自由的过程，个性只有在个人自主的活动中才能得到弘扬，个性的形成必须经过自主选择、自我建构。人的主体活动是有目的、有意识的，人的自我意识越强，与社会的互动、选择能力就越强。学生良好个性的形成，需要自我教育、自主学习，这是人的个性形成的内在因素。学习作为一种人的自觉活动，是学生自我实现发展的需要。只有把学习变为学生内在的需要，把学习变为个人自主的行为，学生才能真正得到发展。

在传统教育中，一切教学活动从考试出发。教师的任务就是帮助学生取得高分。教师在课堂上总是满堂灌，反反复复地讲，强迫学生做大量的练习，给学生带来了巨大的压力，把本应充满快乐的学习活动变成了学生厌烦的活动。实施个性化教育，学生是学习的主体，学生的学习是一种能动的充满个性的活动，这种个性意味着自主、独立、创造，学生在学习过程中根据自己发展的内在要求和个性特点选择独特的学习方法，独立地、创造性地解决学习中的问题，就能充分享受到学习的乐趣。学习自主化就是要把学习活动变成学生的自觉活动，发挥学生的主观能动性，让学生在自主的建构活动中发展自我，把学习当作自己的快乐和生活，在教育生活中发展完善个性。在这个过程中，学习者的学习方式完全是主动的，而不是被动的。其主动性表现在以下方面：

（1）学习者自主制定并执行学习目标；

[33] 张尚兵，张尚武.个性化教育特征与实施途径[J].安庆师范学院学报：社会科学版，2002（4）.

（2）自主选择学习策略和学习方法；

（3）自主控制整个学习过程；

（4）自主进行学习评估。

也就是说，学习者根据自己的特点和需要，组配知识结构，制定学习目标，选择课程内容，安排学习时间，组织自己的学习，并对自己的学习负责。通过自主化学习，自主选择和建构。形成良好的个性，使自己成为社会所需要的富有个性的人才。

（三）开展个性化教学

实施个性化教育，客观要求教学的个性化，走出标准件式的教学模式。传统教育教学很少考虑学科或学生的个性，只是依据统一的标准、统一的要求、统一的进度教授统一的内容，就像在工业社会生产标准件一样。为适应个性化教育需要，要在课程、教材、教学方法和手段等各方面进行深刻的变革，改变统一化和单一化教学模式，倡导教学的个性化、多样化，从而使学生的个性得到充分、自由的发展。

开展个性化教学，重点要把握以下几个方面：

（1）教学内容个性化。要尊重人的个别差异，根据个体已有的认知水平、认知能力、发展需求，来制订相应的教学内容和教学计划，使具有不同个性特点的学生接受不同的学习内容，以适应学生个性发展和多样化的需求。

（2）教学方法个性化。依据学生的个性特点，施以不同的教学进度和教学方法，做到因材施教。《学习的革命》的作者戈登，德莱顿在接受《光明日报》记者采访时说："每个人的学习方式应该与每个人的指纹一样独特，教育的一项关键工作是发现每个孩子的学习模式并适应它。"只有根据每个学生的具体情况，选择不同的教育方式，采取不同的教学方法，甚至确定不同的学习内容，才可能取得好的效果，才可能培养出适应时代需要的多种类型的创新人才。

（3）教学手段个性化。利用现代化教学技术，进行个性化教学设计，围绕学生个体的需要组织学习活动，使其成为各种教学方法和技术的集成，让学生积极参与学习活动并顺利达到学习目标。让学生学会获取信息，使用信息解决问题，进行有效的交流，使他们在这样一个以信息为纽带、以交往为依托的全球社会中成为成功的终身学习者。

（4）教学组织形式个性化。随着新兴信息技术的普遍采用，个别化教学形式将在学校教育中大行其道，并且将在新的技术条件下显示其前所未有的效力。由于电子计算机和网络技术的广泛应用，教学时空大大拓展，传递教学内容的途径将发生重大的改变，学生可以在自己方便的时间和地点，能够按照自己的需要自由学习有关内容；能够自主安排学习进度；能够与教师和合作伙伴进行个别的、平等的交流；能够运用计算机进行自我测验和评价，进行自我反馈并改进学习，从而使自己达到最佳的学习状态，取得最佳的学习效果。每个人都将享受到真正个性化的最好的教育。

（四）采用多元化评价

实施个性化教育，要求实行多元化的教育评价。教育评价是教育过程中重要的一环，直接影响着教师和学生的积极性。传统的评价观建立在一元价值观的基础上，以目标评价为基本形式，只注重学习结果，强调统一性，忽视个别差异。这种评价观显然不能适应个性化教育的要求。实施个性化教育，要变一元评价观为多元评价观，强调评价多元化。

实行多元化的教育评价，重点要突出以下几个方面：

（1）评价目标的个体化。个性化教育是对于个人潜能的激发，并不强求所有的人都掌握同样的知识结构，都具有同样的个性特征，所以教学评价目标应是具体的、个别的。从学生不同特点来设置每堂课的个性化教学目标，把评价落实到每一个学生身上。

（2）评价标准的差异化。对于个性化教育而言，一堂课的教学，有的学生只需要掌握基础知识和基本运用，而有的学生则需要进一步拔高；一门课的教学，对不同的学生，也可以有不同的个性要求，在评价的标准上就不能采用统一的要求，在全面发展的基础上，容许差异性，进行差异化评价。

（3）评价方式的多样化。过去，对于学生的评价仅仅以考试的成绩（总结性评价）为唯一依据，将学生考试成绩作为主要的评价指标，忽视了学生个体成长与发展的规律，因为分数只能反映某一段时间学生对现有知识及某些技能的掌握情况。这种评价给学生造成了很大的精神压力，学生个人的特长和兴趣得不到发展，不利于发展学生的个性。个性化教育的评价，要遵循多样化原则，既要有总结性评价，又要有过程评价；既要有客体评价，又要有自我评价；既要有定量评价，又要有定性评价。善于从多个角度来评价学生，让学生发现自我优势，充分发挥学生的潜能，从而达到个性化教育的目的。

📁 第四节　基于技术学习观念的树立

20世纪中叶以来，技术广泛应用于教育和学习过程。这里的"技术"既包括有形的"物化技术"（物化技术中又分硬件技术和软件技术），也包括无形的"智能技术"；既包括现代技术，也包括传统的技术。在当前的信息时代，被用来优化教育和学习过程的最主要技术，当然就是代表当前最先进生产力的信息技术。所谓"基于技术学习"，就是指在教育和学习过程中，充分利用当代科学技术手段，帮助学习者获取学习资源，支持学习进程，完成学习任务，提高学习效率。信息时代，基于技术学习就是要开发利用信息技术，创建信息化教育环境，支持学生的学习和学校教育发展。基于技术学习，已成为当前推进教育信息化的一个重要战略举措。

一、树立"基于技术学习"观念的意义

（一）基于技术学习是现代教育技术的本质要求

众所周知，教育技术的本质特征是运用技术去优化教育和学习过程。美国教育传播与

技术协会（简称 AECT）在 1994 年发布的有关教育技术的定义是目前在我国得到普遍认可的教育技术定义：教育技术是关于学习资源和学习过程的设计、开发、利用、管理和评价的理论和实践。该定义将教育技术的研究对象表述为关于"学习过程"与"学习资源"的一系列理论与实践问题，改变了以往"教学过程"的提法，体现了现代教学观念从以教为中心转向以学为中心，从传授知识转向发展学生学习能力的重大转变。学习成为教育技术关注的焦点，基于技术学习是现代教育技术的本质要求。从教育技术学发展的历史长河来看，它一直致力于用技术的方法来促进人类学习。所谓促进学习，就是利用技术帮助学习者学得更快、更有效、更容易。学习过程是学习者通过与信息、环境的相互作用获取知识和技能的认知过程，学习资源是学习过程中所要利用的各种信息和环境条件。信息时代，新的教学理论要求学生由外部刺激的被动接受者转变为能积极进行信息处理的主动学习者，而教师要提供能帮助和促进学生学习的信息资源和学习环境，利用信息技术建造一个能支持全面学习、自主学习、协作学习、创造学习、终身学习的信息化教育环境。

（二）基于技术学习是由技术的作用客观决定的

运用于教育和学习过程的"技术"，既包括有形的"物化技术"，也包括无形的"智能技术"。包括三个方面[34]：

（1）以多媒体计算机技术和网络通信技术为核心的物化技术形态；

（2）以探索智能技术应用为重心，着力改善学习成效，包括学习过程设计和学习环境设计策略，学习活动、技巧和方法；

（3）技术作为学习工具，表现为学习者控制技术，学习者与技术是智能伙伴关系。

关于技术对变革教育和学习方式的作用，人们已有许多理论假设和实证研究，总括起来表现为以下四个方面：

（1）适应时代生存与发展需求的必备素养；

（2）有利于引发和支持教育变革；

（3）有益于促进学习者的有效学习；

（4）有助于培植、创建和维护新型的学习生态环境。

因此，技术对于引发和支持教育改革、促进有效学习、创设新型学习环境具有重要意义，是学习的重要工具手段。我们必须树立基于技术学习的观念，也是正确的技术应用观念。

二、基于技术学习的主要特征

（一）学习工具：用技术学习

基于技术学习的首要特征是：技术的真正作用在于充当学习者的学习工具。学习者是用技术学习的，而不是通过预先设定的程序内容来教学习者学习。在教学习者学习方面，技术并不比教师更有效，但当技术作为学习工具时，学习的本质将发生根本性的变化。学

---

[34] 钟志贤.信息技术作为学习工具的应用框架研究 [J].电化教育研究，2008（5）.

习者不能直接从教师或技术中学习什么，只能从思维中学习，思维的发展需要相应的技术支持，技术应当作为学习者思维发展的参与者和帮助者。"用技术学习"反映了建构主义倾向的技术应用观，建构主义强调学的方面，与建构主义相对的客观主义则偏重于教的方面。在教学设计过程中，客观主义注重外部刺激的设计和知识结构的建立，建构主义则特别关心学习环境的设计。技术作为学习工具，有多种角色和功能，为学习者思维发展提供支持和帮助，促进学习者的知识建构和思维发展。

（二）认知工具：有意义的学习

在用技术学习的设计中，特别重视技术作为认知工具在支持有意义的学习，促进学习者高级思维能力（如批判性思维、问题求解、决策、创新）发展方面的作用。有意义的学习是一种理想的学习方式，是学习者发展高级思维能力的必然方式。所谓认知工具是指帮助学习者进行认知处理的计算机支持技术，是促进学习者发展批判性思维、创造性思维和综合思维能力的各种软件系统。学习者应用认知工具进行学习活动的主要形式有：建构数据库、建构语义网络、使用视觉化工具、探索微观世界、建构专家系统、用动态建模工具表征思维模型等。认知工具对促进学习者高阶思维发展的作用或意义是多方面的，例如，认知技能的培育、发展；反思所知及其过程，建构知识，改变传统评估方式；支持协作学习和作为设计、分析工具；用来表征观念的深层复杂性；发展创新和实践能力，等等。

（三）智能伙伴：与学习者的关系

"用技术学习"的效果取决于学习者与技术的关系性质。教育不是为了更有效地传递信息，也不是为了控制学习者的思想和行为，而是允许或促进学习者反思与表达其所知和所信。并运用技术支持学习者的学习行为活动。因为谁能运用技术创造现实，谁就是技术的真正控制者。学习者与技术的关系，不是技术控制学习者，也不是学习者恐惧技术，而是学习者控制技术，与技术形成一种智能伙伴关系。学习者把技术作为智能伙伴，革新了学习者作为接受者的角色，使学习者成为生产者、创造者和传播者。它将有利于学习者清晰地表达所知，反思所学内容和学习过程，支持意义制定的内部协商，建构个人化的意义表征，支持有目的和深入的思考。有效的智能伙伴技术包括：语义组织工具（数据库、语义网络）；动态建模工具（专家系统、电子报表和系统建模工具）；微观世界；同步、异步交流环境；知识建构环境（超媒体、多媒体、网络出版）；信息解释工具（视图化工具、搜索引擎）；可视化工具，等等。

（四）整合工具：与学习内容的关系

"用技术学习"的具体实施要落实在技术与学习内容的关系上，实现技术与课程的整合。多年来中外对技术与课程整合均进行了有益探索。综合起来，技术与课程整合的实质可以概括为以下三点：

（1）整合是融合，技术与课程的关系是一种"融合的关系"，通过融合构建理想的学习环境或新型教学模式；

（2）整合涉及技术与课程目标、结构、内容、资源、实施和评价等方面关联的多向互动，是构建理想学习环境或新型教学模式的整体思维框架；

（3）整合的重心是在整体思维框架的前提下，构建技术支持的理想学习环境或信息化、数字化教学模式，其核心理念是"用技术学习"。

总之，技术既是技术与课程整合或"用技术学习"的定位和努力方向，也是获取技术与课程整合理想效果的条件。技术与课程整合应充分与新课程改革精神相融通。新课程改革在课程目标、结构、标准、实施、开发与管理、评价等方面提出了明确的要求，要大力推进信息技术在教学过程中的普遍应用，促进信息技术与课程的整合，逐步实现教学内容的呈现方式、学生的学习方式、教师的教学方式和师生互动方式的变革，充分发挥信息技术的优势，为学生的学习和发展提供丰富多彩的教育环境和有力的学习工具。

三、实现基于技术学习的途径

技术的推动作用贯穿于学校教育的各个方面，基于技术学习的实现也需要通过环境、学习、评价、教学等各个方面的综合力量。

（一）建立用技术支持的学习模型

21世纪的学习是以学生为中心的、自主的、个性化的学习，与此相适应，必须建立用技术支持的新的学习模型。"用技术支持的学习模型"之所以具有重要的意义与作用，是因为该模型将技术完全融入学习过程，使学习内容、学习方式发生了根本性变革，从而有可能使学习的成效产生较大的飞跃。

（1）在学习内容上，要学习批判性思维，复杂问题的解决、合作以及多媒体通信等21世纪的专业知识与能力；

（2）在学习方式上，可以通过不同技术来支持不同类型的学习，多媒体的呈现形式、网络资源和网络社群可以为学生的学习创造机会，学生和教师还可以对参与学习的多种方式进行选择：大组学习、小组学习，或是根据个人的目标、需求、兴趣来安排；

（3）在学习的时空上，技术拓展了教学时空，学生可以随时随地按需学习，使学习资源通过正式学习和非正式学习得以有效利用；

（4）在学习主体广泛性上，技术提供了灵活的信息呈现方式、学生知识表征方式和活动参与方式，针对各类特殊群体（包括低收入学习者、少数民族学习者、残障学习者、学龄前儿童、成年劳动力、老年人等）提出了切实可行的支持学习方案，使所有人都能够学习。

实行新的学习模型，要重点抓好以下四个方面的工作：

（1）针对既体现技术推动力又反映21世纪专业知识的内容，进行修改、制订、采用标准和具体的学习目标，以改善和提高学习；

（2）开发并利用那些在科学设计原则指导下的、有技术支持的学习资源；

（3）开发并利用那些通过技术的灵活性和适应性使学习者随时随地都能学习的学习

资源；

（4）利用学习科学与技术领域的新进展来提高学习者在相关学科领域的学习，并研发、采用和评估有可能使所有学习者在相关学科领域达到优秀的新方法。

通过实施新的学习模型，让所有学习者都具有在校内外从事正规和非正规学习的经验，使其成为全球性网络社会中主动的、富有创造力的、知识渊博的、有道德的参与者。

（二）用技术力量改进测量与评价

现有学校过于注重学习结果的评价，而缺乏对学生学习过程的评价，不太注重对学生学习数据的收集、挖掘及有效利用，也不太注重基于数据的决策和反馈改进。21世纪的学校应该利用技术力量来全面改进测量与评价：

（1）改进评价内容，不仅要评价学习结果，更要对学生学习过程中的问题解决能力、批判性思维、团队合作精神、创造性等复杂能力进行评价；

（2）通过让学生在技术环境下改变参数、实施检测、录制数据、画图等来评价学生的复杂能力，这种评价数据的多样化有助于评价学生的多项能力；

（3）基于数据改善学习，利用技术收集学习过程中的数据。对于传统课堂教学，利用技术可以获取有关学生思维过程的数据；对于在线学习，利用技术可以收集更多详细数据，如学生选择或输入的信息、尝试次数和反馈次数等多种数据，为改善学习提供依据。

利用技术改进测量与评价，重点要把握以下四个方面：

（1）利用技术设计、开发、应用评价，针对学生的学习，为学生、教师和其他利益相关者提供及时的、可操作的反馈，从而改善教学实践；

（2）开发基于技术的评价系统，设计相关的技术工具，从而帮助教师对评估过程进行管理、分析数据并采取适当行动；

（3）将评价与学习的过程相结合，运用技术进行研究与开发，探索如何将游戏、模拟、协作环境和虚拟世界用于评价，以激发学生参与的积极性，并对学生学习过程中的复杂能力进行评价；

（4）对相关的常规惯例、政策和规章制度进行修订，以适应新的评价模式的运行需要。

（三）通过联结教学促进学习

现行教育系统中教师的教学大多是以个体为基础孤立进行的，教师个体很少有机会与其他教师和外部的专家进行交互，同时，现行的教育系统未能给教师提供改善教学所必需的、不断更新的新技术，这与21世纪的有效教学之间存在巨大差距。因此，利用技术为教师提供支持，对于联结教学、促进学习具有重要意义。

（1）技术为教师提供资源和工具。通过虚拟环境和在线社区，将教师与内容、专业知识和活动相联结，从而有效利用教学资源来改进教学和学生的学习。

（2）技术促进在职教师专业发展。在职教师可通过技术支持的面对面和在线学习相混合的教师学习模式，使教师间相互学习、交流，获取专业知识和学习体验，这为反思和完善教学提供了持续的支持。

（3）技术支持的联结教学，可以使所有学生获得有效教师资源。对于缺乏有效教师的课程，学校允许学生通过在线课程进行学习，拓展了学习模式，也支持了学习型社会的构建。

实施联结教学，重点要做好以下五个方面：

（1）设计、开发和应用基于技术的学习内容、学习资源及在线学习社区，为教师通过协作以开展更有效的教学创造机会；

（2）为教师提供基于技术的学习经验，缩小教师和学生之间信息技术能力的差距，促进信息技术在学习、评估及教学实践中的应用；

（3）创建个人终身学习网，借助信息技术变革职前教师、在职教师及教育管理者的专业学习；

（4）使用网络信息技术为教师提供最有效的教学和学习资源，尤其是在那些无法获取优质资源的地方，还要为各类学习者提供更多的选择；

（5）发展具有网上在线教学能力的师资力量，开发在线教学标准，实现可持续发展。

（四）利用技术优化基础设施

虽然信息技术在现有教育系统中已经得到了广泛的应用，但在网络链接的高带宽、广泛性，学习资源和学习环境的覆盖面等方面，与信息化教育的发展需要相比仍有差距。亟须利用信息技术来优化，建立让所有学生和教师可随时随地使用综合性的学习基础设施。这一基础设施至少包括：

（1）优良性能和获取便捷的宽带网络，特别是要保证足够的宽带，以支持同步访问；

（2）广泛性的资源和环境链接。创建一个链接教室、实验室、图书馆、博物馆、工作场所及家庭的广泛的"学习基础设施"；

（3）学习基础设施是综合性的，不仅包括宽带链接、服务器、软件、管理系统、行政管理工具之外，还包含人、过程、学习资源、政策、可持续改进模型等内容。此外，还需考虑发展下一代计算系统，包括虚拟化、云计算大数据挖掘等。通过提供综合性的学习基础设施，可以打破时空限制和接入设备的类型限制，从传统的面对面课堂模式过渡到新的学习模式，即将世界上任何能使用设备及访问网络的人联结起来，同时可实现终身化学习及全方位学习。

利用信息技术优化学习基础设施，重点突出以下四个方面：

（1）确保所有学生和教师都有足够的带宽访问因特网，以及在学校内部和外部的无线连接；

（2）确保每一位学生和教师都至少有一种因特网存储设备、相关软件及资源，以便用于研究、通信、多媒体内容创作和进行校内外的协作；

（3）利用开放教育资源为所有学习者提供更多的创新机会，并加快基于技术的新型开放学习工具和课程的开发与应用；

（4）开发和使用关于学习内容与学生学习数据等的互操作标准，以便于收集、共享和分析数据，从而改进我们各级教育系统的决策。

（五）通过技术优势改进绩效

在社会生产生活的许多领域，提高生产力都是促进发展、提高绩效的重点，但在现有教育系统中却未能沿袭这种惯例。21 世纪的教育必须注重提高教育的成本效益。同时提高学习结果，其基本途径就是通过技术来改变教育的基本结构，使教育系统在时间、资金和人力等方面得到有效利用，提高教育生产力。通过技术优势改进绩效，需要做到以下几点：

（1）测量和管理教育成本，即通过成本会计，记录、追踪、汇报各类教育服务的成本，从而了解实际成本，并做出预算；

（2）依据数据决策，通过设计、开发、使用集成系统，来收集所需的综合数据，并明确政策法规；

（3）切实提高生产力，要考虑教育系统的复杂性，采取迭代设计与开发的原则，即对新观点进行定义、测试、再定义，并检验这些新观点如何实施以及实施效果如何；

（4）重组教学和学习，利用技术来重新设计教育系统的过程和结构，如依据能力差异来组织教学，通过在线学习实施个别化教学，同时延长学习时间，还可通过其他方式为学生提供具有吸引力的学习体验。

利用技术优势改进教育的绩效和学习结果，需要重点把握以下几个方面：

（1）制定并采用一个更为普遍的"教育生产力"定义，并针对学习成果和成本，开发相关度更高的、更有意义的测量办法；

（2）改进并完善政策，使用技术来管理成本，在学习内容、学生学习数据、财政数据的互操作标准的开发与应用等方面，要加大力量投入，以便收集、共享和分析数据，从而完善教育决策，提高教育系统中各层次科学决策的水平；

（3）重新对教育系统中那些阻碍信息技术促进学习的基本假设进行反思，尤其要从当前教育系统中习以为常的班级、课堂教学制度开始反思；

（4）设计、实施并评估那些技术支持的项目或措施，以确保学生在各类教育系统中不断进步，并为未来的工作和生活做好准备。

总之，提高教育生产力是利用技术促进教育变革的归宿点，通过对各个层次教育系统的过程和结构进行重新设计，充分发挥信息技术的优势使教育系统在时间、资金和人力等方面得到有效利用，从而改善学习的结果。

第三章 数字化校园的建设

第一节 我国数字化校园建设现状分析

一、数字化校园建设的必要性

数字化校园的建设是高校基于互联网设施建设的一个更高的信息及信息服务整合平台，数字化校园的建设将使高校的信息管理和信息服务更上计算一个台阶，更好地实现资源的有效配置和充分利用，实现校务管理和后勤计算务过程的优化、协调，从而提高各种管理和服务工作的效率、效果和效益。计算数字化校园是在统一的门户和身份认证平台下，提供尽可能丰富的公计算共信息服务，具有信息共享、综合分析和决策支持功能。统一身份认证平台计算优化了数字化校园的个性化服务环节。

数字化校园将以成熟的计算机和通信技术为手段，建成一个覆盖全校计算的应用系统和统一的数据中心，并提供与其他单位的信息交换，实现全校跨计算部处、院系的管理、交流、服务，通过信息化建设带动学校的教学、科研和管计算理的数字化进程。通过校务管理系统的建设，促进全校各部处、院系的信息计算化进展，实现日常办公和业务处理的自动化、标准化，从而提高各项工作的计算效率效果和效益。

数字化校园建设的必要性本书将从以下四个方面展开讨论：信息平计算台的统一建设、信息资源的整体规划、信息资源的整合、现代教育教学平台计算的搭建。

（一）统一的信息平台建设的需要

所谓一体化建设思路，是在综合考虑学校数字化校园建设的现状与需计算求的基础上，从全局和整体的高度规划数字化校园建设的方针、策略、发展计算规划与实施计划，全面考虑硬件环境建设、应用系统建设、管理规范建设和计算支持机制建设，按照规划协同地推进学校信息化。[35] 在论证如何搞好高校数计算字化校园之前，先行的首要问题是要做好总体的规划和学校各个分支机构计算的相互协调。这两个环节缺一不可，同时影响着数字化校园一体化的进程。

做好应用服务系统的整体规划之后，如何开展项目的实施，硬件环境的计算搭建如何

---

[35] 张敏情，张震.院校信息一体化建设研究 [J].黑龙江科技信息，2008，（17）：57-58.

配合系统的整体运营，这些都将是做好数字化校园建设成功的关计算键所在。组织实施过程中，需要周全考虑和协调很多实际的问题，例如子项计算目的安排、需求的权重选择、设备采购招标、项目方案书、数据库接口的选计算择、进度安排，一系列的诸多问题都是数字化校园建设需要积极应对的。由计算于数字化校园涉及的部门和需要解决的需求多种多样，各个二级部门和各计算位师生的个性化需求又不尽相同，所以从总体来讲，数字化校园的完成需要计算注意协同建设和有序建设两个方面，如果在任何一个方面懈怠都将直接影计算响数字化校园系统的操作性和可靠性。

协同建设包括两个方面，一方面是实施过程中软件和硬件的协同，另外方面是各项子系统的协同。

协同建设是指在项目实施过程中，硬件系统和软件系统需要协同建设。计算在做项目整体规划的同时，协同建设需要根据用户量、系统需求、制定软件计算及配套硬件的供需关系。硬件既要避免严重浪费，过度超强，同时也要考虑计算更新成本及软件需求。同时软件建设需要及时根据硬件更新进度与时俱计算进，避免硬件的浪费，使硬件设备发挥其应有的作用。软硬件的协同建设可计算以更好地促进数字化校园的发展。

数字化校园的协同建设还包括应用系统之间的协同工作。如学生教务计算系统、科研系统、校园生活系统之间的协同。只有各个系统之前无缝隙的协计算作，才能保证数字化校园资源的积累，促进数字化校园的可持续发展。与此计算同时，这些子系统的协作可以更加有效地提高学校的工作效率、沟通效率和计算管理效率。

例如，就教学这个单一的环节而言。传统的校园教学只是局限于循规计算蹈矩的教与学的双重单线环节，注重的是教学计划和教学结果，而对于学生计算的教学过程、教学方式及教学感受的反馈不予重视，往往被忽略。而数字化计算校园中的协同环境将教与学变得多维而个性化，使得教学过程变得师生自计算主性增强，师生的沟通渠道增加，注重以学生为本的教学方式。同时，一体计算化的数字化校园平台，使得教学资源可多元共享，教学信息互相关联，所以计算说协同的环境已成为数字化校园持续健康发展的必然要求，是学校信息化计算建设的重要工作。

所以说，整个信息系统的建设最好在规划的指导下协同、有序地进行计算采用统一的标准和规范，建立通用的接口与平台，这样才能形成有机集成的计算大学信息系统。切忌各部门各自为政，不协商就建设与自己职能相关的业计算务系统，这样很容易形成信息孤岛。

（二）统一的信息资源规划需要

目前，很多高校投资建立起众多管理信息系统，由于缺乏高层的统筹规计算划和统一的信息标准，致使管理信息不能快捷流通，信息不能共享，形成了计算许多"信息孤岛"，远没有发挥数字化校园效力。要解决"信息孤岛"的问题，计算就要进行统一的信息资源规划。[36]

[36] 张珍义.高校数字化校园建设中的"信息孤岛"现象的探讨[J].中国教育信息化高教职教，2008，（7）：23-24.

信息资源规划的定义最初源于企业管理。信息资源规划是指对企业生产经营所需要的信息，从采集、处理、传输到使用的全面规划。在企业的生计算产经营活动中，无时无刻不充满着信息的产生、流动和使用。要使每个部门计算内部，部门之间，部门与外部单位的频繁、复杂的信息流畅通，充分发挥信息计算资源的作用，不进行统一的、全面的规划是不可能的。美国信息资源管理学计算家 F.W. 霍顿（F.W.Horton）和马钱德（D.A.Marchand）等人在 20 世纪 80 年计算代初就指出：信息资源（Information resources）与人力、物力财力和自然资源计算一样，都是企业的重要资源，因此应该像管理其他资源那样管理信息资源；计算搞好信息资源管理的目的是通过企业内外信息流的畅通和信息资源的有效计算利用，来提高企业的效益和竞争力。显然，搞好企业信息资源开发利用的前计算提是首先要搞好信息资源规划。

而后有学者将信息资源规划理论应用在数字化校园的系统规划当中，计算有学者认为信息资源规划是指对高校管理运作所需要的信息，从采集、处计算理、传输到使用的全面规划，使每个职能部门内部，职能部门之间，职能部门计算与院系之间的频繁、复杂的信息流畅通，充分发挥信息资源的作用，同时通计算过信息资源规划，梳理业务流程，搞清信息需求，建立高校信息标准和信息计算系统模型。

整合信息资源，消除"信息孤岛"，实现应用系统集成。"信息孤岛"产生计算的技术原因，是缺乏信息资源管理基础标准；信息资源规划过程就是开始建计算立数据标准的过程，从而为整合信息资源，实现应用系统集成奠定坚实的计算基础。

信息需求和数据流分析信息需求是按职能部门和院系进行的最基础的计算工作，包括整理、定义交流数据的格式和内容，对内外、上下数据流进行量化计算分析。信息资源管理基础标准是指开发利用信息资源所必须遵循的最基本计算的标准，包括数据元素标准、信息分类编码标准、用户视图标准和数据库表计算标准。[37]

构建数字化校园的关键在于对校园的整体的分析和设计，从而达到校计算园网中各个协同环境的有效统一，实现整体协同管理。信息资源的规划在计算数字化校园的主要归结为将校内分散的、结构不一的信息资源和应用系统计算进行集成和整合，并设置统一的访问入口。技术层面上主要体现在以下几计算点具体需求：统一身份认证与管理平台、统一公共数据与交换平台、统一门计算户信息与集成平台。

统一身份认证与管理平台主要目的是为了保证数字化校园系统的安全性及可操作性，提高系统的应用效率。即建立用户身份的统一管理机制，提供一站式身份管理、访问控制/执行、单点登陆。

统一公共数据与交换平台主要目的是在校园内搭建一个面向应用、安全可靠、操作便捷、技术先进、规范统一、灵活可扩展的数据平台，通过数据集成工具，进行数据过滤、清洗和双向传递，实现各业务系统、公共数据相互之间的数据交换和共享。

统一门户信息与集成平台是对校园网内的信息和应用系统进行整合，统一控制用户对信息和应用系统的访问，为用户提供单一的访问入口。用户界面可根据用户身份提供满足

[37] 刘耀东，高复先.信息资源管理基础标准 [J].企业标准化，2004，（8）：21-23.

其需求的特定信息和应用的整合，为用户提供个性化的信息服务。

（三）统一的信息资源整合需要

传统理论上讲信息资源整合是指对在不同区域、管理单元中分散存储计算和管理的各类信息资源，通过一定的方法和手段，将其联结成一个结构有计算程序、管理一体化、配置合理的有机整体的过程。信息资源整合具有共建共享计算原则、节约经费原则、分工协作原则、资源与利用相统一的原则。信息资源计算整合的目标是降低成本提高效率，最终达到对信息资源实现有效的管理和计算利用。张久珍和张晓琳两位学者分别从对象、用户和服务角度阐述了信息计算资源整合的目标，他们认为信息资源的整合可以为用户提供一站式信息服计算务，满足用户全方位、多渠道的获取信息的要求。同时信息资源的整合为用计算户提供更加丰富的信息资源，建立分布式信息资源保障体系，实现信息的无计算缝连接。实现更大范围、更有深度的资源共享。利用整合的信息资源提高计算为用户服务的能力。另外，何蕾认为信息资源整合的目标是实现信息资源计算的结构化和有序化，整合以面向资源的工作方式，建立统一的信息资源访问计算调用接口和资源索引。

数字化校园系统就是通过各种手段和工具将已有的信息资源集成起来，并按照一定的逻辑关系进行组织，实现信息资源的有效共享，为用户提供条理化的信息资源服务，为后续信息的管理与使用提供规范，从而实现信息资源的增值利用。[38] 其中包括了数据整合、应用整合、内容整合、流程整合。

（四）现代教育教学平台的搭建的需要

现代化教学支撑平台需要从教学环境支撑体系、管理与服务支撑体系以及评价与决策支撑体系三个重点层面进行建设。[39]

教学环境支撑体系是以为师生提供更丰富的教学资源和更加灵活多变计算的教学方式为出发点，为师生提供数字化的教学环境，突破常规的空间局限计算性教学方式，重点是围绕网络教学和上文提到的整合网络及多媒体教学资计算源，为数字化教学平台的搭建提供有力的硬件设施支持。依托网络环境，师计算生可以在网络环境中跨空间跨时空地完成讲授、讨论、作业、实践、考核以及计算反馈的各个主要环节。

管理与服务支撑体系可以为学校提供现代化的教学运行和管理机制，计算由于在同一平台下反馈系统比较的客观灵活，所以教学的统筹、规划和督导计算等一系列在传统教学环境很难推动的工作，在数字化教学平台中都变得迎计算刃而解。所以说数字化校园平台除了要颠覆教与学的关节，同时管理与服计算务支撑体系的搭建还要为加强各院系的办学功能提供数字化校园管理的支计算撑平台，为现代教学支撑平台所面向的教师和部门提供信息技术的支持计算服务。

评价与决策支撑体系为学科建设、培养方案和课程建设、教学质量等评计算价体系的建设建立提供数据采集、数据分析的支持，促进教学改革，保障教计算学质量，为学校教

[38] 赵艳春.信息整合技术在软件学院教务管理信息系统中的应用[D].北京：北京工业大学，2007：3-5.
[39] 宣华，蒋东兴.现代化教学支撑平台的建设与思考[J].中国教育信息化·高教职教，2008（12）：6-9.

学管理总体政策的制定提供充分的统计分析和决策支持计算功能。重点包括网络评价支撑平台和统计分析与决策支持系统。

建立数字化教学平台不但可以丰富教学资源，完善教学模式，更重要的是可以增加教学体系的功能性建设，为学校完善人才培养的评价体系和提高教学质量提供支持。建立以现代教学支撑平台中所整合的信息资源为基础的统计分析与决策支持系统。对学校教育教学和教学管理过程中的信息资源从不同层面进行挖掘，并面向教师和学生提供分类的、个性化的数据服务。

综上所述，数字化校园无论是从政策需求、应用需求、管理需求各个角计算度出发，都有其存在的必要性。从很多方面的应用出发，数字化校园平台的计算搭建都可以从根本上解决目前存在的问题。例如，传统的管理系统即便在计算同一个学校都没有一个统一的访问入口，校园网只能简单地发布信息而没计算有一个完善的信息发布系统和反馈系统，各职能部门之间没有统一的互动计算交流平台导致工作效率很低。而数字化校园统一信息平台和统一身份认证计算平台就可以从根本上解决问题，每位用户登录一次记住一个用户名和密码，极大地提高工作的方便性和安全性，提高工作效率。目前很多高校存在"信计算息孤岛"现象，数字化校园平台整合资源和整体规划就可以完全避免这个问计算题，从根本上解决资源不共享、数据不一致的问题。

二、数字化校园建设的重要性

随着互联网技术、大数据及新媒体技术的不断发展和投入，数字化校园计算的概念已经被全国大部分高校所倡导和采纳。各个高校都建立的基于自身计算需求的业务系统，这里包括上文提到的教学、科研、二级部门管理、师生应用计算服务等多个业务系统的集成，革命性地颠覆了之前高校的传统教学及办公计算模式。

在数字化校园的搭建过程中，随着需求和应用的增加，越来越多的问题计算也呈现出来，大家更多地意识到了一些之前没有考虑到的问题：如基础数据计算不能共享、业务流程跨部门问题、上网认证模式、数据同步、"信息孤岛"问题计算等。这些问题无一不降低了数字化校园的应用效率。所以如何有效地实现计算数据共享，如何消除对数据的重复管理及数据不同步的问题成为解决这些计算困扰问题的技术关键。要做到数字化校园真正意义的统一身份认证，需要计算在学校各业务系统统一认证整合的基础上，对校园网认证系统、VPN服务认计算证系统等实现认证统一，并利用校园网认证准人机制做到校园网的统一信计算息门户。这样才能在数字化校园平台上更好地实现学校各个部门及各个学计算院分别管理自己业务的相关信息。需要实现数据采集点唯一，所有的数据计算信息都可实现共享，当某个部门或学院需要用到其他部门信息的时候，可以计算直接从网上获得，这样就避免了多部门的重复劳动，节约了人力成本，保证计算了数据的标准化存储。

数字化校园建设是学校一项基础性、长期性的工作，是学校建设和计算人才培养的重要组成部分，其建设水平是学校整体办学水平、学校形计算象和地位的重要标志。高校进行数字校园建设对于高等教育实现现计算代化，高校实现跨越式发展具有十分深远的历史意义，主要表现在以下几点。

（一）随着信息化时代的发展，数字化校园建设成为了时代的要求

当今世界，综合国力的竞争越来越表现为经济实力、国防实力和民族凝计算聚力的竞争。教育的发展在增强综合国力方面有着基础性的战略地位。教计算学的兴衰直接影响着国家的强盛。知识经济时代是以科技和教育高度发展计算为前提的经济。在我国教育信息化十年（2011—2020 年）发展规划中明确提计算到，要求各个教育部门整合信息资源，提高教育管理现代化水平。大力推进计算教育管理信息化，支撑教育管理改革，促进教育决策科学化、公共服务系统计算化、学校管理规范化。教育在知识经济时代的关键作用已成为国际社会的计算普遍共识。

21 世纪是信息与知识的时代，信息化是当今世界经济和社会发展的大计算趋势，推进国民经济和社会信息化已确立为我国重要的国家发展战略。21 计算世纪的教育必须适应信息化社会需求。为此，世界发达国家高度重视信息计算技术对教育的影响和作用，重新调整教育目标，制定教育改革方案，加快推计算进教育信息化建设。教育信息化是衡量高校现代化程度和综合实力的重要计算标志，是一项基础性、长期性和经常性的工作。

（二）数字化校园通过数字化资源的管理系统提升了教育服务水平与监管能力

数字化校园为高校建立了一套科学的教育管理信息标准体系，制定了计算教育管理信息标准，规范了数据采集与管理流程，建立了以各级各类学校和计算师生为对象的教育管理基础数据库。同时整合了各类教育管理信息资源，计算建立了事务处理、业务监管、动态监测、评估评价决策分析等教育管理信息计算系统，大力推动教育电子政务，提高教育管理效率，优化了教育管理与服务计算流程，支撑了教育管理改革与创新。

同时，数字化校园系统的建设为师生提供了一个公共的信息互通平台，从而提高了教育管理服务水平和质量。

数字化校园即利用信息技术在原有的教育模式基础上，创新教育模式，计算建立高校教育管理公共服务平台和教育相关的服务机制，在教与学的各个计算环节增加信息互通的渠道，为师生提供及时丰富的教育信息。与此同时，数计算字化校园系统，通过集成统一身份认证和统一数据集合，建立学生电子档案计算及师生评分系统，为教学的评估提供了平台支持。

在我国教育信息化十年（2011—2020 年）发展规划中明确提到，加快学计算校管理信息化进程。建立电子校务平台，目的是加强教学质量监控，推动学校管理规范化与校务公开，支持学校服务与管理流程优化与再造，提升管理计算效率与决策水平，提高办学效益，支撑现代学校制度建设。利用信息化手段计算提升学校服务师生的能力和水平。所以说，数字化校园的建设对维系和提计算高教学手段有着重要的意义。

（三）数字化校园建设是提高高校办学水平的必要条件

在教育部信息化建设研究报告中有对 2020 年教育管理信息化发展水平计算以及教育管理现代化水平的展望，其中提到对高校行政部门普遍实现教育计算管理信息化的主要维度包括：教育管理基础数据库建设与应用情况及对教计算育质量常态监控支持情况；管理信息标准化和数据互通情况；信息化对教育计算管理改革与创新的支撑程度；师生、社会公众对教育信息服务的满意度。同计算时报告中还提到对各类高校信息化管理与服务广泛应用的主要维度包括：计算学校管理信息系统建设与应用情况；信息化对学校管理决策的支持情况；师计算生对学校管理与服务信息化的满意度。

传统的教学环境是在固定空间之内，是一个个的学习中心交互中心计算分组教室。而数字化平台搭建的学习环境是以学生为中心的学习环境，突计算破空间界限，人们可以通过交互式或基于 WEB 的交流平台，在任何时间、任计算何地点进入校园网，进行学习和交流，整个校园已经无线覆盖，课桌椅等设计算施可以灵活布置。

而数字化校园的搭建将简单的数字化教学转向以学生为中心的教学系计算统，提倡个性化服务，真正实现因材施教，兴趣为主。[40] 由于融合网络，应用源计算源不断地完善，可以为每个学生开展个性化的教育，形成以学生为中心的教计算学系统。教室、宿舍、礼堂、图书馆都智能化、网络化了，学生和教职员工可计算以在生活、工作的任何地方获得教学资源。

教育信息化的过程是教育思想、教育观念、教育模式转变的过程。数字计算化校园的建设，在空间上、时间上扩大了学校的范围，提高教学质量和教学计算效率，提高学校现代化教学程度，提高办学的效益。同时在数字化校园建设计算过程中通过技术手段将先进的教育观念和管理理念引入到学校中去，从而计算提高高校的决策水平、管理水平和学生的培养质量，提高整个学校的办学计算水平。

（四）数字化校园建设是高校提高对社会服务水平的需要

数字化校园建设以信息资源与信息服务为核心内容，实现数字化的学习、教学、科研和管理，创建数字化的生活空间，创建虚拟大学空间，实现教育信息化现代化。

在数字化校园的基础上，越来越多的学校能够通过互联网获得资源共计算享能力，可以打破学校的"围墙"，形成万网、万校的"数字大学"，形成了一个计算巨大的永不过时的巨型资源库。在拥有丰富资源的基础上，高校可以通过计算向社会开放和共享丰富的资源，来提高为社会服务的水平，逐步实现终身教计算育的目标。

[40] 高新成，王莉利，刘玉华，张可佳，周云霞.面向数字化校园的个性化教学服务平台研究 [J].黑龙江科技信息，2017（4）.

三、数字化校园的建设与发展现状

（一）数字化校园建设的阶段

20世纪90年代末，我国教育部就制订了《中国教育信息化九五规划和计算2000年发展纲要（草案）》，提出了教育系统信息化建设的指导方针和发展计算战略，并开始"中国教育科研网（CERNET）"的建设。其后又启动了"现代远计算程教育工程"，积极开展利用现代信息通信技术来进行远程教育方面的试点计算工作。此外教育部批准的67所现代远程教育试点高校也相继建立了网络教计算育学院，现已招收学生160多万人。

从技术角度上，我国的数字化校园及信息化建设经历了四个阶段：

第一个阶段数字化校园建设是以网络建设为主，在校园网基础上构建若干个部门的信息系统，这些系统多是独立的系统，并没有统一的规划和整合。

第二个阶段数字化校园建设是以应用建设为主，在数据标准的基础上对信息资源进行整合和集成。这样做的目的是构成统一的用户管理、统的资源管理和统一的权限控制。

第三个阶段数字化校园建设是以服务应用为主导的。第三阶段的服务应用是在第二阶段的信息化规划的基础上，分步加以实施。将单一独立的信息资源通过数字化校园门户系统集成在一起，提高信息的准确性和一致性。同时，在各个服务应用之间，通过数据共享、流程管理等手段实现系统之间的功能集成。

第四个阶段数字化校园建设在建设目标和功能上对设计提出了更高的计算要求。从系统的规划整体性上实现了各个独立应用的无缝整合，并将应用计算范围扩展到教学、生活、职能管理等更大的范围，实现了应用的整合、内容整计算合、流程整合，目的不仅仅是提供师生的服务需求，同时为高级的决策奠定计算了系统支持。第四个阶段的数字化校园建设对于信息资源高度整合，使得计算师生可以在数字空间实现知识共享，最终实现无处不在的信息服务，任何计算人、任何时间、任何地点都可以获得自身所需的信息和服务。

从2000年开始，国内一些重点高校，如清华、北大、复旦、南京大学、上海计算交大、西安交大等开始有步骤地进行数字化校园建设，其中清华大学起步最计算早，成效也最为显著，其多项应用成果都在其他高校得到推广。部属师范院计算校中，华东师范大学制定了校园信息化建设总体规划及分步实施方案，以指计算导和规范整个信息化建设，目前已建立了公共数据库平台、网上办公系统计算网络教学系统、校园一卡通系统以及多个基于公共数据平台的管理信息系计算统。2002年2月，中山大学下发《关于中山大学数字化校园建设工程领导小计算组等机构成员名单的通知》等文件，正式启动中山大学数字化校园建设工计算程。到目前为止，中山大学已完成校园网络改造和升级、建立了学校数据中计算心、视频会议系统、网络系统运行管理和服务机制，完成了校务管理系统—计算期建设内容的主体工作和数字化学习系统的主体平台建设，建立并启动资计算源建设。另外，据2003年全国教育信息化建设工作会议资料，全国已有多所计算高校实现了校内网络教学和办公自动化。2003年重庆工商大学也开始启动计算数字化校园项目，以学校统一领导、统一规划、统一标准、分步实施为原则全计算面实施建设，建成了以"学生""教师"管理两条线的校务管理系统及网络辅计算助教学系统筹一大批应用。到2005年，我国全部高等学校、高中阶段学校和计算部分初中、小学均能连接国际互联网。配合教育信息化，企业纷纷挺进校计算园，将信息技术积极、有效地应用于现代教育当中。"校校通""城域网"等工计算程正如火如荼地进行，教育行业信息化取得了跨越式的发展。目前，国内很计算多高校已经意识到这一发展趋势，一些发达地区的大学在充分吸收、借鉴国计算内高校校园网建设经验的基础上，制订了或者正在启动通过计算机技术、网计算络技术、通信技术对高校的教学、科研、管理和生活服务有关的所有信息资计算源进行全面管理的数字化校园方案。

（二）数字化校园建设中的问题

但是，虽然国内的数字化校园建设如火如荼地开展着，但是也存在很多计算需要解决的问题。很多高校所建立的系统缺乏整体统筹规划和统一的信息计算标准，致使管理信息不能快捷流通，信息不能共享，形成经常提到的"信息孤计算岛"，远远没有发挥数字化校园的信息化效力。

很多高校重视对设施和资源的数字化，忽视了过程的数字化。例如，很计算多高校很重视多媒体机房的建设、教务管理系统的建设、电子图书馆以及一计算卡通的建设，但是对教学过程、科研管理以及教学评估这些需要在过程中交计算互和反馈的系统建设投入很少。

还有不少的高校非常重视对管理部门和职能部门的信息化建设，而对计算教学科研这些主题活动支持不够。例如，在日常的教学和科研活动中，实际计算上会产生很多的交互数据，实际上这些交互数据是非常有价值的，无论对师计算生的教学还是对管理和决策都是非常有参考意义的，这些数据都包含了丰计算富的信息内容，但是很多高校在数字化校园的建设过程中却忽略了对这些计算数据的有效组织和管理，更不要讲可以从中挖掘出更有价值的信息。

从对数字化校园的建设和发展的总结中不难发现，应用系统的建设实计算际上是硬件建设之后对软件设计提出的一个更高层次的要求。应用系统的计算建设主要是从处理具体业务或者解决局部问题着手，但是很多高校由于缺计算乏经验，设计之初对整个数字空间的高度考虑不足，特别是很少根据业务逻计算辑设计跨部门的系统。不但导致信息资源的重复建设，而且由于人为设计计算上的问题，没有考虑到实际的校园内部关联，导致了数字空间与现实校园的计算内在关联关系出现矛盾，造成工作效率的降低和混乱。信息的集成仍然停计算留在数据整合的层次，主要是通过后台的数据库手段进行数据交换与共享，计算很少根据信息资源的综合应用层次看待信息的整合问题，未能解决信息资计算源的有效应用和合理流动，甚至让用户面对纷繁复杂的信息资源与服务而计算不知所措。

随着数字计算化校园不同阶段的发展和逐步完善，国内各高校已经逐渐意识到内容应用计算方面的欠缺和系统统一规划和整合的必要性,近几年加大了在应用系统方计算面的投入。

四、数字化校园建设的完善策略

(一)从管理入手解决数字化校园建设中存在的问题

大学校园数字化建设是一个复杂的系统工程,涉及校网络中心、远程教育中心、教务处、图书馆、基建处、学生处、宣传部等许多部门。如果在建设规划中采取单兵作战,上述问题从根本上无法得到解决。所以,为保证数字化校园建设理性、有序、健康地发展,数字化校园建设必须实行统管理,建立一支专门的信息化建设队伍,成立独立的信息化领导小组。领导小组下设信息化建设办公室,它是"信息化建设领导小组"的日常办公机构,负责制定整个学校信息化建设的长期规划和阶段性规划。各院、系、中心、职能部门指定专门负责本部门信息化建设的专职或者兼职老师。

(二)从优化整合校园信息资源上解决存在的问题

数字化校园建设关键是要实现信息资源的充分利用和有效配置,提高学校教学、科研和各种管理服务工作的效率。

每个高校的信息资源都十分丰富,尤其是文化知识和教育信息资源。数字化校园建设的一个主要目的就是要对分散在学校各个部门的信息资源进行整合、优化,使其在学校的教学、科研、管理活动中得到充分利用。[41] 按照形式,可以把校园信息资源分为多媒体教学资源及教务管理信息学生管理信息、校内教学科研活动信息、对外交流信息、后勤服务信息、招生就业信息、财务信息等。

实现信息资源优化共享的关键是如何把来自于不同部门不同类型的信息资源整合起来。针对目前国内高校机构分工和管理模式,笔者认为实行校园信息有效管理的方案是建立专门的校园数字化信息资源管理执行中心。这个中心的主要任务是在校园数字化基础建设基本完成后全面负责校园信息资源的优化整合,为实现信息共享服务。具体包括数字化教学资源系统建设(多媒体素材库、多媒体课件库、校园视频资源库、自主型网络课程库、讲授型网络课程库、精品课程库、教师教学网站群、专业课程资源库),数字化书刊资料系统建设(校内图书馆业务数字网络化、网上查询借阅、书刊信息互联等),教学信息站点建设(以校内教学和学术活动为主),远程教育系统建设以及校园后勤服务咨询网站等。各子系统可统一规划,分步实施,根据学校教育信息化的基础及在不同的发展阶段有选择针对性地逐个建设。

(三)从技术总体设计思路上解决存在的问题

高校数字化校园建设是一个庞大的系统工程,我们需要运用适当的策略保证建设工作

[41] 高红霞.从资源利用看高校数字化校园建设中存在的问题 [J].电脑知识与技术(学术交流),2011(10X).

的健康发展。一要总体规划、分步实施、逐步推广。二要内合外联、资源共享、优化配置，避免低水平的重复开发和造成人力物力的大量浪费。三要继承改革、创新试验、形成特色。四要抓住重点、加快发展、形成优势。

第二节 数字化校园的建设思路

一、数字化校园的建设目标

数字化校园建设是以网络为基础，利用先进的信息化手段和工具，实现从环境（包括设备、教室等）、资源（如图书、讲义、课件等）到活动（包括教学、训练、管理、服务、办公等）的数字化；在传统校园的基础上，用科学规范的管理对这些信息资源进行整合和集成，以构成统一的用户管理、统的资源管理和统一的权限控制，构建一个数字空间，拓展现实校园的时间和空间维度，提升传统校园的效率，扩展传统校园的功能，最终实现教育过程的全面信息化，从而达到提高教学和训练质量、科研和管理水平与效率的目的。能否建立一个现代化的数字化校园已经成为衡量高校综合竞争实力的一项重要指标。

数字化校园是利用先进的信息技术、融合 SOA 理念，按照"统一的信息标准、统一的技术路线、统一的业务规范、统一的基础框架、统一的组织管理"的原则进行规划设计，基于校园网/互联网，采用统一的身份认证及完善的安全保障体系，对学校内相关的各个系统进行了统一规划和整合集成，从根本上解决"信息孤岛"的问题。要通过统一的信息门户和公共数据交换，集成学校内所有相关的管理信息系统，实现信息共享，实现流程共享，打造学校业务的统一工作平台，为学校不同角色的人员提供高效、高质量的信息服务，为学校的教学、科研服务，为学校的行政管理与后勤生活服务，为学校各项事业的顺利发展提供决策支持和技术保障，从而建立一个管理需求和服务需求并重，服务于全局的数字校园。

（一）建设规划

主要是通过数字化校园的信息资源规划，加强顶层设计，建立高校的业务模型、功能模型、用户模型、权限模型信息模型、数据模型和数据标准；采用统一系统架构，强化统一建设，将信息系统的三要素（数据、流程、技术）分离，实现业务与技术发展的无关性，达到良好的系统可扩展性；加强数据的规划、组织与管理，整合数据资源，构建集成数据环境；关注用户行为，了解用户需求，规划良好的用户环境，建立以人为本的用户环境。

首先，构建数字化校园数据中心，制定统一数据标准规范接口技术，实现数据的共享，消除"信息孤岛"，这是高校推进信息化管理的基础。其次，通过分析数字化校园精细化管理的内涵特点，科学规划数字化建设的项目，整合现有各个系统的服务功能和信息资源，合理分析有关信息，为学校科学决策服务。最后，以师生为本，充分挖掘和丰富各类网络信息资源、公共服务资源，不断将精细化管理落实到高校教学、科研、社会服务等三大主要功能中。

（二）总体目标

利用先进成熟的计算机技术、网络技术与数据库技术，通过科学合理的管理规范与完备通用的技术规范，基于统的信息标准整合、集成各种信息资源，构建完整统一、技术先进，覆盖全面、应用深入，高效稳定、安全可靠，可扩展、易维护的数字化校园；消除"信息孤岛"和"应用孤岛"，建立校级统一信息系统，实现部门间流程通畅；顺利过渡到新代技术，对校园的各项服务管理工作和广大教职工提供一站式服务，实现高校各项管理工作的信息化，提高工作效率、管理效率、决策效率，提高信息利用率、核心竞争力，满足教学、科研和管理工作的需要，为广大师生提供简便、快捷的网络化服务。

通过建立统一的信息标准，构建统一的信息门户、统一的身份认证系统和安全可靠的公共数据交换系统。在此基础上建设先进实用的应用支撑系统（包括办公自动化、教务管理、科技管理、学生综合管理、人力资源管理、资产设备管理、财务管理、图书管理、学报管理、体育运动管理、后勤服务管理、一卡通管理、网络教学平台、实践教学信息平台、教学评估管理、研究生管理、成教生管理与留学生管理等），实现各个应用系统之间的数据交换与数据共享，最终实现高校各项管理工作的信息化。

具体目标就是实现"六个数字化"和"一站式服务"。

1. 环境数字化

构建结构合理、使用方便、高速稳定、安全保密的基础网络。在此基础上，制定一整套适应学校的信息标准集，建立高标准的共享数据中心、安全体系、统一身份认证和授权中心，完成统一门户平台以及集成应用软件平台的建设，为实现科学合理的学校数字化环境打下坚实的基础。

2. 管理数字化

构建覆盖全校工作流程的、协同的管理信息体系，通过管理信息的同步与共享，畅通学校的信息流，实现管理的科学化、自动化、精细化，突出以人为本的理念，提高管理效率，降低管理成本。

3. 教学数字化

构建囊括全日制教育、继续教育和成人培训等在内的综合教学管理的数字化环境，科学统一地配置教学资源，提高教师、教室、实训室等教学资源的利用率，改革教学模式手段与方法，丰富教学资源，提高教学效率与质量。

4. 产学研数字化

构建数字化产学研信息平台，为产学研工作者提供快捷、全面、权威的信息资源，实现教学、科研和实训一体化，提供开放、协同、高效的数字化产学研环境，促进知识的创造、传播与管理。

5. 学习数字化

构建先进实用的网络教学平台，整合、丰富数字化教学资源，创造主动式、协同式、研究式的数字化学习环境，建立师生互动的新型教学模式。

6. 生活数字化

构建便捷、高效、高雅、健康的数字化生活环境和电子商务服务平台，利用一卡通系统，实现校内主要消费流通、学生入学缴费、身份认证及门禁管理等的数字化。

7. 一站式服务

实现教职工和学生的管理、教学、科研、学习、生活等主要活动的一站式服务，提高对师生服务的水平，提高对社会的服务能力。

（三）业务架构

数字化校园的建设将为学生和教职员工提供一个集成、公共、使用方便的服务平台。采用先进的信息应用门户架构，根据被授予的权限，不同的用户可以通过统一的门户入口，获取信息、办理相关业务。系统架构由上至下分为信息服务门户层、业务层、应用组件层、公共组件层、基础技术层和基础设施层。

1. 信息服务门户层

信息服务门户层是各应用系统中各种应用构件整合和部署的平台，它把分立系统的不同功能有效地组织起来，包括各种业务应用系统，不论它们是二层 C/S 结构、多层 C/S 结构还是 B/S 结构，都可以通过 Portlet 技术将其统一集成到门户平台中，并通过用户个性化定制展现出来。它为各类用户提供一个统一的包括教师服务、学生服务、行政管理服务、领导服务、后勤服务及公共服务在内的所有信息服务入口。门户还可以提供 Web 网站页面风格、布局、内容等方面的定制工具，快速完成后台应用构件基于规划的展现；同时为个性化服务打下基础。

2. 业务层

在数字化校园建设中，需要将项目中的各个应用系统进行整合，各应用系统及功能模块应建立在应用组件和公共组件平台基础之上，满足不同业务的需要。

应用系统的构建应基于应用组件，一个业务流程由多个应用组件来完成。用户基于角色使用业务功能，完全打破现存行政组织机构的界限。

3. 服务层

服务层作为核心部分，主要依托于 J2EE 应用服务器来实现，它包括单点登陆、个性定制、权限管理、内容管理、信息发布、文件管理、搜索引擎、邮件管理、短信管理及其他服务。

4. 应用组件层

数字化校园的构建基于应用组件，应用组件由基础业务实体如教职员工、机构和基本稳定的业务服务等组成，应满足将来组织机构变化或组织职能范围变化时，不需要重新开发，只是对组件进行重新组装和授权，就可以满足新的需求，适应需求变更。

在应用组件的设计时，应遵循以下原则：

（1）支持未来变化。对适于用规则描述的业务流程，使用规则引擎来实现，避免重新编码。

（2）确保组件的简单性，以便功能复用和业务重构。

（3）使用组合优先于继承，使组件易于维护与扩展。

5. 公共组件层

公共组件层由公共工具组件和应用框架组成，应用框架基于开放或共享标准，实现面向产品化、实用性的组件库系统，并具开放性、可扩展性；支持异构环境中的框架、组件的互联和通信；实现新旧系统的兼容性；遵循重要组件标准，具有透明本地化、平台无关性特点；系统的配置、数据交换基于 XML 和 Java 的标准化格式；支持个性化信息服务定制和菜单重构。

应用框架应提供服务提供者接口（Service provider Interface），确保为二次开发提供相应服务如工作流引擎认证服务等，保证平台的可扩展性。基本组成部分如下。

（1）服务引擎。服务引擎是建立使用共享、可复用、分布式应用组件的重要工具，是应用架构调用服务的入口服务可以用各种方法实现，如工作流、Web services 和异步服务（JMS 等，服务提供者对使用者完全透明。

（2）工作流引擎。在应用系统中，对那些基于状态变化的业务，采用工作流来描述业务过程，使业务流程动态重构和自动化。

（3）消息引擎。完成协同工作。

（4）实体引擎。基本实体对应于实际数据库表结构，视图实体对应于数据库视图。采用实体引擎，以 XML 数据定义对象到关系实体的映射（O/R mapping），实现对关系数据的存取。

（5）工作调度引擎。实现调度功能。

（6）报表引擎。提供一致的方式，开发系统中的各种业务报表；提供方便易用、可视化、可拖拉的自定义报表设计工具；实现数据和报表模板的分离。它是各个应用报表的设计、生成、输出引擎。

（7）日志引擎。支持日志文件和日志数据库。

（8）编码管理。实现对数据标准的动态管理。

（9）主题库引擎。提供分类信息仓库，能进行历史信息回顾和决策辅助，管理方便。

（10）查询统计引擎。实现多条件组合查询和统计，可将结果使用图表的形式展现和输出，实现与报表引擎联动，根据权限支持全系统全文检索。

6. 基础技术层

（1）数据中心，分为数据资源中心和共享数据中心。建立分布式数据库，利用数据管理技术对分布的、海量的数据进行处理、分析，为数字化校园提供基础数据。

（2）企业级应用集成（EAI）。基于 XML、XSLT 和 Web services 技术的企业级应用整合架构，可以快速整合现有系统，获得更高的投资回报。

（3）第三方软件。

7. 基础设施层

基础设施主要由门户服务器、应用服务器、目录服务器、数据库服务器、网络及业务应用系统需要的其他硬件设备组成。

（四）使用对象

数字化校园的使用人员涉及全校所有人员，包括教师学生、行政工作人员、外部用户。按使用系统的角色他们可以分为如下几类：

（1）行政工作人员。他们熟悉办公、日常业务管理等项业务，能够使用常用应用软件处理公文和上网，但对计算机的应用缺乏深入了解，能够利用图形界面完成简单的计算机操作。

（2）教师。他们熟悉日常教学和科研工作的管理业务，能够使用常用应用软件公文处理。

（3）信息中心部分计算机专业技术人员。能完成系统维护、管理等工作。

（4）学生。应用计算机的程度相差比较大，基本掌握上网、收发电子邮件、使用即时通讯软件等功能。

（5）内部临时用户。

二、数字化校园的功能结构

（一）功能组成

数字化校园建设采用统一的身份认证以及完善的安全保障体系，基于校园网／互联网，通过信息门户与公共数据交换，能够为广大师生提供简便、快捷的网络化信息服务，为高校各项管理工作提供先进、实用的信息化管理手段。数字化校园包括基础架构、应用支撑平台、安全保障体系三大部分，具体如下：

（1）基础架构。信息门户、统一身份认证系统、公共数据交换系统（含信息标准）、ESB 管理平台、基础数据管理平台。

（2）应用支撑平台。办公自动化系统、教务网络管理系统、科技网络管理系统、学生综合管理系统、人力资源管理系统、资产设备管理系统、财务网络管理系统、图书网络管理系统、学报网络管理系统、体育运动管理系统、后勤服务管理系统、一卡通管理系统、网络教学平台、实践教学信息平台、教学评估管理系统、研究生管理系统、成教生管理系统、留学生管理系统。

（3）安全保障体系。系统从安全组织、安全运行和安全技术三个方面完成数字化校园的安全保障体系的组成。

（二）功能特点

1. 为每一个用户、每一项应用服务分别提供唯一的电子身份

采用非对称加密方法，使用 RSA 算法，为每一个用户生成并发放一对密钥（由一个私有密钥与一个公开密钥构成），其中公开密钥连同用户基本信息以数字证书形式面向所有应用服务公开；为每一项应用服务生成并发放一对密钥（由一个私有密钥与一个公开密钥构成），其中公开密钥连同应用服务基本信息以数字证书形式面向所有用户公开。

2. 使用动态秘密密钥实现数据网上传输的加密与解密

对于每一项应用服务的每一次访问，采用对称加密方法，使用 DES 算法，动态地为用户生成一个一次性的秘密密钥，用于数据网上传输的加密与解密。

3. 安全、可靠的统一身份认证

对访问者通过客户端提交的账号与密码使用 HASH 函数获得数据摘要，使用访问者私有密钥对数据摘要进行数字签名，使用本次访问的秘密密钥对账号、密码及数字签名进行加密，使用统一身份认证系统数字证书的公开密钥对秘密密钥进行加密。

由服务器端使用统一身份认证系统的私有密钥进行解密获得秘密密钥，使用秘密密钥还原出账号、密码及数字签名，依据账号与密码使用相应用户数字证书的公开密钥将数字签名还原出数据摘要，同由账号与密码使用 HASH 函数获得的数据摘要进行比对，如果完全一致，认定接收到的账号与密码真实、不可否认，在网络传输过程中没有被伪造、篡改或冒充。

依据用户基本信息库对访问者提交的账号与密码进行验证，确认访问者作为用户身份的合法性。

4. 安全、可靠的网上数据传输

对用户通过客户端提交的数据使用 HASH 函数获得数据摘要，使用用户私有密钥对数据摘要进行数字签名，使用本次访问的秘密密钥对数据及数字签名进行加密，使用相应应用服务数字证书的公开密钥对秘密密钥进行加密。由服务器端使用相应应用服务的私有密钥进行解密获得秘密密钥，使用秘密密钥还原出数据及数字签名，使用用户数字证书的公开密钥将数字签名还原出数据摘要，同由数据使用 HASH 函数获得的数据摘要进行比对，如果完全致，认定接收到的数据真实、不可否认，在网络传输过程中没有被伪造、篡改或冒充。

三、数字化校园的总体建设思路

（一）指导思想

结合现代高校制度建设，将校园内的各种信息数字化以增进交流，改变老师的授课方式和学生的学习方式；增进学校与社会、学校与家长的沟通，真正做到社会、家庭与学校共同教育的目的。同时，通过数字化校园建设为学校管理者、教育者提供数字化分析工具，

使学校各方面的信息可以直观而便捷地反映出来，从而保证决策的科学性和及时性，最终达到提高学校教育教学质量和社会影响力的目的。数字化校园建设坚持"统一规划、分步实施、加强应用整合资源、共享数据"的指导思想。[42]

1. 统一规划

数字化校园建设是一个庞大的系统工程，涉及计算机技术、网络技术、通信技术与网络工程、软件工程、项目管理等多个方面，具有投资高、建设难、周期长、涉及部门和人员多等特点，因此建设之前必须站在整个校园的层面，做好项目分析和规划设计工作，整体考虑、统一规划，确保统一的信息标准、统一的技术路线、统一的基础架构和统一的组织管理。

2. 分步实施

数字化校园建设是一个建设周期比较长的项目，涉及需求调研、方案论证、系统选型、部署与集成、人员培训、推广应用、运行反馈、修改完善等多个过程，因此整个建设过程必须统筹安排、分步实施，确保项目的进度和质量，降低项目失败的风险。

3. 加强应用

数字化校园建设的核心目的就是"应用"，使各个职能部门实现管理信息化、教学信息化，实现上下级部门之间更简便快捷的沟通，实现不同职能部门之间的数据共享与交换，提高决策的科学性和民主性，减员增效，形成充满活力的新型管理机制，为广大师生提供个性化的综合信息服务。

4. 整合资源

数字化校园是一个庞大的系统，很多高校经过近几年的信息化建设，购置、开发了不少的应用系统，沉淀了大量的信息资源，数字化校园建设必须考虑保护原有的投资，充分利用已有的信息资源。因此，数字化校园综合管理平台建设必须不断整合已有的信息资源，开发新的资源，建设集中的信息资源管理机制。

5. 共享数据

目前，高校在进行信息化建设时，只单纯地考虑业务上的应用，却造成这些应用系统不能互联互通，数据不能共享，形成一个个"信息孤岛"，导致重复建设、重复工作，严重影响了学校的信息化建设和日常管理工作。因此，数字化校园建设必须确保各个应用系统之间的数据共享与实时交换。

（二）建设原则

1. 安全性与易用性相结合的原则

应能提供有效的安全保障，具备完善的访问控制、日志管理、数据备份等安全保密机制，保证网络系统、主机系统和应用系统的安全，提供完整的安全保密机制。保证在功能和人机交互界面上贴近用户日常办公习惯，功能模块和功能按钮的说明应定义清晰、命名直观，达到实际运行和操作的简单化、标准化。

---

[42] 王健. 浅谈数字化校园规划与建设 [J]. 神州（中旬刊），2016（2）.

2. 先进性与实用性相结合的原则

在保证数字化校园建设方案可靠性和技术成熟性的基础上，采用先进的系统体系结构、先进的系统硬软件平台、先进的应用软件设计思想和实现技术，确保在建设时起点高、技术领先，为校园数字化的成功建设提供最佳的技术平台支持。

3. 前瞻性与经济性相结合的原则

在设计时要充分考虑现有校园信息化建设要求和发展速度，对技术机设备的容量、性能及数字化校园指标等进行更加优化的设计，同时要把握好计算机设备的性价比，注重经济实用。

4. 基础性与应用性相结合的原则

为了更好地为校园内的教职工和学生服务，需要一个坚实的基础保障。在落实基础性的工作的同时，其他服务要及时跟上。

5. 通用性与特色性相结合的原则

采用目前通行的、成熟的具有普遍推广价值的技术和解决方案，有利于技术交流，也有利于项目成果的推广和应用。同时，在具体的新技术和成熟技术的应用上，特别是在一些关键技术和创新点上应该结合数字化校园的具体要求和具体情况。

（三）建设思路

数字化校园建设由于受经费、技术水平及其他方面的影响，在规划设计、资源建设及应用、服务水平上很不平衡，差别很大。近年来，随着现代教育理论研究和教育改革的不断深入，以网络技术和多媒体技术为核心的现代教育技术，已在校园的教学变革中发挥着积极的作用。数字化时代的到来，为现代教育发展提出了更高的目标，也为校园网的建设指明了方向。

数字化校园建设理论从内到外共五个层次结构，分别是网络基础层、基本网络服务层、应用支撑系统层、信息服务层、虚拟大学，这五层联系在一起形成了一个虚拟大学空间，内层是外层的基础，内层为外层提供服务。

网络基础层是数字化校园最基础的设施，包括终端系统、校园网、数据中心、教学系统等；基础网络服务层是数字交换与共享的软件基础，包括电子邮件、文件传输、信息发布、域名服务、身份认证、目录服务、安全服务、计费管理等；应用支撑系统层是数字化校园的核心支持系统，它直接管理各种信息资源，并根据相关的逻辑提供给用户使用，包括办公管理、教务管理、学生管理、数字图书馆等各项应用系统；信息服务层是校内用户的主要使用界面，它将条理化的数据按照用户的需求提供服务，包括应用聚集、个人桌面定制、单点登录、信息查询等；虚拟大学是校园数字化后功能的自然扩展，使大学的功能突破围墙的限制，成为一个可以网络全覆盖的大学。

（四）设计思路

（1）完全基于 B/S（浏览器／服务器）模式架构。

（2）采用三层应用结构体系，表示层、业务层和持久层进行隔离。

（3）使用服务器集群，部署 Linux 环境。

（4）提供负载均衡和故障转移功能，并通过页面缓存机制提高服务器的整体性能。

（5）支持 Oracle、Sybase 和 DB2 数据库，校园服务网站可以支持 Mysql。

（6）结合 RSS 和 Lucene 批量抓取校园服务信息，经过预处理由管理员校验后进行发布。

（7）提供可视化的流程定义工具，可在线修改流程或添加新业务流程。

（8）提供数据采集平台，利用统一的数据接口从其他业务系统获取数据。

（9）集成身份认证技术，实现电子身份确认和数据信息加密传输，确保信息安全。

（10）集成邮件服务器，提供邮件收发 Web 客户端。平台通过邮件接口实现邮件订阅及相关功能。

（11）集成短信发送网关，并实现 Web service 接口，方便平台各子系统处理短信相关业务。

（12）引入 Portal（门户）的概念，基于多站点运行机制，统一管理多站点、多用户群（即在同一信息门户中运行分支网站），实现单点登录机制，使用户登录一次即可访问相互信任的条块系统。

（13）支持模块化组装、自动热部署门户组件，可以快速增加、修改信息门户功能模块。

（14）支持门户组件之间一对一、一对多、多对多等不同的通信模式，以满足不同应用场景需要。

（15）平台通过 Web service 的方式为异构系统预留远程服务接口。

📂 第三节 数字化校园建设的设计要求

一、数字化校园中的管理原则

数字化校园的建设是一项庞大的系统工程，需要有一个整体解决方案，需要统一的用户管理、统一的资源管理和统一的权限控制。[43] 数字化校园的建设中要解决"有路无车"的问题，但是如果管理不当就会变成"交通混乱"，因此需要预先建立网络秩序、政策法规和各种标准。此外，由于数字化校园的建设会引起管理组织结构的重组，数字化校园的建设需要人们观念的变化和素质的提高，建设过程中的利益再分配也会对数字化校园的建设产生巨大的阻力，所以数字化校园建设中需要建立完善的管理制度，这是数字化校园建设顺利完成和健康发展的根本保证。

[43] 姜熙炯. 数字化校园面临的问题与解决方案 [J]. 电脑知识与技术，2009，5（36）：10358-10359.

（一）数字化校园建设中需要遵循的管理原则

（1）统一领导和规划。这是数字化校园建设的基本保证，学校应该建立一个专门的数字化校园管理部门，赋予足够大的权限，统一的组织和计划数字化校园的建设过程。

（2）统一标准。这是数字化校园建设中的基本工作，要建立起统一的标准体系，包括学校信息交换标准、各个部门业务流程标准等。

（3）统一管理和建设。数字化校园的建设在统一领导和规划的前提下，在整个建设过程中也要本着统一管理和建设的理念，建立定期的校内部门沟通机制，了解进展，发现问题，审核前一阶段的工作，制订下一阶段的工作计划，保证数字化校园建设稳步实施。

（4）先进实用。数字化校园中使用的技术既要有先进性，也要注重实用性。重要的是适合校园信息化的需求现状，这对于构建可靠的数字化校园应用有益。

（5）安全可靠。整个数字化校园建设过程中都要以安全可靠为首要技术要求。在满足校园应用的前提下，构建的基础平台和各类数字化校园应用都需要满足安全性和可靠性，保证数字化校园教学和服务功能的可靠运行。并保证关键业务数据的安全。

（6）资源共建共享。资源共享是数字化校园建设中的一个主要目标，在管理过程中要明确资源建设和共享的责权，保证校园数据资源在数字校园范围内自由高效的共享，并保证数据的一致性和唯一性。

（7）建设和使用相结合，以用促建。数字化校园建设中要处理好建设和使用的关系，两者要紧密结合，建设的目的就是为了使用，反过来，使用可以反馈给建设，促进数字化校园的健康发展。

（8）突出重点，分步实施。数字化校园建设千头万绪，不能盲目地一哄而上，要有主有次，分阶段实施，这样才能更好地利用有限的资金和资源，避免资源浪费，并根据新需求和新技术调整数字化校园的建设方案。

（9）突出效益。数字化校园的建设是为了实现对校园各种资源的有效集成、整合和优化，创造最好的教学质量、管理效率和服务质量。所以，数字化校园建设过程中要突出建设效益，不能为了跟风或一味地追求新技术而盲目地建设数字化校园，要注重实效。

数字化校园的建设对学校的管理思想、管理体制和管理方法都会造成一定的冲击，必然会引起管理组织结构的重组及优化，也必然会涉及校领导职责变化和各个部门的利益，这些都会成为推进数字化校园建设的阻力，因此需要来自学校高层领导的积极推动，需要进行很多跨部门的协调。

（二）信息主管体系的建立

随着建设的深入，随着信息系统的不断增长，以上这些问题必然会更加突出。因此，应向企业学习。必须进行管理机制和体制的创新，在学校建立信息主管即 CIO（Chief Information Officer）机制。CIO 应该由校级领导担任，直接参与领导决策，是学校进行数字化校园建设的强有力支撑，全面负责校园信息化推进的计划和规划。

对于学校在数字化校园建设过程中建立 CIO 体系有以下一些建议。

（1）设置"信息主管"岗位，最好由校长或一位常务副校长兼任此职。以"信息主管"为主任，成立"数字校园建设管理委员会"，成员由党办校办、计算中心、图书馆、现代教育技术中心等相关单位的领导以及校内主要职能部门的"信息主管"组成，还可以吸收校内计算机界和高等教育研究界的教授、专家参加。该委员会的主要任务是制定学校数字化校园建设的发展规划、政策法规、各种标准、阶段性任务的下达和检查、经费的分配，等等。

（2）党办校办有一项职责必须明确，即"协助主管校长组织和领导学校的数字化建设"。在党办校办信息科室里配两名有一定计算机技术水平的工作人员专职参与这一工作，信息科室就可以成为"数字校园建设管理委员会"的日常办公机构。

（3）学校各部（处）、院（系、所、中心）有一名负责人任本单位的"信息主管"，配一名有一定计算机技术水平的"信息网络管理员"协助其工作。他们的工作是在学校的领导下，按照学校数字校园建设的规划，完成与本单位有关的信息网络建设工作。

（4）学校可以由党办校办牵头，每年召开 1～2 次全校性的数字校园建设工作会议，布置工作，总结交流经验，逐渐建立激励机制，表扬鼓励先进，促使各级干部的观念转变，形成大家都来重视数字化校园建设的局面。计算中心、网络中心或信息管理中心可以不定期地举办各种技术培训，培训各单位的信息网络管理员，形成一支较为稳定的信息网络建设的技术骨干队伍。

在数字化校园建设中，"路"带"车"，"车"促"路"，"路""车""货"并重，并且要建立一系列"交通规则"，这是持续建设与发展校园信息化的重要指导思想。在整个建设过程中。需要管理到位、技术到位和观念到位，更需要管理、技术和观念不断更新，而且三者要有机地结合，这是数字化校园持续建设与发展的重要保障。

二、网络基础平台的设计要求

数字化校园建设对网络基础设施的要求主要是建设安全的、可管理的、可扩展的、高可用性的、可审计的计算机网络传输平台。网络基础平台除包括服务器、网络设备、存储设备等硬件设备外，也包括诸如 Web 服务、FTP 服务、电子邮件服务等基本的网络服务。

在设计和实施网络基础平台的时候，需要关注以下一些问题。

（1）建立和完善基本服务环境。这包括实现网络拓扑中主要传输线路的连通和冗余，提供安全可靠的电子邮件、Web、FTP 等基本 Internet 服务，提供良好的机房环境（包括大功率 UPS 不间断电源，专业机房空调，良好的消防、监控系统和安保设施），学校提供集中的信息中心为各个院（系）及处（室）的服务器提供集中托管或空间租用（包括存储空间和备份）服务。

（2）建立高可用性的网络通信平台。这包括校园网提供对教育网和公众网的多个出口，提供对 CERNET2 的 IPv6 出口，实现出口链路的自动切换，实现核心层、汇聚层的双链接冗余和快速收敛，实现核心层、汇聚层的路由冗余和快速收敛等。

（3）实现对用户接入和传输服务的透明性。这包括使用 DHCP 服务加强网络的访问控制，架设高性能的代理服务器，提供对移动网络的支持，控制网络的并发数量，提供防病毒和防垃圾邮件的专门机制，提供类似 MRTG 的流量监控服务，使用 ACL 访问控制列表和 VLAN 来提高网络的运行效率和安全性，支持无线接入扩展等。

（4）规范对用户的各类服务流程。为用户提供完善的安全解决方案，实现用户业务受理、服务支持、业务反馈、业务优化、审计等流程的规范，简化基本网络服务的操作难度等。

（5）实现对用户业务服务的可视化。提供各种有效的可视化途径反映各类服务的运行状态，如提供对 MRTG、Netflow 等的支持，进行全面的安全审计，保存和分析各个网络设备、服务器、应用系统的日志，提供日志的分级管理和报警机制，并对分析后的数据进行图形化。

（6）建立自防御的网络安全体系。将入侵检测、防火墙、防病毒、防垃圾邮件、安全审计、HoneyPot 等技术结合在一起，并实现同各级网络设备和关键服务器的联动，提供可以对来自校园网内外的威胁进行自我防御的网络安全体系。

三、统一资源计划的设计要求

统一资源计划的设计和实施作为数字化校园的核心组成部分，在建设过程中也需要遵循前面提到的数字化校园中的管理原则，此外还要着重关注以下几个原则。

（1）建立规范、统一的信息标准。信息标准包括：数据标准，实现数据按照统一的标准产生、存放、使用，使数据真正实现共享，其包含学校基本信息集、学生管理信息集、教职工管理信息集等；接口标准，定义清晰而标准的接口，使得应用之间能够实现互操作，其包含认证接口、数据交换接口；应用标准，通过定义应用标准，使得遵循标准的应用能够方便地集成。易于构筑一个可缩放的校园集成信息系统，其包含门户集成规范、用户管理规范。

（2）实现统一的电子身份管理与认证。这包括实现统一的用户管理，实现安全的用户身份认证，实现安全的信息传输，实现应用系统的单点登录。

（3）构建功能完善的校园数据中心。涉及三个部分：管理内容，包括机房管理、服务器管理、网络管理、网络安全管理、数据库管理、数据管理、软件平台管理、应用系统管理等；管理、技术规范，包括客户服务规定、机房管理规定、信息保密安全制度、服务器安装系列规范、数据库管理系列规范、应用管理规范、邮件管理规定、操作系统重新安装和升级工作流程、数据库服务器切换工作规范等；安全管理规范。包含网络安全管理规范、防火墙安装规范、防火墙运行维护规范、安全检查规范、日志管理规范、补丁安装规范、安全紧急事件响应规范等。

（4）搭建规范有序的运行服务体系。该体系包括管理规范、技术规范、操作手册等文档，运行服务队伍（包括系统管理员队伍：操作系统管理员、数据库管理员、网络管理员、网络安全管理员、机房管理员、应用管理员等），用户服务队伍（技术支持人员、用户服务人员等），信息管理员、操作员和用户等基层信息化人员和用户，以及数据中心、注册中心、用户服务中心等服务机构。

四、信息系统的设计要求

信息系统建设是数字化校园建设中涉及范围最广、工作量最大、耗时最长、成功风险最大的一部分，它是在网络基础设施基础上，同大学资源计划紧密结合，在把握数字化校园整体发展方向的前提下，结合学校相关具体职能的需求，利用先进的信息技术，设计和实现符合安全要求的使用便捷的信息管理系统。

信息系统在设计和实现的时候需要注意以下几个方面。

（1）必须符合大学资源计划中建立各类的信息标准，不能随意进行扩展。使用标准的数据交换接口访问校园共享数据，开发符合数据标准和接口标准的应用接口，为数字化校园中其他应用系统提供足够丰富的接口。

（2）必须支持数字化校园的电子身份管理与认证功能，按照要求提供相应的单点登录功能。

（3）尽量在系统实现过程中使用一致的操作系统平台、数据库平台、服务器软件环境，提高系统间的相似性。提高维护效率。

（4）具体信息系统设计过程中要考虑到系统实际用户数量、最大并发数量、最大数据库访问数量等，对系统的负载能力要有测量手段，保证系统运行的可靠性。

（5）设计过程中要对程序代码进行严格审计，特别是提供关键业务的信息系统，对用户的提交信息和各类参数信息进行严格检查，防止出现 SQL 注入和命令注入的漏洞，提高系统的安全性。

（6）设计过程中从用户角度考虑系统的表示层结构和功能，为用户提供清晰明快的操作界面以及便捷可靠且又实用的功能集合。

第四章　建设数字化校园的技术支撑

第一节　云计算技术与数字化校园建设

一、云计算概述

（一）什么是云计算

也许大家都知道瞎子摸象的故事。话说一位商人牵来一头大象，几个瞎子饶有兴趣地对大象抚摸起来。摸到象腿的说，大象像大木桩；摸到耳朵的说，大象像大葵扇；摸到象牙的说，大象像大萝卜；摸到尾巴的说，大象像绳子……云计算诞生初期，人们对它的认识，真有点像瞎子摸象，各有各的说法。

有人说，虚拟化就是云计算；有人说，分布式计算就是云计算；也有人说，把一切资源都放在网上，一切服务都从网上取得就是云计算；更有人说，云计算是一个简单的，甚至没有关键技术的东西，它只是一种思维方式的转变；等等。

先来看看为什么用"云"来命名这个新的计算模式，以及云计算中的"云"是什么。

一种比较流行的说法是当工程师画网络拓扑图时，通常是用一朵云来抽象表示不需表述细节的局域网或互联网，而云计算的基础正是互联网，所以就用了"云计算"这个词来命名这个新技术。另外一个原因就是上面提到的，云计算的始祖——亚马孙将它的第一个云计算服务命名为"弹性计算云"。

其实，云计算中的"云"不仅是互联网这么简单，它还包括服务器、存储设备等硬件资源和应用软件、集成开发环境、操作系统等软件资源。这些资源数量巨大，可以通过互联网为用户所用。云计算负责管理这些资源，并以很方便的方式提供给用户。用户无须了解资源具体的细节，只需要连接上互联网，就可以使用了。例如，人们使用网络硬盘，只需连接上服务提供商的网站，就可以使用了，不需要知道存放文件的机器型号、存放位置、容量等。存储空间不够？再申请就可以了。

（二）云计算的特征

云计算如今被热炒，很多商家不管是与不是，都把自己的品贴上云标签，使得云产品满天飞，甚至以假乱真！那么，什么样的产品及其应用才算是云计算呢？答案是具备云计算特征。

云计算的主要特征有：

其一，以网络为依托，通过网络提供服务。云计算所依托的网络主要是互联网，根据需要，也可以是广域网、局域网、企业网及专用网等。

其二，以虚拟技术为基础，用虚拟技术整合软硬件资源和计算能力。

其三，服务透明化。用户使用服务时，无须知道资源的结构实现方式和所在的位置。

其四，按需自动服务。用户通过云计算可自动获得满足用户需求的计算资源、计算机能力和相关服务。

上述四点是云计算的主要特征，也是云计算的核心。此外，诸如高可靠性、高扩展性、低应用成本等，是对云计算的要求，或云计算应该达到的目标，而非云计算的核心特征。

（三）云计算技术体系

由于云计算的服务分为 IaaS、PaS 和 SaS 三种类型，不同的厂家又提供了不同的解决方案，因此目前还没有一个统一的技术体系架构。综合不同厂家的方案，给出一个供商榷的云计算技术体系架构，如图 4-1 所示。该技术架构概括了不同解决方案的主要特征，每一种方案或许只实现了其中部分功能，或许还有部分相对次要的功能尚未概括进来。

图 4-1　云计算技术体系架构

如图 4-1 所示，云计算技术体系架构分为四层，由下而上分别为物理资源层、资源池层、管理中间件层和 SOA（Service-Oriented Architecture，SOA）构建层。

云计算通常提供 IaS、PaaS 和 SaS 三个层次的服务，不同的服务所涉及的核心技术存在较大差异。

二、云计算的教育应用

（一）云计算对教育的影响

经过多年建设，我国在教育信息化方面已经取得了巨大的成就，但也存在教学资源分布不均、教学资源更新速度慢、教学资源共享程度低等问题。目前教育信息化发展中的诸多问题呼唤新的教育模式和功能，而云计算技术对满足教育发展的新需求提供了可能。

1. 促进教育公平

教育不公平是世界上很多国家存在的一个突出问题，国家与国家之间、同一国家的不同地区都存在这种现象，主要表现在师资、信息、设备和基础设施等层面。我国幅员辽阔，教育不公平问题尤为突出。发达地区的教育部门、学校和教育企业已经建设了大量的教育信息资源以及承载这些资源的设备设施，而教育欠发达地区教育信息资源及相应的基础设施则极为匮乏。云教育的出现让教育公平更容易实现。所有资源全部放在"云端"，无论身在何处，只要能够连接到网络，拥有连接网络的终端设备，申请获得教育云平台访问和运用的权限，就能拥有公平使用平台上教育信息资源的权利。这样就可以缓解西部、偏远地区、经济欠发达地区教师缺乏、资源匮乏的问题。

2. 降低教育成本

目前，各级大中小学都装备了大量的计算机和网络设备。为了满足越来越多的计算需求，学校不得不经常更新计算机、应用软件和网络设备等，被淘汰的设备、已经满足不了教学需求的应用软件会造成大量的资源浪费，学校的教育成本就会相应增加。云计算固有的特点使其比其他新技术更容易进入学校。如果使用云计算服务，学校只需要让电脑接入互联网即可，用户只需要利用浏览器就可以获取需要的服务。减少了学校计算机的损耗，也不需要持续不断更新、购买各种应用软件，降低了学校的教育成本。一些教育部门和学校可以将信息资源转移到教育云平台上，减少服务器的使用率，也有利于信息的共享。

3. 变革教学方式

云计算能够让学生随时随地地进行课程学习，即使是课余时间，学生也能利用个人电脑或终端进行个人账户的登录享受云服务带来的学习便利。通过选择不同类型的云服务，学生可以自主选择学习内容和学习方式，改变了传统教育中以教师为主、以教授为主的教育方式，充分体现了学生的主体地位，也使得移动学习在日常教学活动中越来越普遍。[44]

---

[44] 谢娟．云计算技术在教育信息化建设中的应用 [J]．电子技术与软件工程，2016（15）．

（二）云计算在教育中的应用方式

1. 云计算支持教育教学活动

（1）建设大规模共享教育资源库

云计算技术让数据的传输和应用不局限于一个校园之内，建立高校之间的数据和资源共享成为目前高校联盟所发起的一项战略工程。合作院校之间可以通过云计算技术构筑起信息资源的共享空间，并且这种构建并不需要很多的时间和资金上的成本，可以很简单轻松地提升高校的资源共享效率，扩大数字化校园影响的范围。

用户可以将孤立的教育资源上传并共享到教育云平台，存储于服务商提供的数据中心，并由专业技术团队来负责其管理和安全工作，既方便用户随时随地使用移动设备获取自己所需的资源，又可以实现教育资源的共享。国家教育资源公共服务平台就是以这种方式建立起来的资源存储与共享平台。

在《国家中长期教育改革和发展规划纲要（2010—2020）》加快教育信息化进程的战略部署下，教育部组织有关单位，于2012年年初启动了国家教育资源公共服务平台建设工作。该平台建设工作是"三通两平台"工作的重点之一。"三通两平台"即宽带网络校校通、优质资源班班通、网络学习空间人人通以及教育资源公共服务平台和教育管理公共服务平台。2012年12月28日，教育部在北京举行"国家教育资源公共服务平台"开通仪式，标志着国家教育资源公共服务平台正式开通上线试运行。国家教育资源公共服务平台充分依托现有公共基础设施，利用云计算等技术，逐步推动与区域教育资源平台和企业资源服务平台的互联互通，共同服务于各级各类教育，为资源提供者和资源使用者搭建起网络交流、共享和应用环境。

（2）提供教与学的新形式

利用云平台和云服务，学生可以在任何地点接入云平台，通过更多的方式与教师和同学进行交流，更及时地得到反馈，使得自主学习、协作学习变得更加方便快捷 Google docs 就是一个典型的云计算产品，是类似于微软 Office 的一套在线办公软件，它可以处理和搜索文档、表格、幻片。Google docs 最大的特点是协作共享 Google docs 的协作允许不同位置的多个用户对同一个项目同时进行编辑和查看 Google docs 具有离线功能，在电脑不能联网的情况下，也可以进行文档的编辑，在联网后，Google docs 会自动将文档的内容上传保存。学生可以在不联网的情况下进行编辑，与小组同学共享，这样，小组成员之间就能看到每个人的进度与想法，方便大家进行交流共享。

云平台也为教师的教学带来了新的变化。教师可以从云平台上获取教学资源，也可以通过云平台共享给学生。教师在备课时可以通过 Google docs 等平台或工具与同事甚至其他学校的教师、学科专家进行交流。教育云平台也为在线学习提供了便利，教师可以利用更多的移动设备来为在线学习的学生解答问题，解答的方式也更加多样性，可以通过文本、图片、语音甚至视频。

2. 云计算支持教师研修活动

云计算技术为构建教师网络研修活动提供了一种新的思想技术和方法。教师可以通过教育云平台，与同事、其他学校的教师甚至学科专家一起备课，修改同一份课程设计和教案，也可以实现在线听评课的功能。教师还可以将教案、教学反思甚至教学视频共享至教育云平台，与其他教师进行交流。

如果学校之间的教育云平台不能互通，也可以通过云盘来解决资源共享的问题。常见的主要有百度网盘、115 网盘、360 云盘新浪微盘、金山快盘等。云盘的功能主要包括存储资源和共享资源。以百度网盘为例，最大容量可达 2T。对于普通人而言，这基本就足够使用了。另外百度网盘有网页端、PC 端、Android 端、IOS 端等不同的类型可供用户选择，用户登录账号后可以在不同的设备之间进行查看。在这个计算机病毒横行的年代，对于教师来说，云盘也可以充当 U 盘的角色，在办公室电脑上备课的资源，可以上传到云端，到上课的课室，直接从云端下载即可，也可以将资源通过链接的方式分享给别人。当然，云盘也可以作为学校或年级备课的"存储站"，将教学资源直接上传到云盘，实现教学资源的共享。

3. 云计算支持教育管理活动

云计算的超大规模和计算能力使得各种资源的存储更加方便快捷，但也加剧了对资源管理的要求。云计算可以为学校提供物美价廉的应用软件定制服务。学校、教育机构通过购买个性化的应用软件，可以满足自身教育资源管理的需求。此外，海量的数据可以通过云计算技术进行收集，通过这些数据可以了解到学生的成绩变化甚至易错知识点，以便学生成绩的提高。通过大数据分析技术，可以更加直观形象地了解学生在做题过程中的疑难点，教师在上课过程中就可以针对学生的疑难点进行集中讲解。

近年来，随着 WI-FI、蓝牙、3G、4G 甚至 5G 等无线通信技术和网络技术的迅猛发展，以及智能手机、平板电脑等移动终端设备的日益普及，移动网络技术逐渐渗透到人们工作、学习、生活的各个领域，一个全新的移动学习的时代已经来到。

三、云计算服务与数字化校园建设

采用云计算技术实现网络中心到云数据中心的升级，为数字化校园应用系统提供更为良好的运行环境，这是云计算新兴技术在高校数字化平台的应用亮点。目前云计算在高校中的应用主要集中在云服务、云存储和云安全三个方面。

所谓云服务就是高校在信息安全的前提下，利用云计算建设属于自己的私有云。私有云包含了高校的各个教学资源、软件、硬件等数据和信息，所有这些数据和信息都集成在高校的私有云上，实际上这个私有云就是高校的数据应用平台。这样的数据支持平台使得高校的每个用户不需要有强大的硬件来支持软件的应用，因为你可以无条件地借助云平台的力量来实现每个用户自己的应用，即便软件本身对硬件要求很高，因为私有云数据平台集成了强大的超级计算机，所以一切的问题都可以迎刃而解。这样的模式不难看出，校园用户通过私有云大大地减少了硬件和网络实施的采购，减低了学校的网络和信息管理的运营成本。云计算将使高校无须再购买任何软件，云服务可以为校园用户提供大量的免费常用软件。只要用户身处云环境里，有自己的权限，发出需求指令，得到批准和认可，每一个校园网用户都可以免费地获取使用的权限。

分布式存储是指将数据分割为若干部分，分别存储在不同的设备上。这些设备可能不在同一地点。这时候，机器不再与存储设备直接相连，而是通过网络，通过使用应用程序访问接口来使用这些存储设备。

通过使用分布式存储，可以获得比本地存储更高的性能：

①高扩展性。分布式存储可以使存储设备按需增加，满足随时增长的存储要求。

②高传输速度。将数据分散存储，避免了单台服务器网络带宽的瓶颈，提高传输速度。

③高可靠性。数据被复制为几个副本存储在不同的服务器上，单台服务器的故障不影响数据安全。

要将数据分散存储，而又能进行有机整合，高效管理，那就要使用分布式文件系统。分布式文件系统是指可以通过网络访问存储在多个存储设备中的数据的文件系统。

云存储是一种存储技术，它通过集群应用、网格技术和分布式处理等技术，将数量庞大、分布在不同地域、类型不同的存储设备整合起来使之协同工作，共同对外提供数据存储和业务访问功能。

云存储不再是一个简单的存储设备，而是一个完整的系统架构。它由网络设备、存储设备、服务器、应用软件、访问接口和客户端程序等多个部分组成。其中存储设备是云存储最基础的部分且数量巨大，分布在不同的地域，通过虚拟化技术组合在一起。

云存储在高校数字化校园中的应用和推广可以实现校园用户将各种信息资源上传到私有云的数据平台上，同时校园用户可以在任何地点下载私有云上的各种所需资源。同时，云计算技术还可以规避硬件要求的问题，即便用户的设备很老旧，也可以很快地实现资源的共享。从信息安全的角度去看，云存储环境中，用户的个人数据和信息以及各种资源都可以上传到云存储平台上去，任何时候不必担心资料丢失和病毒侵袭，只要能运行程序就可以随时随地进行下载和使用。因为云存储具备多台超级计算机协同组成的特点，所以可以为数据资源提供多个备份副本，即使部分计算机系统崩溃也能使用户数据正常运行、存储、下载。存储云采用联想主机层存储虚拟化管理系统，建立存储管理虚拟层，可以在异构或同构存储之间进行镜像和建立统一存储资源池，实现存储无关性。

与传统的信息系统相比，大规模云计算平台的应用系统繁多、用户数量庞大，身份认证要求高，用户的授权管理更加复杂等，在这样的条件下无法满足云应用环境下用户管理控制的安全需求。因此，云应用平台的用户管理控制必须与4A解决方案相结合，通过对现有的4A体系结构进行改进和加强，实现对云用户的集中管理、统一认证、集中授权和综合审计，使得云应用系统的用户管理更加安全、便捷。

4A统一安全管理平台是解决用户接入风险和用户行为威胁的必需方式。如图4-2所示，4A体系架构包括4A管理平台和些外部组件，这些外部组件一般都是对4A中某一个功能的实现，如认证组件、审计组件等。

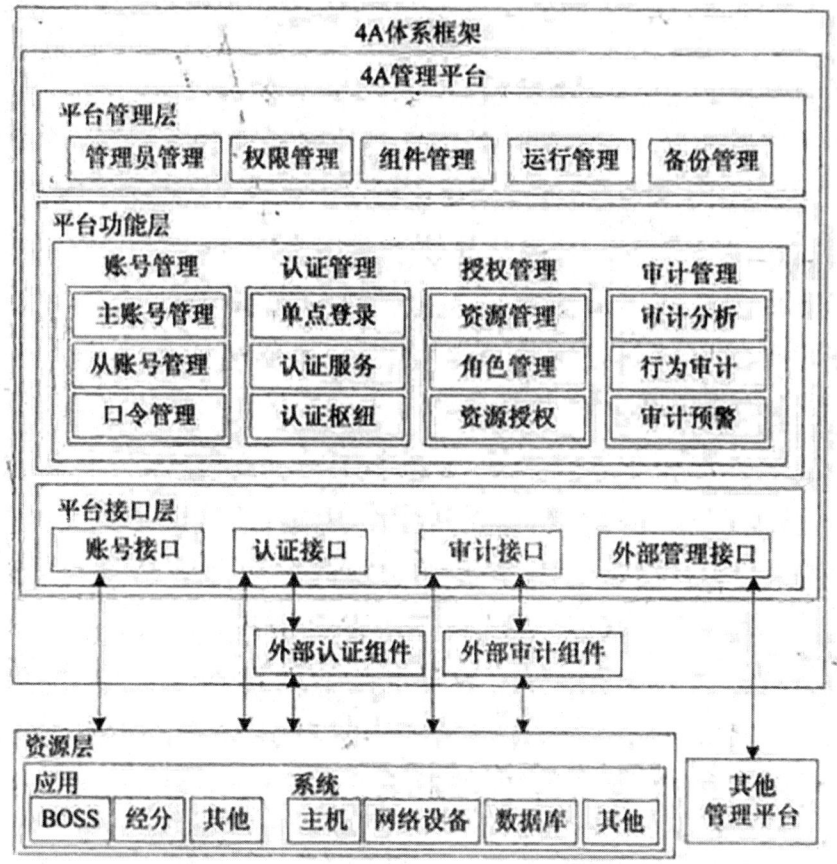

图4-2　4A体系架构图

4A统一安全管理平台支持单点登录，用户完成4A平台的认证后，在访问其具有访问权限的所有目标设备时，均不需要再输入账号口令，4A平台自动代为登录。图4-3是用户通过4A平台登录云应用系统时4A平台的工作流程，即对用户实施统一账号管理、统一身份认证、统一授权管理和统一安全审计。

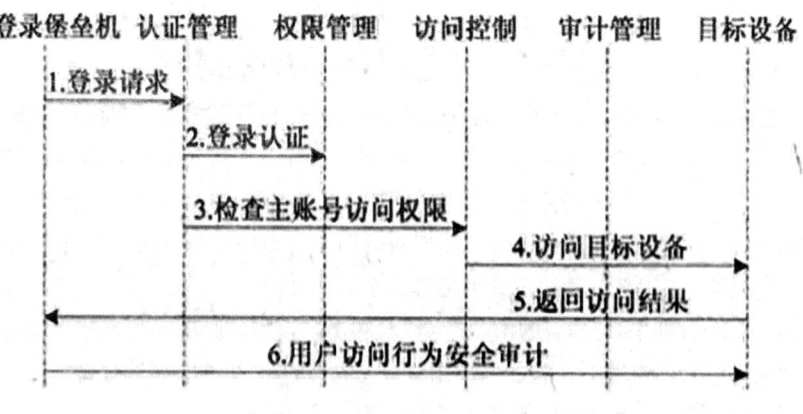

图4-3　4A平台工作流程

云应用系统拥有海量用户，因此基于多种安全凭证的身份认证方式和基于单点登录的联合身份认证技术成为云计算身份认证的主要选择。

如图 4-4 所示，安全边界能够对访问进行限制：安全边界内部的实体能够自由地访问安全边界内的资源，而安全边界外的实体只有在迈界控制设备允许的情况下才能访问安全边界内的资源。典型的边界控制设备包括防火墙、安全卫士和虚拟专用网。通过对重要资源设置安全边界，机构既能够实现对这些资源的访问控制，又能够实现对这些资源使用情况的监控。更进一步，通过更改配置，机构可以根据需求改变设备的安全边界，如根据业务情况的变化阻止或允许不同的协议或数据格式。

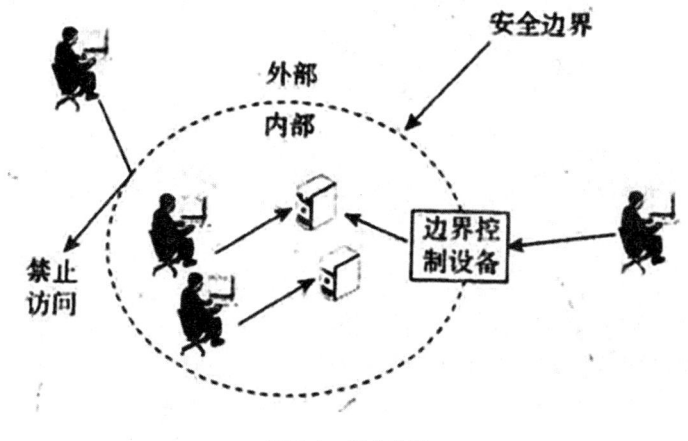

图 4-4　安全边界

云计算技术的出现，为数据的安全存储提供了有力的支持，校园用户不必担心存储在云端的信息资源数据丢失或者受到病毒的侵袭。用户也不用担心系统崩溃、病毒侵扰造成的数据损失。

📁 第二节　物联网技术与数字化校园建设

一、物联网概述

物联网的技术特征主要表现在以下几个方面：

①物联网中的智能物体具有感知、通信与计算能力。

②物联网可以提供所有对象在任何时间、任何地点的互联（图 4-5）。

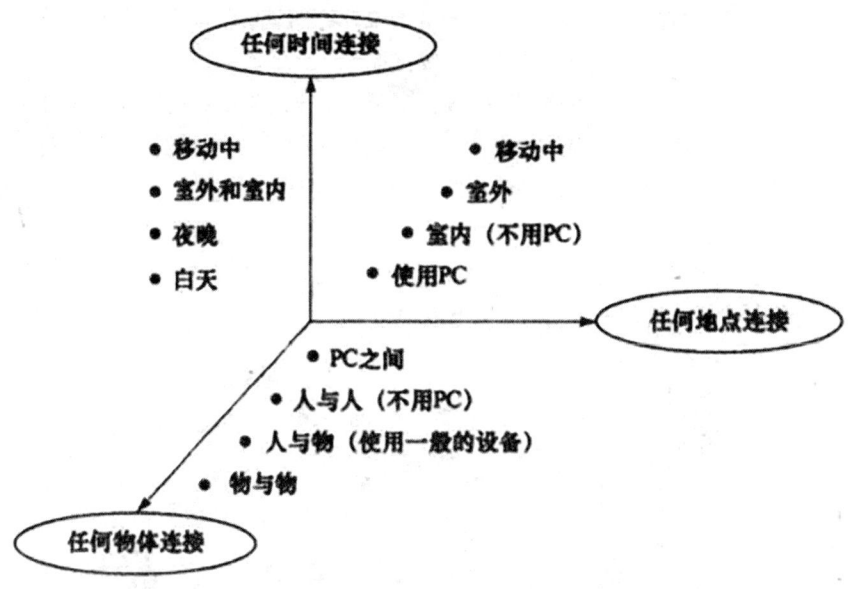

图 4-5 物联网运行的特点

③物联网的目标是实现世界与信息世界的融合。

④物联网技术涵盖感知、传输与计算三方面的内容。

在物联网上，通过对所有身边的实际事物安装智能芯片，利用RFID技术，让物品能"开口说话"，告知其他人或物有关的静态、动态信息。RFID电子标签中存储着规范而具有互用性的信息，再通过光电式传感器、压电式传感器、压阻式传感器、电磁式传感器、热电式传感器、光导纤维传感器等传感装置，借助有线无线数据通信网络把它们自动采集到中央信息系统，实现物品（商品）的识别，进而通过开放性的计算机网络实现信息交换和共享，实现对物品的"透明"管理。

物联网涉及计算机技术、网络技术、软件技术、传感技术、通信技术等信息领域的所有技术，也包括自动化技术、电子技术、微电子技术、材料技术等相关技术，显得纷繁复杂、包罗万象。而计算机技术是物联网的重要支撑技术，也是其灵魂所在。具体来说，物联网计算模式包括云计算模式和海计算模式。云计算模式通过海量信息的汇聚和智能处理，完成物联网感知环境的信息充分共享与全局优化，是网络化的智能服务；而海计算通过具有一定感知、计算、智能控制能力的融入物理世界的海量设备，实现海量的前端智能，海计算模式是一种崭新的计算模式。

物联网是海量感知信息资源的大汇集，而海量感知信息的计算与处理是物联网的核心内容。"云计算"是一种有效的资源利用模式，它能以简便的途径和以按需分配的方式通过网络访问可配置的计算资源（计算、信息、网络、服务器、存储、应用、服务等），这些资源可以快速部署，并能以最小的管理代价实现资源发布，这正好符合了物联网的发展要求。

云计算模式是物联网的重要模式。如图4-6所示，通过云计算平台实现感知信息资源、存储资源和计算资源，甚至硬件资源、软件资源、平台资源及服务资源等的全方位共享与服务。云计算环境涵盖了海量信息采集、传输、存储和共享、智能处理、信息服务等方方面面。云计算环境仍然是对环境信息的"集中式"处理而物联网的很多应用都更高效地将物理世界信息进行加工，并提供给用户进行服务，这就要求逐步下放计算与服务功能，让各种设备终端具备计算服务的功能，这从某种程度上突破了图4-6所示的体系架构，引入了海计算模式。

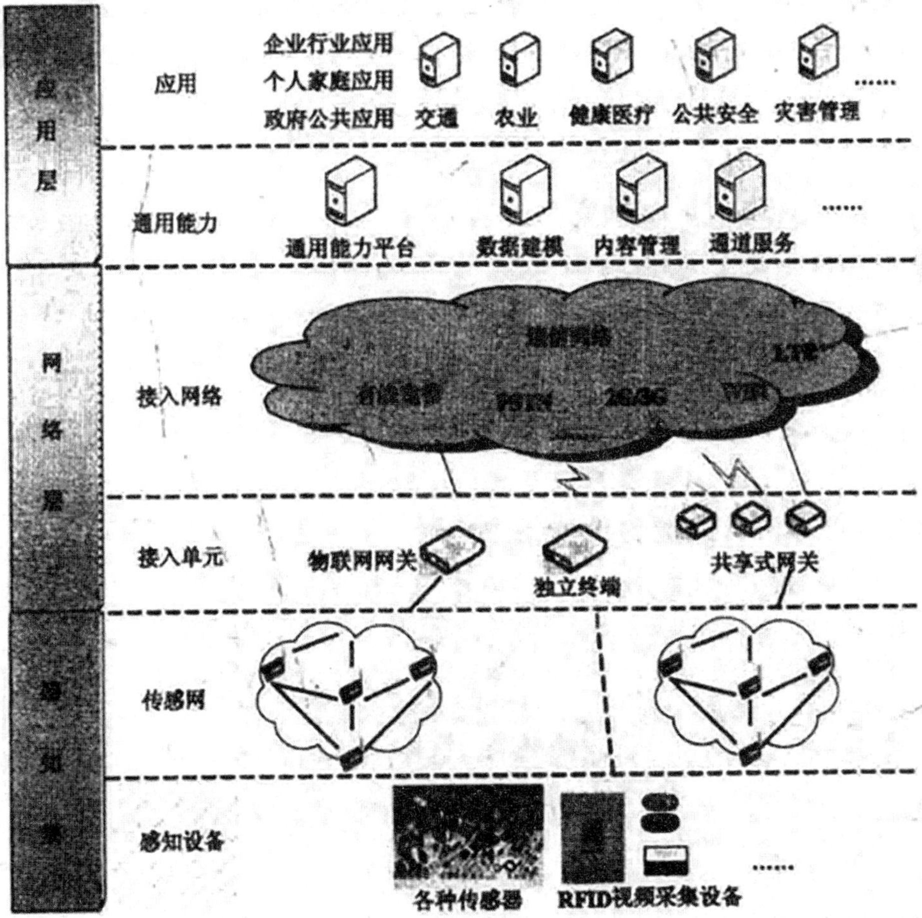

图 4-6　物联网网络架构

基于云计算模式强调了物联网应用层信息的综合计算与服务，是物联网的重要计算模式；物联网与泛在网络强调对物理世界的感知，并把感知的信息传输出去，方便人类对物理世界的感知与控制，云计算是其后端处理与应用平台；下一代网络强调对现在的互联网的变革，甚至可能颠覆现有的 IP 协议基础，但云计算模式摆脱不了信息的综合与全局性的优化处理。

云计算模式的物联网虽然强调了对物质世界的感知，但物联网更要将感知的物理世界信息传输出去，并提供综合信息服务，感知端的计算与控制能力均比较薄弱，不能完全满足物联网的应用需求。物联网关注的层次比较多，目前没有统一的定位，因此，物联网的研究还需要在各个层次进行细化和创新，如感知、传输、处理、应用及服务模式等。由于物理世界的海量性、多变性及复杂性，单一的对物理世界的感知模式已经不能满足物联网的发展需求。因此，面对海量的物理世界，有必要对感知端进行重新思考和设计，这就是海计算概念提出的背景。

云计算模式通过对海量信息的汇聚和智能处理，完成物联网感知环境的信息充分共享与全局优化。然而，在实际系统的部署中，更多的感知信息还是通过目标区域内自组织自反馈系统，实现局部范围的智能控制与决策，通过海量的、分布式的局部小系统，最大限度地分担了云计算平台中的信息存储、传输与计算的压力，大大提高了决策速度和效率，提高了信息及控制的实时性。

另外，系统还可以通过与全局的云计算系统的交互，达到局部和全局的协同优化。这就是海计算模式，也是物联网的特征模式。

海计算模式是基于物联网的各种实际应用场景的真实需求提出的，相对于云计算模式来说，更多地强调海量感知端的自计算能力，通过具有一定智能感知、智能计算、智能控制能力的融合式处理，利用融入物理世界的海量设备，获取物理世界信息并进行计算、控制、传输和服务。

二、物联网服务与数字化校园建设

物联网在智慧校园中的应用正在逐步改变传统校园的教学管理、学习、生活和服务模式，智慧校园主要具有智能化监控、职能化决策、信息渠道变革的特点。

智慧校园以物联网技术为支撑，所有设备成为感知器，将采集到的各项数据、故障情况传送给监控管理终端，从而实现校园智能化设备监控管理。

在学校管理方面，无论是职能决策部门还是学生管理部门乃至个别的学生应用都会经常需要查询各种数据，这种对数据的查询需求一般是随机多变的。职能的数据挖掘和分析，可以对校园网的各种数据构建数据模型，进行数据分析可获取所需的汇总数据、切片数据、维度数据和细节数据，这样就可以提高数据查询的效率和数据查询的准确率。而且在决策的过程中，对数据准确灵活的统计辅助功能，使得决策更加科学而非盲目。

智慧校园可以让用户身处可靠、稳定、高速的网络环境，随时访问所需的网络服务，使用各种网络信息资源。同时，智慧校园打破传统的被动服务，将服务转变为个性化的信息主动推送，实现按需服务。[45] 在按需服务的同时，系统设置还以用户为中心提供从内容、方式、界面等各个方面的按需定制，这样不但实现了按需服务还实现了个性化服务。智慧校园还兼容各种终端设备，用户可以通过各种移动终端访问网络和信息门户，获取所需信息，建立网络联系。

物联网在高校管理中目前应用最多的是对学生的管理、后勤服务、安全管理。物联网

[45] 肖文雅，姚红星. 物联网在智慧校园建设中的应用 [J]. 信息技术，2013（4）.

技术可以实现人员可视化管理，为师生配备可以远距离读取的一卡通，通过各个门禁系统和校园各个角落的感应点，对所有师生在整个校园内无死角、24 小时不间断地实时自动感知与定位。对学生的位置进行实时监控，当学生进入危险区域时，管理系统会向学生发出警告并及时通知高校的安保部一门，减少高校学生发生事故的可能，最大限度地保证学生的生命安全、除了对学生进入危险区域进行预警外，高校可以通过对学生的实时位置监控，统计学生按时上课、晚上回到寝室的人数，方便对学生的日常教学和生活管理。

除此之外，高校智能化保密措施，校园车辆的精细化管理，高校后勤服务管理，高校日常运行设备管理都应用到了物联网技术。

综合上面所讲的物联网技术在高校数字化校园建设中的应用，不难看出，物联网技术的应用很大程度上增加了师生的交流和互动，让老师和学生的沟通可以更加有针对性，老师可以及时掌握教学进度和难易程度，从而科学地提高教学质量。学生管理方面，物联网技术的应用方便对学生的日常教学管理，不仅对设备进行有效、合理的管理，并且节约了高校的运行经费，使我国高校校园变得更加安全。

三、物联网技术在自助图书馆中的应用

图书馆自助服务的发展与物联网技术的发展密不可分，比如 RFID 技术是自助借还服务的基础，它为图书馆的流通服务带来了全新的契机，不仅节省了大量的人力和管理成本，更为读者提供了 24 小时无间断的服务，是一种革命性的改善；自助打印、扫描等服务则有赖于先进的设备和无缝的认证机制。

（一）自助借还系统

目前图书馆广泛应用的自助借还系统是 3M 公司的 RFID 数字化系统和读者自助借还书系统。RFID 数字化系统包括 RFID 标签、标签编写和转换设备、点检仪和馆员工作站等，配合其标签安全监测仪系统可以实现图书的全流程管理。RFID 标签中带有枚能够重复读写和存储信息的芯片，芯片中存储了识别和追踪馆藏资料所必需的信息；RFID 标签转换站是标签编写自动设备，能快速完成条形码到 RFID 标签的自动转换；点检仪利用无线电波技术配合 RFID 数字辨识标签，由系统天线接收 RFID 数字辨识标签所发出的无线电波，借此执行图书的上架、搜寻、排序、纠错、替旧及盘点等作业。对于读者而言，自助借还系统根据读者的借阅流程分为自助借阅系统和自助还书系统，自助借阅系统可以让读者自行操作借阅图书馆内的馆藏文献资料，避免流通柜台的拥挤与排队等候。3M 的自助借阅系统可以直接处理磁条和条形码，当加入 RFID 数字化功能后，自助借书的操作效率可以更加提升。自助还书系统则可以支持读者 24 小时不间断地自行操作还书程序，读者还书窗口操作简易，方便提高图书馆图书流通的循环速度，并可减少读者因不能及时还书造成逾期罚款而与图书馆之间产生的纠纷，减少图书馆的投诉率，提升服务品质。

（二）自助图书馆

24小时图书馆是指图书馆利用各类资源突破原有服务模式中对服务时间的限制，24小时为读者提供服务。图书馆24小时开放展现了图书馆人的智慧，用最小的时间和空间成本，使服务绩效达到最大化。图书馆24小时开放的途径主要有图书馆网页（数字图书馆），自修室24小时开放，电子阅览室24小时开放，24小时自助图书馆，馆外24小时自助借还服务，24小时还书籍，24小时电话自助服务等。

（三）自助复印/打印/扫描服务

近年来国内很多图书馆配备了自助复印打印设备，为读者提供"无人管理"的自助式打印复印服务，这种服务方式既可以节省图书馆的人力，也可以减少读者排队等待的时间，并且由于其相对低廉的收费和自助结算的模式可以大大减少纠纷，并且也是图书馆执行知识产权保护策略的一种措施——图书馆可以通过在所有自助设备上张贴知识产权保护的警示等方式，加强读者的版权保护意识、引导尊重知识产权的使用习惯，避免由于人为因素导致图书馆"带头"侵犯知识产权、无限制地为读者复印打印资料的情况发生。

（四）自助编辑制作服务

随着教学模式和学习方式的改变，大学对于学生独立或协同完成生动作品的能力、对于学生的多媒体制作和展示能力，都提出了更高的要求，所以有了"多媒体素养"的提法。为了完成课程的作业，同学们常常不仅需要提交一篇文字报告，而是要提交含有实验结果或创作效果的PPT、视频短片等，读者需要图书馆提供丰富的素材以及相关的设施，帮助他完成"作品"。图书馆能够提供的素材包括海量的图片资源、视音频资源、完备的数据库资源如电子图书、期刊、报纸等，能够提供的设施则包括各种数码前端设备如照相机、摄像机、录音笔等，采集设备如放像机、微机、各种采集软件，各种编辑制作软件和输出设备如彩色打印机、刻录机、合成机等。

（五）自助学习空间

比格（Donald beagle）、贝利（Donald Russell bailey）和提尔内（Barbara Gunter Tiemey）在2006年提出了信息共享空间的三层次模型，即物理层（Physical Commons）、虚拟层（Virtual Commons）和文化层（Cultural Commons）。物理共享空间指的是包含了技术、资源、工具和教师指导的特定的物理设施和开放获取区域，提供馆藏资源、学习空间、培训空间等相应的设施和环境导航、参考咨询、知识创新等相应的服务，它可以是图书馆的一个特定区域、特定楼层，也可以是一个独立的建筑。虚拟共享空间指的是一种独特的在线环境，利用这个网络平台，读者可以利用搜索引擎获取信息和传播知识。[46] 在虚拟共享空间里，用户不仅可以使用馆藏的数字资源，还可以充分利用互联网的各种资源，包括社交网络、认知工具和群体协作软件等。文化层是信息共享空间的最高层，涉及社会、政治、法律、

---

[46] 施强.信息共享空间：意蕴、构成与保障 [J].大学图书馆学报，2007（3）.

学术、出版等诸多方面，范围也最为广泛，是一个可自由讲演、共享知识和进行数字时代
创造性表达的共享空间，也被称为创作共享空间。

第三节　数据挖掘技术与数字化校园建设

一、数据挖掘概述

（一）数据挖掘的应用功能

数据库中的知识发现（Knowledge Discovery in Database，KDD）是一个从数据库中挖
掘有效的、新颖的、潜在有用的和最终可理解的模式的复杂过程。其中，数据挖掘技术便
是 KDD 中的一个最为关键的环节（图 4-7）。

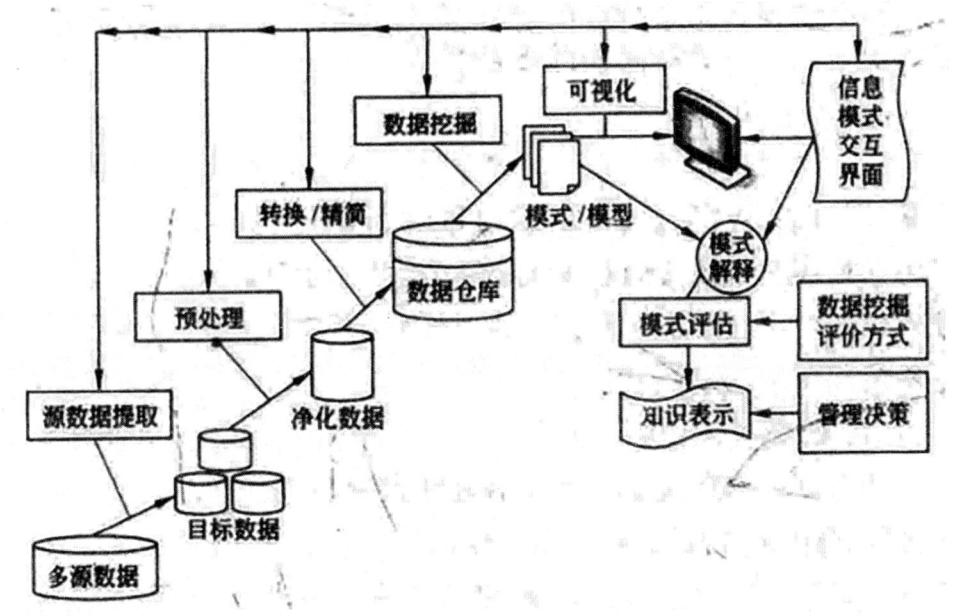

图 4-7　KDD 过程示意图

数据挖掘的实际应用功能可分为三大类和六子项：分类（Classification）和聚类
（Clustering）属于分类区隔类；回归（Regression）和时间序列（Time-series）属于推算预测类；
关联（Association）和序列（Sequence）则属于序列规则类。

（二）数据挖掘的主要内容

大数据时代数据挖掘主要包括并行数据挖掘、搜索引擎技术、推荐引擎技术和社交网
络分析等。

1. 并行数据挖掘

挖掘过程包括预处理、模式提取、验证和部署四个步骤，对于数据和业务目标的充分理解是做好数据挖掘的前提，需要借助 MapReduce 计算架构和 HDFS 存储系统完成算法的并行化和数据的分布式处理。

2. 搜索引擎技术

可以帮助用户在海量数据中迅速定位到需要的信息，只有理解了文档和用户的真实意图，做好内容匹配和重要性排序，才能提供优秀的搜索服务，需要借助 MapReduce 计算架构和 HDFS 存储系统完成文档的存储和倒排索引的生成。

3. 推荐引擎技术

帮助用户在海量信息中自动获得个性化的服务或内容，其是搜索时代向发现时代过渡的关键动因，冷启动、稀疏性和扩展性问题是推荐系统需要直接面对的永恒话题，推荐效果不仅取决于所采用的模型和算法，还与产品形态、服务方式等非技术因素息息相关。

4. 社交网络分析

从对象之间的关系出发，用新思路分析新问题，提供了对交互式数据的挖掘方法和工具，是群体智慧和众包思想的集中体现，也是实现社会化过滤、营销、推荐和搜索的关键性环节。

二、数据挖掘与数字化校园建设

（一）数据挖掘技术在学生评价体系中的应用

信息化环境下的教学更加关注学生的学习过程，信息技术支撑的评价方式应将形成性评价与总结性评价相结合；而学习过程中很多因素，如学生的学习方法、情感态度与价值观等，很难用量化数据来表现，评价方式须将定性评价与定量评价相结合。将数据挖掘技术用于学生考试成绩分析中，找出学生成绩和学生专业、班级、学习风气等方面的联系以及和试卷的质量之间的潜在联系，教师可以据此对此次的教学过程做出准确的评价，找出值得肯定的做法和不足之处，为今后的教学提供指导。

（二）数据挖掘技术在教师评价体系中的应用

现在的教育机制更加强调教与学的相互促进，不再单一地进行教师对学生的评价，也进行学生对老师教学的评价，通过学生亲身学习经历对老师的教学方法提出改进意见，把这些信息反馈给老师之后，老师可根据实际情况逐渐改善，从而达到教学相长的目的。但是学生在评价时往往会出现太多的评价内容，如教师教学备课情况、教师教学方法、教师课堂精神等，所以学生没有耐心进行完整的评价，导致评价过程往往存在随机性，不能反映真实情况，而利用数据挖掘技术，通过分析数据之间的内在联系，降低随机性，帮助管理人员分析学生对教师的评价，对老师的教育提供指导的同时，给管理者提供相应的科学依据，为他们进行正确的决策做出贡献。

教师的评价和教学质量的评价是学校非常重要的一个指标，利用数据挖掘的相关技术对学校每学期积累下来的大量的教学质量评估的数据进行挖掘，找出教学质量的好坏与教师的职称、学历、年龄、教学方法等之间的关系，从而为班级合理配置教师，激发学生学习的动力，促使教师更好地开展教学活动。为教务管理部门提供决策支持依据，提高教学质量。

（三）数据挖掘技术在课程设置体系中的应用

利用数据挖掘对教务管理系统中历届学生成绩数据进行挖掘分析，发现数据中隐藏的课程的相关规律，找到能取得较好成绩的课程模式，在一些基础课程的设置上，对课程设置做出合理安排。

（四）数据挖掘技术在教学评估系统中的应用

教学是有目的、有计划的活动，教学评价贯穿于整个教学过程，主要对学生在认知、过程技能及情感态度与价值观等方面做出价值判断。可以说，教学评价在整个教学活动中有着"风向标"的作用，可以在一定程度上调整教学活动，使之更有利于教学目标的完成和实现。

教学评价是对整个教学过程的诊断过程，即首先评判教学中的优势、长处与特色，以及是否存在问题，针对存在的问题则需要根据教学评价继续分析该问题的成因过程，并进一步找出解决问题的办法，从而达到优化课堂教学的目的。比如，根据学生的成绩评价该学生是否达到既定的教学目标，并分析没有达到教学目标的原因可能有哪些，个人、学校和家庭哪个是最主要的原因；如果是学生自己的原因，则需要分析是自己的学习方法不对、学习态度不端正还是学习不够努力等。可见，教学评价是对整个教学过程进行一次严谨的科学诊断，找出问题并分析造成该问题的因素，进而对症下药，为教学的决策或改进指明方向。

教学评价是对教育者和学习者劳动效率、成果的鉴定和审查。评价对教学过程起监督和控制作用，对教师和学生则是一种促进和强化。行为主义学习理论认为，强化是学习的必要条件，行为的产生与改变都是强化的结果。因此，教学评价的结果对教师与学习者有着一定的激励功能。比如，肯定的评价结果能够增强学生的自信心，提高学习的积极性，培养学习者自主学习的意识；及时的教学评价更有利于学生回顾和反思自己的学习成果。

（五）数据挖掘技术在招生系统中的应用

关于高校中对招生录取工作的应用每所高校在招生期间都是非常忙碌的，尤其是高校本科招生的工作，往往关系到学校的未来整体水平、发展方向和学校规模。因此，招生录取工作作为高等院校的重要部分不容忽视。本科学校招生录取是根据考生的高考成绩和高考志愿进行招录，当然还要考试学生的基本实际情况和生源范围等因素，在进行招生工作时要考虑很多方面因素，但是人力查阅与思考难免会出现纰漏和差错，这时就需要引进数据挖掘技术，通过提取所有相关信息并进行智能化分类，并全面考虑提取的相关因素的潜在联系，进而判断和预测，为高等院校的招生工作提供依据。

（六）数据挖掘技术在图书馆中的应用

（1）H指数在图书馆借阅统计中的应用

①以馆藏作为对象，分析各大类馆藏的外借H指数后，可以以列表的形式给出各大类图书推荐，也可将各年数据作对比，特别是变化很大者要细致分析。

②以读者作为对象，可以按照实际需求进行分类统计（例如分为本科生、研究生、博士生；或者将各个学院读者作为一个整体），列出各类读者的借阅H指数，还可将各年数据进行对比分析，分析读者借阅率趋势。

（2）馆藏利用数据挖掘—改善图书馆工作

①对馆藏文献的基本情况做统计，可从各个角度，譬如按出版年份、中图分类法、语种、馆藏地、所有馆藏与可借馆藏的比例等开展统计工作，统计的数据可以用于了解馆藏现状、指导馆藏发展、优化馆藏布局、调整馆藏可借图书百分比。

②对读者利用图书馆的情况做统计，图书馆的利用情况包括馆藏、图书馆馆舍和硬件设施等方面，可统计读者的入馆以及对电子设备的使用情况，为自修室空间扩展、硬件设备采购提供数据支持。

③对借阅情况做统计，可从各个角度进行，譬如按时间段统计借阅量可以指导读者服务岗位的工作安排；按学院统计读者借阅比例可以为学风考察提供数据依据，还可以分析各学院读者的借阅倾向，为教学提供参考；按中图分类年份统计，可以统计图书借出率，为图书采购提供数据支持，提高采购图书的使用率。

（3）个人利用数据挖掘—改善读者服务

①对读者借阅的图书情况做统计，如制作读者借阅图书季度排行榜、每日图书排行榜等，为读者借阅提供参考。

②对读者个体的借阅情况做统计，如评选年度读书之星等，鼓励读者多读书，促进形成爱读书的良好氛围。

③对读者个体借阅图书的情况做统计，分析读者借阅倾向，并在读者借阅时进行图书推荐，不仅可节约读者的时间，同时也提高了图书的使用率。

（4）院系利用图书馆数据挖掘—提供教学决策支持

①以学生作为对象，分析读者到馆比例、借书比例，为院系学风调研提供数据支持。

②以教师作为对象，统计院系及教师的论文收录数、被引数、总被引频次、单种最高被引频次、篇均被引频次等，了解科研群体或个人具体科研状态及成果分布和发展趋势，为职称评定以及人才选拔提供数据支持。

③以学科作为对象，统计各个学科的发文数、被引数等，特别是重点学科和一级学科的相关情况，并与其他高校，特别是985高校作比较，分析近几年的变化，为学科发展提供数据支持。

第四节 "大数据"技术与教育应用

一、大数据带来大变革

大数据是一个让所有人充满期待的科技新时代。在这个时代中，社会管理效率的提升，社会生产率的提升，社会生活模式的提升，在很大程度上依赖从大数据中所获取的巨大价值。而得到这样巨大的价值，却不需要耗费金银铜等原材料；不需要耗费水电煤等能源；不需要厂房工地；不需要大量劳动力；特别重要的是，不会污染空气水质。正因为如此，在不久的将来，数据将会像土地、石油和资本一样，成为经济运行中的根本性资源，而数据科学家被一致认为是下一个十年最热门的职业。

"大数据时代"来得如此神速，确实有点出乎常人的意料。目前，在数据的获取、存储、搜索、共享、分析、挖掘，乃至可视化展现，都成了当前重要的热门研究课题。一个新的词汇"大数据"，不仅悄然诞生，还在全世界迅速流行；一个新的时代，被命名为"大数据时代"的新社会，已经展露其娇媚的容颜；一场"大数据革命"，正在以异乎寻常的狂热，席卷着地球的各个角落。有人甚至描绘了一幅更加动人心魄的画面，来突出大数据的无穷魅力：当每时都有惊喜的海量数据出现在眼前，这是怎样的一幅风景？在后台居高临下地看着这一切，会不会就是上帝俯视人间万物的感觉？"

所有这一切，预示着一个全新的科技时代—大数据时代已经来到了我们的面前，它必将会带来荡涤旧物、开创新界的巨大能量，人类社会在它的覆盖下，也将呈现全新的面貌。所有这一切，令地球人充满期待。

二、大数据的技术体系

随着云计算技术的出现和计算能力的不断提高，人们从数据中提取价值的能力也在显著提高。此外，由于越来越多的人、设备和传感器通过网络连接起来，产生、传送、分析和分享数据的能力也得到彻底变革。[47]数据在类型、深度与广度等方面都在飞速地增长着，给当前的数据管理和数据分析技术带来了重大挑战。为了从大数据中挖掘出更多的信息，需要应对大数据在容量、数据多样性、处理速度和价值挖掘四个方面的挑战，而云计算技术是大数据技术体系的基石。一个典型的大数据处理系统主要包括数据源、数据采集、数据存储、数据处理、分析应用和数据展现等，其技术体系如图4-8所示。

---

[47] Brad Brown，Michael Chui，James Manyika. "海量数据"的挑战与机遇 [J]. 金融电子化，2012（6）.

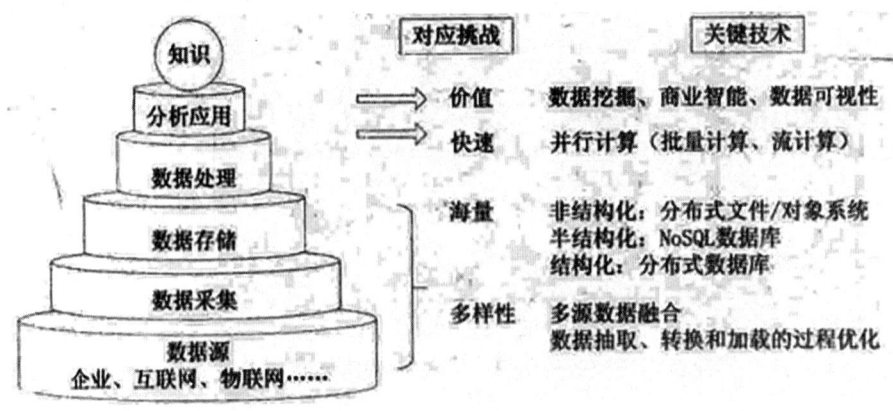

图 4-8　　大数据技术体系

三、教育大数据

（一）教育大数据平台架构

大型开放式在线课程（MOOC，Massive Open OnlineCourses）正刮起全球的教育风暴。MOOC 与其他新晋的在线课程样，要求一种新的学习体验：一体化、无处不在而又能设身处地为每个人提供服务。这需要不同的技术作为基础，如嵌入式技术与传感器相关的技术。图 4-9 展示了教育大数据的基本架构。

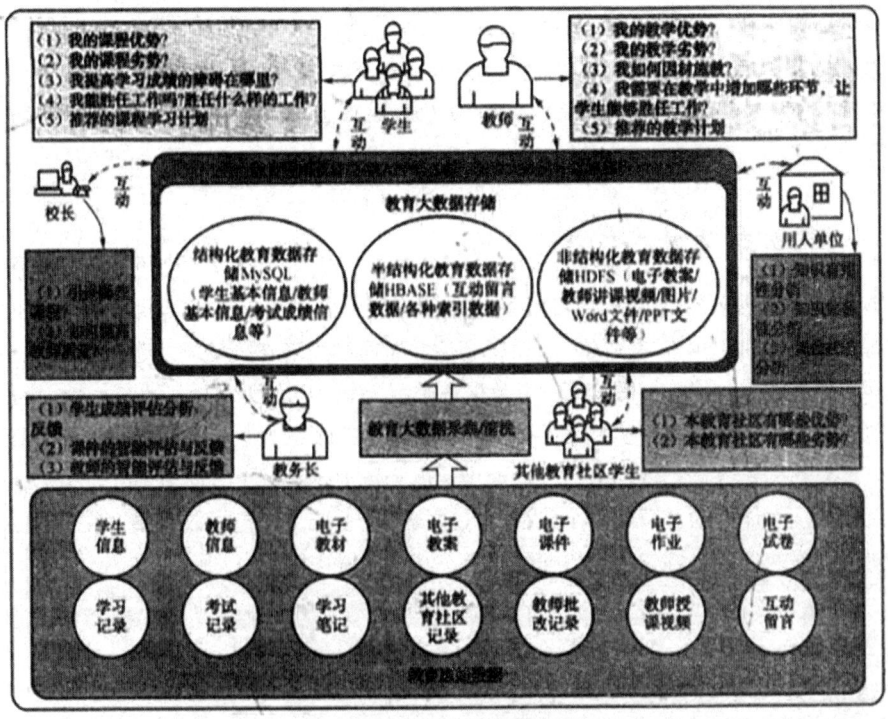

图 4-9　教育大数据的基本架构

（二）基于大数据的教育社区学生/教师个性化服务

在 MOOC 设计中，十分看重大数据的应用。每个学生在其全部学习过程中，对每一个学习对象的全部学习行为，原则上都可以被 MOOC 系统自动记录下来。将数以百万计的学生在线学习的相关数据汇集起来，便形成了庞大的"学习大数据"。接下来，通过宏观和微观分析，把握和揭示"学习大数据"中蕴藏的学习规律，使教师有针对性地及时调整各个教学要素，在大规模学习人群中实施"因材施教"式的个性化教学服务。

（三）基于大数据的教育社区学生行为建模与分析

将学生在教育社区的一切学习行为记录和相关数据均记录下来，建立模型并进行分析，获取和掌握学生的爱好、兴趣、对知识点的掌握程度等信息。

（四）基于大数据的教育社区教学规律分析

通过对教育社区所有的教育大数据分析，得出各种教学规律指标，如学生的学习难点、学生的学习规律、教师的教学规律、教师的讲课方式，等等。通过不断建模、分析、再建模、再分析，逐步完善教学方式，探索出一条适合各类学习者的教学规律。

（五）基于大数据的教育社区个性化教学

传统的课堂采用一个老师教课、众多学生听课的模式，老师讲授方式千篇一律，很难根据每个学生的特点有针对性地进行教学，这是传统教学的最大缺点。而基于大数据的教育社区正好可以弥补传统教学的这个缺陷，它可以真正针对每个学生的学习情况，实现个性化教学。通过对教育大数据的分析，找出每个学生的学习兴趣点、学习难点、学习行为、喜爱的学习方式、喜欢的课程、潜在的天赋，等等，帮助学生尽快掌握所学知识，达到比较理想的学习效果。

（六）基于教育大数据的语意问答系统

现有的包括 MOOC 在内的众多的在线教育网站面临的最大问题就是很难实现对学生学习效果的考核。在传统的教学模式中，对学生的考核既有客观题的考核，也有主观题的考核。尤其对于文科类型的科目，主观题的考核显得更为重要。而在线教育由于学生数量众多，对学生的考核不可能完全由人工来完成，因此主观题的考核成为在线教育面临的一个无法逾越的难题。另外由于在线教育模式中学生和老师无法实现面对面，一旦学生有问题很难直接向教师请教解惑。如何通过机器来判断学生的主观题答案是否合理正确，如何通过机器来回复学生提出的问题显得十分重要，虽然十分困难，但必须得到解决。因此，有必要开发一个基于教育大数据的问答系统。本节给出了一个基于大数据的计算应用示范原型的架构，如图 4-10 所示。

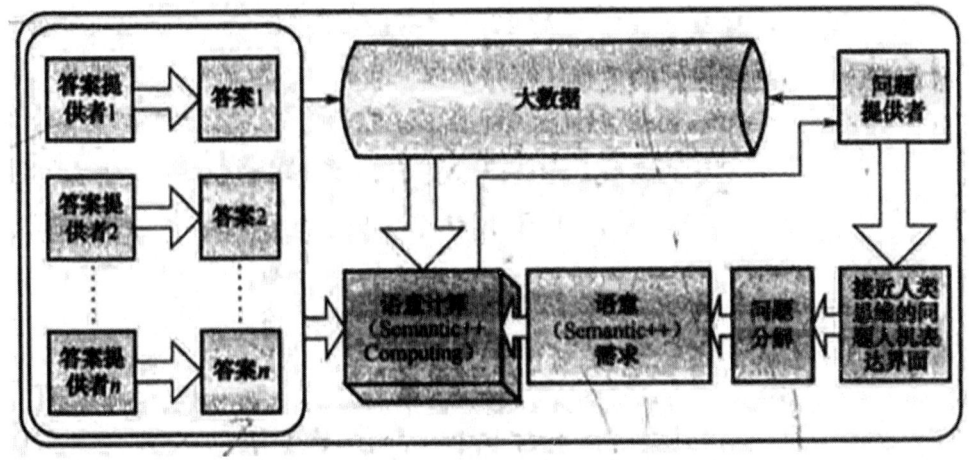

图 4-10　基于大数据的语意问答原型系统

问题提供者的各种背景数据均需要存放到大数据中去，因为通过分析问题提供者的背景，可以得知什么类型的答案将更符合他（她）的标准。本部分主要尝试对提问者的需求进行分析，帮助机器准确理解用户提出的真正问题。例如，针对计算机专业的学生，如果其提出的疑难问题中出现"语言"二字，则显然应当更多地理解为程序设计语言方面的问题；若针对中文系的学生，如果其提出的疑难问题中出现"语言"二字，则需要倾向于理解为语言文学或者语言学等方面的问题。

问题提供者需要通过接近人类思维问题的人机表达界面进行编程（SemanPL，语意程序设计语言）。问题经过分解后变成众多的语意（Semantic++）需求，主要实现将学生提出的以自然语言表达出来的问题翻译成机器可以理解的程序设计语言的一个过程。

答案提供者提供各种答案。一旦学生有学习上的问题提出来后，教师不可能回答所有的问题，此时会有很多学生，包括以前学习过的学生主动提供各种答案以供选择，作为备选答案。

通过对各种答案、问题及各种开放域多源知识大数据进行语意计算（Semantic++ Computing）得到最佳的问题答案。主要通过各种复杂的语意计算，计算出符合学生提出问题的最佳答案，可以帮助学生正确理解知识。或者通过计算可以对学生的主观题进行一个比较客观的判断，为主观题的机器阅卷提供可行的基础。

第五节　校园网管理中的数据安全技术

一、统一用户身份认证和用户权限管理

随着校园网应用系统的发展、学校的信息化水平的提高，不断增加的应用系统由于系统独立开发、离散运作的状态带来了各种问题。这样的状态给校园网用户带来了诸多不便，使技术支持单位不堪重负，更有甚者存在严重的安全隐患。因此，信息系统急需有一个具有较高安全控制的统一身份认证系统，以保证数据致、安全、使用和管理方便。[48] 统一身份认证系统为校园网络应用系统提供一个统一的口令认证接口，实现用户在不同的应用系统中口令的统一化。这样，用户只要记住一个账号和密码，就可以使用校园网的各种应用。

（一）系统功能分析

统一身份认证系统的设计思想就是要将机构、用户统一存储，对应用系统统一授权，规范应用系统的用户认证方式，从而提高整个系统的完整性、安全性。从功能上看，系统主要包括四大逻辑组成部分：用户认证管理、用户 / 组织管理，应用系统管理和系统管理。统一用户管理是指将校园内各种人员在信息系统中的数字身份统一管理起来，实现各应用系统的用户身份信息整合，这是实现用户权限管理，应用集成，单点登录的基础。借鉴了清华大学数字校园及信息系统建设的经验，拟建立一个全校范围内用于认证的服务系统（图4-11），各应用需要遵循统一认证服务调用接口以实现用户身份的认证过程，并通过单点登录（Single Sign On，SSO），实现用户一处登录多处使用，给用户提供极大的方便。系统功能如下。

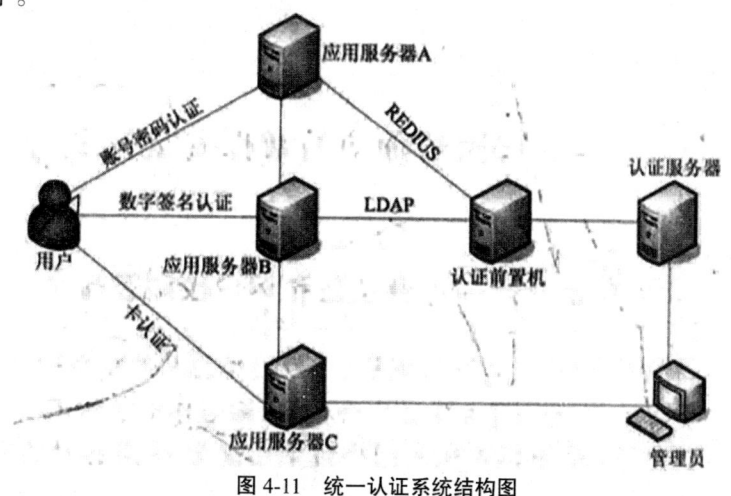

图 4-11　统一认证系统结构图

[48] 朱光亮 . 校园网应用系统安全认证研究与实现 [J]. 天津职业技术师范学院学报，2004（1）.

1. 统一的用户管理

通过对数字校园中的用户提供统一的电子身份，并采用统一的用户认证方式，实现用户的集中化和统一管理，规范用户管理流程，大大提高用户管理工作的效率。

2. 安全的用户身份认证

摒弃了原先的简单的用户名/密码明文传输的认证方式，防止密码明文在网络上传输而导致泄密的可能，通过一种安全的认证协议，使得服务器和用户之间可以实现双向认证，杜绝任何方身份假冒的可能，提高系统以及用户自身的安全性。

3. 应用系统的单点登录

这个功能是为了解决用户在使用多个校园网应用系统时需要多次登录的问题，通过对单点登录方式的支持，可以实现用户在应用系统之间进行"漫游"，即用户只需要经过一次登录，在有效期间内，可以直接访问任何已授权的应用系统，而无须再次登录，给用户提供了极大的便利，并减少不法用户利用认证攻击应用系统的可能，极大地提高系统的安全性和可用性。

（二）系统特性

身份认证系统为互联网络的通信建立信任关系，保证身份的真实性，为信息的保密性、完整性以及交易的不可抵赖性提供全面的服务。其宗旨是保证互联网络提供的服务和享受服务的客户实现安全交互，为互联网络的客户提供网上身份认证和信任服务。除了前面描述的单点登录功能以外，其还包括如下系统特性。

①身份认证系统用户和权限完全由内部自主管理，区别于其他公共身份认证中心，完全享有组织内部信息的保密性和独立性，管理方便，安全可靠，不受第三方控制。

②身份认证系统管理应完全基于 WEB 界面，加密传输，无须专用客户端，随时随地可进行管理，方便安全。

③由于身份认证系统用于建设而非公共服务系统，用户信息采取实名制，用户不能自己进行账号注册，管理员基于用户实际身份和基本信息建立账号，用户账号独立且唯一。

④身份认证系统具有密码恢复功能，用户不慎遗失密码时可以通过填写的有效电子邮件找回密码。

⑤同一用户，在不同的系统中可以具有完全不同的身份，各子系统用户权限可独立管理，对一个子系统中权限的修改，与其他子系统完全无关联，保证各子系统独立、安全、可靠。

⑥人性化。系统提供了丰富而强大的用户服务的功能，并给用户提供单点登录服务、个性化用户服务，用户的使用更加方便，使数字校园更趋近于真实的校园。

⑦可靠性。对重要的服务器，考虑采取冷备份或热备份的运行方式，保证系统服务的不间断性。

⑧方便性与可用性。通过单点登录尽量减少用户的认证次数，在保证安全的同时使用户感到方便易用。

（三）认证系统建设内容

①建立用户电子身份体系。

②统一认证服务及单点登录票据服务系统。

③建立门户系统。

④统一各网络应用系统的用户管理。

（四）系统技术要点

在身份认证系统设计中，为了适应当前以及今后高校数字化校园建设的发展需要，建议采用的技术实现手段主要包括 LDAP、SSO、SSL、PKI 等。

1. LDAP 目录服务器

LDAP 是基于 X.500 标准的，但是可以根据需要定制。与 X.500 不同，LDAP 支持 TCP/IP，这对访问 Internet 和实现 B/S 结构系统是必需的。在组织范围内实现 LDAP 可以让运行在几乎所有计算机平台上的所有应用程序从 LDAP 目录中获取信息。

LDAP 目录中可以存储各种类型的数据：电子邮件地址、邮件路由信息、人力资源数据、公用密匙、联系人列表等。通过把 LDAP 目录作为系统集成中的一个重要环节，可以简化职员在组织内部查询信息的步骤，甚至连主要的数据源都可以放在任何地方 LDAP 协议是跨平台和标准的协议，因此应用程序就不需要考虑 LDAP 目录放在什么样的服务器上了。作为一个开放、独立于任何厂商的标准，LDAP 为目前分布式系统和服务中所要求的中央化信息存贮和管理提供了一个可扩展的结构。在经过一个快速的发展之后，事实上 LDAP 已经成为目录信息的标准方式，目前包括 Sun，Netscape，Microsoft 等公司都已支持该协议并推出了相应的产品，同时 LDAP 现在为大多数的网络操作系统，组件系统和应用所支持。

目录服务器是整个统一身份认证系统的基础，目录服务器采用标准的 LDAP 目录服务器产品，通过 LDAP 目录服务将校内的用户或组织的信息（称为属性）以层次结构，面向对象的数据库的方式加以收集和管理，对用户信息进行统一管理，保证了数据致性和完整性，为校园各类应用系统包括高校信息门户、高校 URP 系统、一卡通系统、网络计费系统等提供用户信息共享和使用。

目录服务存放大量的用户信息，为此需提供方便的管理功能。通过目录服务为管理员建立了一套基于网络，为应用提供存储和共享数据的"注册处（Registry）"，在其中可以存储各种用户信息、组和配置信息。通过目录服务器，应用可以直接在目录中存储和查询配置信息，而不是从用户的客户机内读取，做到完全的应用位置独立性，使用户可以在网络中的任何一台计算机上工作，与在自己的办公桌前无任何区别。信息部门的管理员可以无须考虑分布于目录中应用的数目，独立地管理和维护目录系统。

2. SSO 单点登录

单点登录（Single sign On，SSO）平台就是为了解决上述问题而提出的。单点登录平台能够简化使用流程，用户只需要登录次，即输入一次统一的用户名称和用户密码，就可以多次使用多个应用系统。只有达到系统安全策略边界条件时，用户才需要重新登录。

实现 SSO，用户可以得到以下好处：

①更优的管理控制。对应每个用户的权限与特权，仅有一个授权列表。这使得管理员在更改用户特权后，可以确信其结果会传播到整个网络范围。

②更高的用户工作效率。用户不至于再陷入多次登录的麻烦，也不用再为访问网络资源要记住多个密码。同时，帮助中心的人员也会从中受益，因为他们不用再去应付那么多因忘记密码而造成的帮助请求了。

③更高的网络安全性。所有可用的 SSO 方法均提供了安全身份验证，并提供了对用户与网络资源的会话进行加密的基础。取消多个密码，还减少了安全漏洞的普遍来源——用户总喜欢写下他们的密码。最后，管理员可以确信当他禁用某个用户账号后，该账号是完全禁用的。

④异构网络的合并。通过连接全异网络，管理工作也可以合并在一起，从而确保了管理的最佳做法以及企业安全策略可以得到一致地实施。

3. SSL 安全套接层协议

SSL（Secure Socket Layer）安全套接层协议主要是使用公开密钥体制和 X.509 数字证书技术保护信息传输的机密性和完整性，它不能保证信息的不可抵赖性，主要适用于点对点之间的信息传输。

此协议是在 Internet 基础上提供的一种保证私密性的安全协议，它能使客户 / 服务器应用之间的通信不被攻击者窃听，并且始终对服务器进行认证，还可选择对客户进行认证。SSL 协议要求建立在可靠的传输层协议（例如，TCP）之上。SSL 协议的优势在于它是与应用层协议独立无关的，高层的应用层协议（例如，HTTP，FTP，TELNET……）能透明地建立于 SSL 协议之上，SSL 协议在应用层协议通信之前就已经完成加密算法、通信密钥的协商以及服务器认证工作。在此之后应用层协议所传送的数据都会被加密，从而保证通信的私密性。通过以上叙述，SSL 协议提供的安全信道有以下三个特性：

①私密性。因为在握手协议定义了会话密钥后，所有的消息都被加密。

②确认性。因为尽管会话的客户端认证是可选的，但是服务器端始终是被认证的。

③可靠性。因为传送的消息包括消息完整性检查（使用 MAC）。

对于高校数字化校园建设来说，使用 SSL 可保证信息的真实性、完整性和保密性，但由于 SSL 不对应用层的消息进行数字签名，因此不能提供信息交互的不可否认性，这是 SSL 在数字化校园中使用的最大不足。不过，浏览器中已经出现了一种被称作"表单签名（Form Signing）"的功能，在数字化校园的建设中，可利用这一功能来对包含用户的登录信息和信息交互指令的表单进行数字签名，从而保证信息交互的不可否认性。所以在数字化校园中采用单一的 SSL 协议来保证信息交互的安全是不够的，但采用"SSL+ 表单签名"模式能够为电子校务提供较好的安全性保证。

4. PKI 公钥基础设施

PKI 体系结构采用证书管理公钥，通过第三方的可信机构 CA，把用户的公钥和用户的其他标识信息（如名称、E-mail、身份证号等）捆绑在一起，在 Internet 网上验证用户的身份，PKI 体系结构把公钥密码和对称密码结合起来，在 Internet 网上实现密钥的自动管理，保证网上数据的机密性、完整性。

从广义上讲，所有提供公钥加密和数字签名服务的系统，都可叫作 PKI 系统，PKI 的主要目的是通过自动管理密钥和证书可以为用户建立起一个安全的网络运行环境，使用户可以在多种应用环境下方便使用加密和数字签名技术，从而保证网上数据的机密性、完整性、有效性。数据的机密性是指数据在传输过程中，不能被非授权者偷看；数据的完整性是指数据在传输过程中不能被非法篡改；数据的有效性是指数据不能被否认。一个有效的 PKI 系统必须是安全的和透明的，用户在获得加密和数字签名服务时，不需要详细地了解 PKI 是怎样管理证书和密钥的。

PKI 是一种新的安全技术，它由公开密钥密码技术、数字证书、证书发放机构（CA）和关于公开密钥的安全策略等基本成分共同组成的。PKI 是利用公钥技术实现数字化校园安全的一种体系，是一种基础设施，网络通信、网上信息交换是利用它来保证安全的。

二、桌面计算机的自动补丁管理和软件分发与升级

在校园网中，往往由于没有及时打上补丁或者进行软件升级而形成大量的安全漏洞，病毒或黑客们通过对漏洞的袭击，可以引发大规模的冲击波、震荡波，甚至造成整个校园网络的瘫痪。所以，微软在校园的安全和管理方案中桌面安全管理的概念，SMS 服务器可以实现软件的自动安装与升级。这样，老师和学生不再需要手工下载补丁或更新软件，SMS 服务器可以在自动地为校园内的每一台机器进行软件升级或者安装软件补丁。于是极大程度上降低了校园网安全隐患出现的概率。

三、服务器运维管理

一般高校中大部分的服务器上都运行着很多关键业务，如邮件系统、数字图书馆系统、一卡通系统等。这些服务器一旦当机，会给学校正常的教学、工作、生活等带来很不利的影响。为了保障这些运行关键业务的服务器 7×24 小时不间断的正常运行，微软安全与管理解决方案提供了一套运营维护系统，它为系统的健康、正常和稳定地运转提供了一个监控、预警和排错的机制，极大程度地降低了运营维护的成本、难度，减少了维护人员的人数和时间，提高了工作效率。

四、网络安全管理

校园网给学生和教师的学习和工作带来巨大效益的同时，它带来的一些负面影响也不容忽视。例如学生在校园网内访问一些包含有害信息（黄色，赌博，涉毒，邪教等）的网站；用户访问包含病毒等恶意代码的网页导致病毒进入校园网；垃圾邮件，病毒邮件等通过电子邮件进入校园网，严重影响了校园网的正常运转；以及学生在校园网内滥用一些聊天软

件、BT 下载等对网络的不当使用行为。微软推出了基于 ISAServer2004 的"绿色校园网"信息过滤系统，实现了网页内容过滤，邮件过滤，应用程序过滤和用户控制等技术手段，有效地防止了上述现象在校园网内的发生，还给校园网一片洁净的天空。而且 ISA 的部署非常简单，IT 管理员只需在服务器端部署和维护，学校所有的客户端都遵守 ISA 服务器端所设定的所有规则。

五、防病毒及垃圾邮件

近年来，由于计算机应用的普及以及互联网的广泛应用，高校中计算机病毒呈爆炸性增长，导致了多次病毒爆发，这也反映出目前计算机系统和网络应用中的问题，计算机病毒已经成为全球性的安全问题。亚洲地区，特别是中国内地，由于高校计算机增长较快，而人们的安全意识相对不够高，因此对计算机病毒的防范相对薄弱，也在近年连续爆发病毒疫情，造成了巨大的损失和双重的破坏。而 Antigen 的设计，为群件系统信息传递和协同工作系统创造了最佳可能、最全面彻底的保护。为信息传递和协同环境提供综合、全面的反病毒、内容管理和电子邮件安全解决方案。

☐ 第五章 数字化校园与教育变革

数字校园的最终目标是实现创新型人才的培养，而创新型人才的培养离不开教育的变革。所以，数字校园的建设并不必然导致教育教学的变化，而是教育变革的催化剂，是加速实现教育变革的有效手段和方法，必须予以重视。

数字校园环境为新的教学理念、教学模式的产生奠定了基础。学与教产生革命性变革，信息技术与教育教学实现深度融合，这些能否实现都取决于师生在信息化环境下的学与教过程中思想意识与行为的发展与变化。同时，随着学校教育教学理念、模式的变化，区域行政部门的管理职能和管理方式也发生了变化，新的管理模式正在形成。

☐ 第一节 数字化校园环境下的教与学

信息技术支持下的教学将保持面授组班教学的特点，吸纳远程教学（特别是 E-learning）的优势，使正规的学校教学表现出更加丰富、多样的学习方式；教学组织形式将从班级授课为主逐步过渡到班级授课、小组学习、个人自学等多种形式综合运用；教师的任务也不仅仅是传授现成的知识，将会更多地借助信息技术促进学生的能力发展。

学习总是在一定的文化氛围中进行的，学校是学生成长过程中主要的文化背景信息时代已经显著地改变了儿童的家庭环境、社会生活环境，如果儿童成长中至关重要的学校环境还是停滞不前，不能与新的时代背景相契合，那么其对儿童发展的促进作用将会大大地受到限制，甚至制约儿童的发展速度和质量。因此，校园环境必须应时而动，只有这样才能更好地促进学习。再者，受信息技术尤其是数字网络技术的影响，学习的内涵、过程、方式方法也发生了改变，相应地，教学理念、方法等也要加以改变，这样才能适应新型数字学习环境的需要。在某种程度上可以说，数字学校环境下的学与教要适应来自环境变革与学习变革的双重挑战。

一、重新确立"有效教学"的理念

信息时代的多媒体与网络极大地丰富了信息呈现方式和学习资源数量，借助多媒体和网络进行学习已经不再是新鲜的事情。网络已经成为一种重要的学习环境，无论是校园内的学习还是校园外的学习，都应该充分关注网络环境下的新型学习所具备的特点。

与此同时，数字网络环境下的教学也必须发生改变。现代教学应该从"用技术教"的初级阶段逐步向运用信息技术开展"有效教学"转变，以信息技术支持和促进教学改革应该成为今后 5 ~ 10 年我国教育信息化建设的核心主题。这不仅符合我国新时期教育改革和发展的迫切需要，也是促进教育公平、提高教育质量的战略选择。

（一）信息化环境下的有效教学

信息化环境下的有效教学，不仅仅是教学实践中遇到的具体问题，也是我们需要从理论高度去认识和剖析的重要问题，可以从教学的目标、教学的内涵以及信息技术所发挥的作用二个层面来理解。

（1）从教学的目标来看：信息化环境下的有效教学能够帮助学生掌握知识技能，形成正确的情感和价值观，具备公民意识与社会责任、独立思考与解决问题的能力、沟通与合作的能力、实践与创新的能力、全球意识和文化交融的能力，因此在信息化环境下的有效教学应该贯穿于所有学校的教学活动之中，并作为教学信息化的出发点和归结点。

（2）从教学的内涵来看：信息化环境下的有效教学强调利用信息技术的数字化、网络化、多媒体、交互式、智能化和普适性等优势，以学生能力发展为核心，在提高教学效果、效率和效益，以及实现这二者的对立统一中发挥信息技术不可替代的作用，是有效的信息化教学内涵。

（3）从信息技术所发挥的作用来看：在信息化环境下的有效教学中，信息技术是学生们的学习对象，更是他们的学习工具和学习环境。教师则通过恰当运用信息技术，创设学生能够高参与、深互动、多探究的学习情境，促进学生认识得更准确、理解得更深入、体验得更真切，进而建立起学习生活与社会生活、个人发展的密切联系，产生浓厚的学习兴趣，养成终身学习的习惯。

（二）影响"有效教学"的若干关键因素

信息化条件下有效教学的落实，必须抓住影响"有效教学"的若干关键因素＋这些要素具体包括：

（1）教学软件的适用性。教学软件顺应教育教学规律，符合学科特点，适应学生的年龄和心理特征，能够帮助学生解决思维过程中遇到的困难，培养学生的思维能力和问题解决能力。

（2）硬件环境的可获得性。硬件环境，如多媒体教室和计算机房的数量、生机比等，这些都是制约教学方式选择和多样化教学设计方案实现的重要因素。同时，机房设备的质量及管理情况、联网情况及速度、教师和学生的家庭拥有计算机的情况等，也都会影响师生使用信息技术的有效性。

（3）教师的信息技术能力及获得技术支持的便捷性。教师自身的思想观念（特别是其对信息技术在教育教学中作用的认识）和信息技术操作技能，以及在出现困难时是否愿意、能否便捷地得到所需的帮助，在教师应用的初始阶段至关重要。

（4）信息技术与学科整合的方法与策略。符合学生认知规律和教育规律的教学方法和策略，应体现学科特色和需求，能够帮助学生在学科教学中更好地达成教学目标，培养和提升相应的能力。信息技术与课程整合的策略与方法决定了信息化的最终价值；

（5）教师的时间与精力。掌握信息技术的操作能力、探索有效教学的方法与策略、提高对信息技术作用的认识，都需要教师投入一定的时间和精力；能够保证和激励教师在工作任务繁重的情况下，自觉学习新技术，积极进行教学新实践，对有效教学直接产生影响。

（6）教育教学管理提供的空间。若采用"同一进度、统一考试"等教学管理方式，教师运用信息技术的自南度就会降低。有限的教学时间与无限的网络知识之间出现的矛盾，经常会成为阻碍教师运用媒体或新的教学方式的主要因素。

二、建立新型的信息化教学模式

建立新型的信息化教学模式，是根据国家基础教育教学改革的总体要求，改革现有教学方式，实现信息技术支持的有效教学的关键环节。

教学模式通常是由系列教学活动组成的，反映教学系统诸要素——教师、学生、教学内容、教学环境之间的相互关系，并形成相对稳定的结构形态。教学模式在形式上是教学要素的排列组合和相互作用，实质上却反映了相关的教育理论、方法甚至是价值追求。

新型的信息化教学模式是教育工作者（教师、研究人员等）实践探索的成果。当其成为一种稳定的教学结构形态时，教师、学生和教学内容的影响被淡化，凸显的是教学组织形式、教学方式、教学环境的组合结构与形态（如图 5-1 所示）。

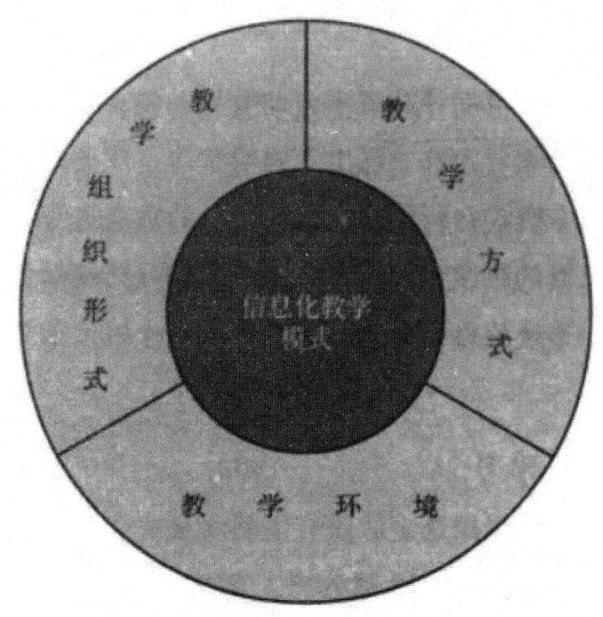

图 5-1　新型的信息化教学模式示意图

（1）教学组织形式可以是面对面学习、远程学习，也可以是集体教学、合作学习或个别化学习，还可以是这两个维度的组合。

（2）教学方式更多，如讲授式、启发式、自主式、案例式、参与式、探究式、项目式等。

（3）教学环境可以通过不同的设备配备、内容呈现和软件工具，提供支持不同教学组织形式和教学方式的组合。例如：教学资源可以人机交互、人人交互；交互的主动权有的在教师手中，有的可以交给学生；教学的信息化终端设备可以是个人计算机、移动电脑、手机以及其他移动的小型设备。这些设备可以用秧田式、组群式、鱼骨式、隔离或半隔离式等形式部署在教室中。

以上三方面的多种形式组合，形成的将是多种多样的教学模式。从理论上讲，新型的信息化教学模式是开放的、无法穷举的。教无定法，但也不意味着完全无法可循。一些信息化教学模式已经被理论和实践证明是有效的、相对稳定的。下面将介绍6种常用的信息化教学模式。

（一）班级多媒体常态化教学

利用数字化教育资源，通过多媒体展示，帮助学生创设学习情境、搭建认知脚手架、使用思维工具，与之进行交流、沟通，进而提高教学质量。班级多媒体常态化教学模式适用于不同档次的多媒体展示设备；其教学方式变化的幅度不大，教师易学、易掌握；班级多媒体设备配置后，可以最迅速地得到普及。但在展示设备缺乏交互功能时，教学方式变革及教学的有效性受到制约。

（二）差异化教学

如人人都有终端设备，借助计算机平台的管理功能，在组班教学的条件下，可以实现不同学生选择不同的学习内容，提出不同的学习进度要求，以不同的学习路径达成学习目标。差异化教学模式有利于学生根据自己的特点进行个性化学习，扎实地掌握知识和技能；教师掌握的难度不大；在学生个人学习终端配备充足、教育资源丰富的情况下，此模式可以迅速地得到普及。但此模式对生机比的要求较高，教师的教学精力投入较大。

（三）协作探究式学习

学生在教师的指导下，根据选定的研究主题（研究主题、项目、任务、问题等），通过小组分工合作进行资料检索、文献分析、实验设计、观察和记录，交流讨论，表达和呈现探究成果，建构知识及知识体系，开展与本班同学的协作、与本校同学的协作，还可以进行跨校、跨地区的协作探究；协作探究式学习模式有利于学生结合生活和实践开展学习活动，容易激发学生的学习兴趣，培养高级思维能力；其信息化教学终端配备要求可高、可低；通过互联网，可以弥补本校教学资源不足的缺陷；当协作学生处于不同的生活、经济、社会、文化环境时，学生之间的差异很容易成为他们相互学习的资源。但运用此模式，教师需要培训并经过一段时间的实践摸索，且普及需要一个过程。

（四）个性化自主学习

学生在教师的指导下，根据课程标准的要求和自身的特点，选择学习内容和进程，依托计算机及相关软件，完成个别化的学习过程，达成学习目标；个性化自主学习模式可以有效地实现因材施教；可以用于课上教学和课外练习，能够弥补组班教学过程中不容易关注到每个学生的学习情况并给予有针对性指导的缺陷；此模式对师生信息技术的要求不太高，易于掌握；但此模式需要有特别定制的学习平台和内容，需要学生较强的学习进取心和自律能力。

（五）虚拟情景化教学

学生在教师的指导下，进入虚拟的游戏、实验等情景之中进行学习和体验；虚拟情景化教学模式的交互性强，有利于激发学生对学习的兴趣，帮助学生体验在真实世界中难以体验到的场景，建立虚拟世界与真实世界的正确联系。但此模式所用的软件和平台都需要定制，投入相对较高；同时还需要培养学生良好的网上学习习惯，防止其沉迷于网络。

（六）远程教学

学生可以实时或非文时地选学在时间、地点上处于分离状态的老师所教授的课程，可以进行跨校、跨地区的学习交流、讨论，可以参加感兴趣的学术活动；通过远程教学模式，学生可以获得优质资源，选择最好或最适合自己的课程；在小规模学校中，此模式可以弥补教师资源不足的缺陷，降低办学成本。但运用此模式，需要有特别定制的学习平台和内容，对学习时间的安排和协调不容易，对技术支持人员的要求也较高。

📁 第二节　数字化校园下的区域教育管理

现实困境告诉我们，在区域教育信息化的建设与应用过程中，重管理轻服务，目中无"人"是行不通的。我们必须更新理念，变管理、管制为治理与服务，充分考虑教育行政部门、校长、教师、学生、家长等各个群体在信息化过程中的角色和任务，提升教育信息化系统在提供数字化教育服务与教育信息服务两方面的能力，发动群众也依靠群众，探索出一条推进区域教育信息化深入、持续发展的新路。

一、区域教育信息化的现实困境分析

教育是以培养、发展人的个性和社会性为目的，而在人与人之间开展和实施的一项活动，教育的；出发点和最终目的都是人。[49] 在区域教育信息化推进过程中，不能不考虑人的因素，人既能成为信息化的有力推动者，也能成为区域教育信息化的巨大阻力。在区域

---

[49] 李波，文晓明．教育信息化多元融合发展的探索与实践 [J]．教育信息技术，2013（4）．

教育体系中存在不同的利益主体，他们对区域教育信息化的看法、认识及实施动力，在很大程度上影响其所在区域的教育信息化水平。当前区域教育信息化推进过程中存在的若干困难，正是源于教育行政管理人员、学校管理人员、教师、家长甚至学生对信息化的错误认识和消极态度。

从学校和教师的角度来看，大部分学校和教师对利用信息技术辅助教学有较高的热情，但比较反感利用信息系统上报数据这种枯燥、琐碎的事务。同时，还有相当一部分学校未能将信息化作为发展自身的有力工具，反而疲于应付各种各样的表演课、赛课等活动，因此只是将信息技术作为一种装饰和点缀，作为对教育问题进行修补的工具，却未能充分发挥信息技术促进教学变革的作用和价值。

从家长与一般社会公众的角度来看，由于较少看到信息技术应用的正面案例，且不懂得如何从正面积极地引导学生的技术应用，故他们对技术可能产生的负面影响深感恐惧。一些家长由于害怕孩子沉迷网络游戏、网络聊天而受到不良信息影响，甚至对信息技术采取一概排斥的态度。

而对作为受教育者的学生来说，他们是伴随信息技术环境成长的一代。如果说教师、家长等年长的一代可被称为"数字移民"的话，那么这些学生就是"数字原住民"。家长或教师的隔离和禁止并没能使学生远离不良信息的威胁，反而激起学生的逆反心理和好奇心，一旦有机会接触就变本加厉地投入其中，无法自拔，大学新生最容易沉迷网络就是典型的证明。而从另一个角度来看，学生利用信息技术开展个性化学习、促进个体发展的需求却未被得到充分满足。总体来说，学生对信息技术的应用处于一种既过度又不足的状态，即在利用信息技术消遣娱乐方面过度满足，而在利用信息技术促进发展方面又略显不足。

从以上对信息化应用现状的描述与判断来看，目前教育信息化的建设与应用存在两大类问题：一种情况是对信息化的作用不能正确认识，另一种情况是对信息化的作用和功能有一定认识，但重管理功能而轻服务功能。在第一种情况下，行政部门和学校通常将信息化视为一种附加性的工作，不能充分认识信息化在促进教育变革方面的作用，致使信息化工作被边缘化，被从日常工作中剥离出来，形成信息化工作与日常工作"两张皮"的现象。在第二种情况下，由于推动者对信息化功能的认识存在偏差，对各个群体的服务不到位，进而导致各主体对参与信息化建设与应用的积极性不高，教育行政部门南于部门利益分割、内部协调不畅等原因，在信息系统建设中形成了很多"信息孤岛"，各个部门经常分别要求学校提交数据，导致学校行政事务繁忙，教师不胜其扰，无法静心教学；而教师和学校只有提供信息的义务，却享受不到充分利用信息的权利，或者无法便捷地获取信息、使用信息，又或者得不到切实有效的应用信息方面的帮助和指导，更不用说利用信息辅助教学和管理决策了。这种不对称的关系造成教师、学校对信息化工作的错误认识和消极期待，打击了信息化建设和应用的积极性。

这些问题从根本上说，来源于管制型行政、管制型教育、不以学生发展为本的传统理念。这与"以人为本"，切实满足人民群众需要的目标是背道而驰的。要改变这种现状，必须更新理念，从变管理为治理、变管理为服务入手，理清教育行政部门、学校组织，以及教师、学生、家长等各个群体在教育信息化中的角色与任务、权利与义务，如此才能更好地推进区域教育信息化的建设和应用。

二、转变区域教育信息化观念的理论依据

现实困境告诉我们，以传递单向化、服务对象单一化为特征的区域教育信息化观念在现实中是行不通的，信息化的持续推动与发展需要全体成员的贡献与努力。一个具有生机活力的区域教育信息化体系应该能将所有与区域教育相关的成员纳入其中，使每个成员在其中既有付出又有回报，既有权利又有义务，将每个参与者的权利和利益都放在首要位置，这样才能持续保证健康的发展态势。基于这样的认识，我们选择了行政管理领域的公共治理与公共服务理论作为观念转变的理论基础。

"治理"（governance）一词最早出现于 20 世纪 90 年代，并且在英美等国以及世界学术论坛上逐渐取代了公共行政中的"管理"（management），成为公共事务研究领域目前通用的术语：治理理论强调政府的有限责任，呼吁建立"小而有回应性的政府"，政府不再是公共事务唯一的主体，政府部门将与以非营利部门、私营部门为代表的服务提供者建立合作关系，在互相依赖的环境中分享公共权力，共同管理公共事务。世界银行 2004 年的报告中提出了如图 5-2 所示的公共服务与治理分析框架。新公共服务也是 20 世纪末出现的一种公共行政思潮。这里的服务有多重含义，政府要通过搭建平台的方式为寻求公共问题的解决提供服务，而公共机构、私人机构和非营利机构则在政府的协调下协同行动，致力于为社会公众提供具有公益性、普惠性、基础性的服务。

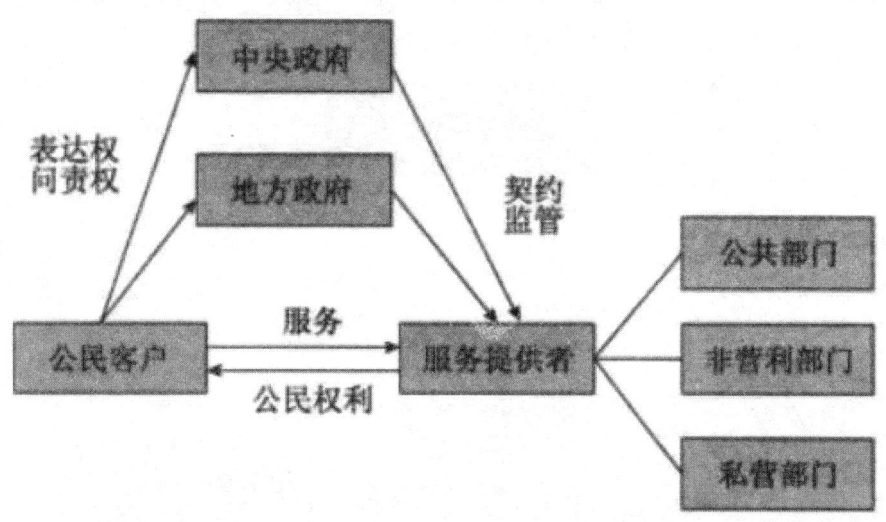

图 5-2　公共服务与治理分析框架

治理理论和新公共服务理论从不同的角度突出了对公民权利和权益的重视。治理理论强调对"全能政府"假设的摒弃，呼吁多元主体的参与，扩大了参与公共事务服务的主体。新公共服务理论则强调与追求效率和生产力相比，应该将公共利益、公共协商以及行动的

民主性置于更重要的位置，并言简意赅地提出了"服务，而不是掌舵"的公共行政理念。可以说，公共治理与公共服务是相辅相成的，在理论上相互补充，在实践中也互为依托。

再将视角转回到教育上来。教育服务一直是公共服务的重要内容之一，公共服务中存在的弊端在教育领域也普遍存在。传统观念中，政府具有服务提供者和生产者的双重身份，这导致学校没有办学自主权，所有学校都按照行政指标办学，千校一面，教师的工作也间接被行政化，缺少创新教学的动力与活力。

在强调政府有限责任的新背景下，教育行政部门需将服务生产者的身份剥离出来，还给学校及其他教育机构。教育行政部门的责任只有两方面，一方面依法保障对学校的投入，另一方面依法监督学校是否依法办学。在这个转变职能的过程中，信息起着至关重要的作用。

作为教育服务提供者的各级政府，首先要收集和调查社会民众的教育需求以制定教育规划和构建教育体系，然后以契约等方式组织其他非政府组织参与到教育服务供给的工作中来。为此，政府需要获得各个参与者的信息，以监督和审查服务生产者的服务供给过程、结果和服务质量等情况。服务生产者需要按照契约规定的标准和范围提供教育服务，并参考政府部门公开的相关信息、教育数据等，做出合理的判断和选择，以便为受教育者提供更有针对性的教育服务。当然，服务生产者也有义务定期向行政管理部门反馈办学规划、过程和质量等方面的信息。作为消费者，一方面希望从政府得到教育服务供给、质量方面的权威的真实信息，以便做出符合自身需求和利益的教育选择，即进行择校等活动；另一方面也需要一个参与教育服务管理和评价的渠道，以实现表达意见和监督质量的权利。

基于以上分析，参考上文所述的公共服务与治理分析框架，我们提出了教育服务与治理理念下的区域教育信息互动这一概念，其内涵如图5-3所示。

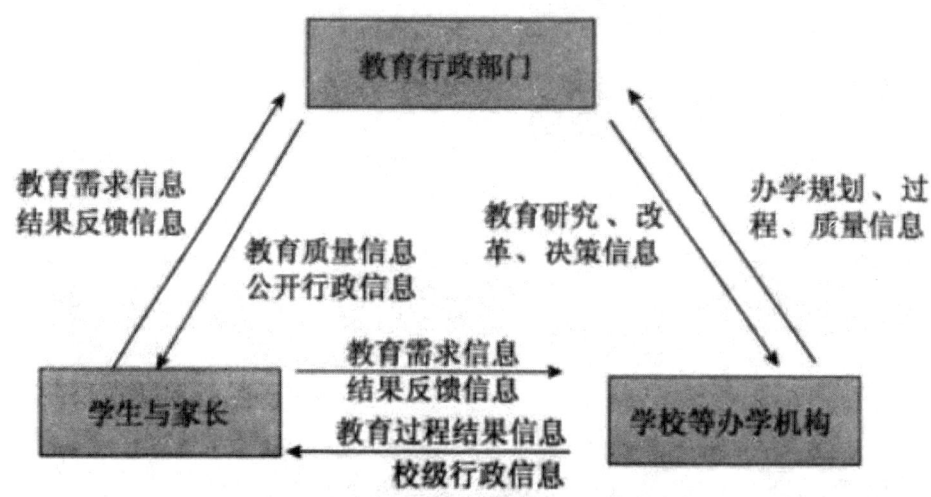

图5-3 教育服务与治理理念下的区域教育信息互动

信息化除了在促进区域互动方面的作用外还有另一个重要作用，即对教育服务本身的提升。信息技术的介入，使得教育服务更加便捷、丰富和互动，便于为社会成员提供多元化、个性化的学习服务，成为社会公众学习的"24小时便利店"。[50] 除此之外，信息技术在促进学习型组织的构建、提升组织效能方面还具有重要作用。借助分门别类的管理信息系统、网络教学平台等实体性工具，组织可轻松、高效地实现办公自动化、管理扁平化、线上线下跨时空的交流与分享，以及组织学习与知识管理等。通过信息化手段提高组织效能的过程，也是组织提升对外服务质量的过程。

二、新理念下区域教育信息化的建设思路

根据对区域教育管理与服务体系的基本建构，结合对信息技术在提升管理与服务方面的可能性分析，我们认为信息技术将在如下几方面为区域教育管理与服务提供有力支持。

（一）信息技术作为面向公众提供教学服务和信息服务的渠道

直接的教育服务是面向公众的。从信息化所承载的内容来看，信息化在教育服务与治理中的可能形式有两种：一种是提供数字化的教学服务，另一种是提供方便、快捷的信息服务。两种服务都是由政府联合其他非政府组织面向全体公众提供的，只不过所倚重的主体有所不同：数字化教学服务以学校机构为主来提供，信息服务则以政府行政部门为主来提供。

数字化教学服务一般是指面向学生学习的在线课程服务，是教学服务的一种形式，是与传统课堂教学式的教学服务相对应的。与传统方式相比，其具有灵活、方便、覆盖面广、不受时空限制等多方面优势。数字化教学服务可由学校等办学机构直接提供，也可南教育行政部门提供。目前，其主要形式为南学校组织提供，以班级为单位开展教学活动。

信息是行动的重要指南，面向公众提供信息服务是信息化的另一项重要任务。目前，面向公众提供信息服务的主体主要是教育行政部门，具体服务形式有提供办事指南、支持在线咨询与投诉、查询办事进程状态等。当前各地纷纷建设教育一站式服务中心，正是旨在解决面向公众提供便捷、高效服务的问题，尤其是教育信息服务的问题；此外，学校等办学机构也承担一部分向公众提供信息服务的职责。

（二）信息技术作为政府、学校、公众之间信息沟通的渠道

除了公民个人以外，学校等办学机构也是政府信息服务的重要对象。政府应该以各组织的信息需求为出发点，通过网络或其他形式的媒体向其提供国家政策、行业经验、技术前沿、国际形势等信息，加强对组织发展的服务与指导。

另外，在服务理念的要求下，政府还必须强化对其他合作组织的有效监管。多个组织之间的合作是建立在信息共享的基础上的，其中管理透明化是一个必要的条件。在"小政府大服务"的理念下，政府直接提供公共服务的职责被弱化，这意味着政府在立法、规划、信息服务、政策指导等方面的职责要加强，而行政指导有效性的发挥必须建立在政府充分掌握办学机构的信息这一基础之上。

[50] 张生,齐媛,刘雍潜.公共服务与治理理念下的区域教育信息化变革[J].现代教育技术(北京),2012(1).

（三）信息技术作为政府、学校提升内部组织效能的工具

机构的自我发展是提升教育服务质量的另一条主要途径。在信息社会，充分发挥信息技术的优势，构建学习型组织，支持组织学习，已经成为组织修炼内功的一条重要渠道。信息技术在促进组织扁平化、促进组织内部沟通协调、优化工作与学习流程、支持组织学习、促进组织知识管理等方面都具有重要作用。在目前各地的学习型学校、学习型教研组织、学习型机关的建设中，都不应忽视信息技术的重要作用。

总之，完善的教育服务是一个综合体系，不仅仅要面向全体学生，还要为家长、教师、学校以及其他教育组织机构的发展提供支持和帮助。正如褚宏启教授所述，我们"不仅通过举办教育机构为学生提供教育服务，还要通过加强培训机构、教研机构和信息化平台的建设，为学校发展、为校长和教师的专业发展、为家长进行家庭教育、为社会了解教育提供专业和信息支持"。

根据如上分析，我们可以用图5-4表示区域教育管理与服务信息化支持体系的基本框架。

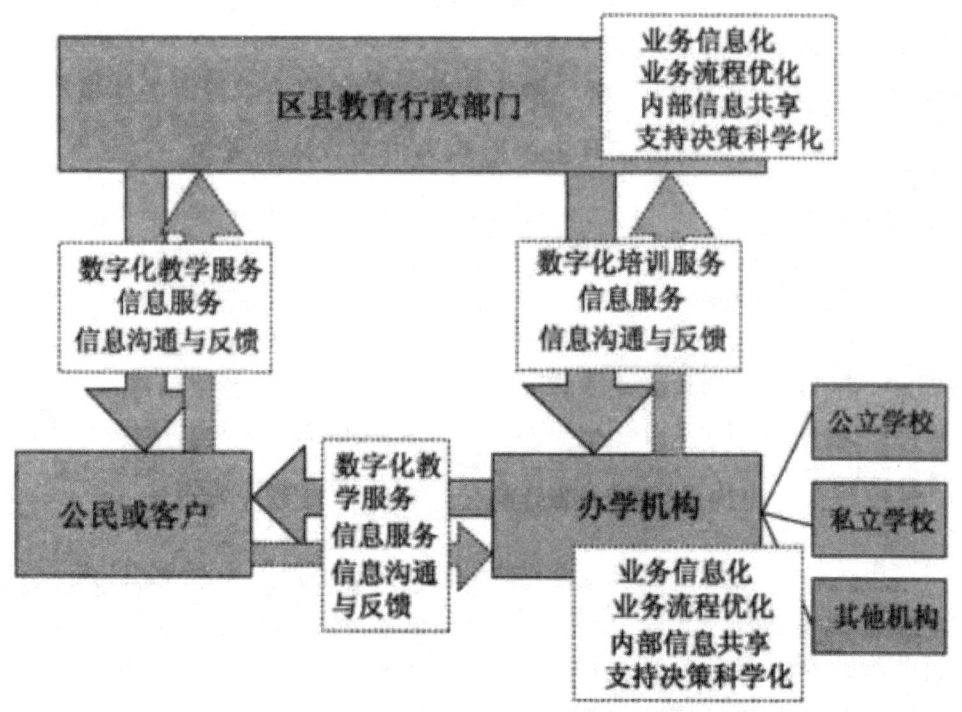

图 5-4　区域教育管理与服务信息化支持体系的基本框架

四、新理念下区域教育信息化应用的推进思路

从20世纪90年代至今的近20年时间里，以硬件为核心的教育信息化工作模式和推进思路在我国处于主导地位。这对加速我国教育信息化的起步起到重要的奠基作用，但也

使得教育信息化的发展出现了一定的畸形：对硬件建设过度投资，置信息化软实力的建设于不顾，尤其缺乏对"人"的关注。要想突破当前教育信息化的困境，我们必须从以硬件为中心的思路转变到以应用为核心的思路，坚持"以人为本"的理念，将区域内不同成员的教育服务需求、教育信息需求放在核心位置来满足，如此才能推动区域教育信息化更加深入、持续地发展。

新理念下，区域教育信息化的应用强调充分发挥"人"的作用，每个成员在承担信息责任的同时，也享受充分的信息权利。全体成员既是区域教育信息化的建设者，也是区域教育信息化的服务对象。从这个理念出发，根据信息化服务对象的不同，可以将区域教育信息化的应用推进分为以下几个部分。

（一）围绕教育行政、科研部门人员展开的信息化应用

根据服务与治理理念，政府部门要从规划、指导、协调、监督、服务等几个角度行使职能。因此，行政管理人员与教研、科研人员需要获取来自办学机构的、关于教育的各方面信息，以支持数据驱动的科研与决策。

（二）围绕校长展开的信息化应用

新理念下，校长的办学自主权得到进一步强化，校长要对学校发展负起应有的责任：这就要求校长必须把更多的精力放在学校的经营上，放在教师和学生的身上。信息化有助于学校管理者进行基于数据的校本研究和决策。

（三）围绕教师展开的信息化应用

新理念下，区域教育信息化更重视向广大教师提供信息化服务。数字化培训和数字化教研不仅能减轻教师的工作负担、有效缓解工学矛盾，而且有助于知识分享、知识管理，因此能更好地促进学校学习型组织的建设。另外，在基于计算机的数据分析与挖掘的辅助下，教师更容易克服传统的经验型的教学分析方式，增强自身教学研究与实践的科学性和有效性。

（四）围绕学生展开的信息化应用

以学生为核心的信息化应用主要强调数字化教育服务的传递。传统理念下，对学生的数字化教育服务往往只限于课堂的教学信息化，这在人群覆盖和时间覆盖的广度上都有很大的局限性。真正以学生为中心的信息化应用应该渗入学生方方面面的活动中，其范围也不能仅限于教学活动内容的信息化，还应该包括活动组织管理的信息化、活动过程记录的信息化，以及活动评价与反馈的信息化，等等。

（五）围绕家长展开的信息化应用

在以往的信息化进程中，家长要么扮演一种被忽视、被遗忘的角色，要么扮演一种信息接收器的角色，很难有机会发出需求和反馈的声音。新理念下，家长和学生一样，应当被置于信息化服务的核心位置。通过增强对家长的信息服务和教育服务，提升家长的家庭

教育能力和主动参与、配合学校教育的意识，从而形成家校互动的良好局面。

（六）围绕一般社会公众展开的信息化应用

区域以内、家长以外的一般社会公众也是区域教育的利益相关者，他们对教育事业的态度、认识、支持配合度也影响教育的发展。本着政务公开、服务大众的理念，应该向一般社会公众提供相关教育信息和服务，以便在更大范同提高教育满意度。

第三节　信息化环境下的学生学习

学生的信息化学习能力是影响其学习成效的至关重要的因素，也是决定信息化教学最后成败的核心要素之一。重新审视学生能力发展的新需求，是定位教学信息化深入推进的方向与目标的前提。

一、从"学习使用技术"到"使用技术学习"

10 年前，我国开始普及中小学信息技术教育。至 2008 年，全部高中、90% 以上的初中和 20% 左右的小学完成了开设信息技术教育必修课的目标要求。通过信息技术教育课，信息技术知识与操作技能在开课学校的学生中得到了普及。但是，应用信息技术促进学生的学习与创新、转变学生的学习方式，还没有成为我国学生信息技术教育的主流。

国际社会上，较早且明确地提出学生应具备信息技术学习应用能力的是美国国际教育技术协会（International Society for Technology in Education，ISTE）。他们在 2000 年发布了"面向学生的美国国家教育技术标准"（National Educational Technology Standardsfor Students，NETS.s）。其目标是更好地指导学生应用信息技术学习，促进信息技术与课程的整合，培养学生信息时代的学习方式。此后，其他一些国家和地区也先后制定了类似的标准，这些标准的相同之处在于都强调学生应具备的信息技术能力包括三方面，其核心内容如下。

（1）信息技术的基本概念与操作技能：个体对信息系统的使用以及获取、分析、加工、评价信息并创造新信息、传递信息的基本能力。在我国中小学的课程设置中，信息技术课程的教学目标主要体现了本部分的内容。

（2）应用信息技术学习、协作与创造的能力：学生应用信息技术进行学习、交流协作、知识建构、作品创作、知识创造的方法与技能。

（3）信息技术应用的社会责任与道德规范：学生应认识到信息对社会的重要性，能履行与信息技术相关的符合伦理道德的行为规范。

2007 年，美国国际教育技术协会建议，学生的信息技术能力建设应该从"学习使用技术"到"使用技术学习"转变。这一点目前在国际教育界已形成共识。

面向未来，我国一部分已经初步掌握信息技术知识和操作技能的学生，将要实现从"学习使用技术"到"使用技术学习"的转变，另一部分还没有接触到信息技术的学生，既要"学习使用技术"，又要"使用技术学习"。

二、信息技术助力学生学习能力发展

教育需要通过改革教育内容、方法和手段，帮助学生建构信息时代的能力结构（如图5-5 所示）。

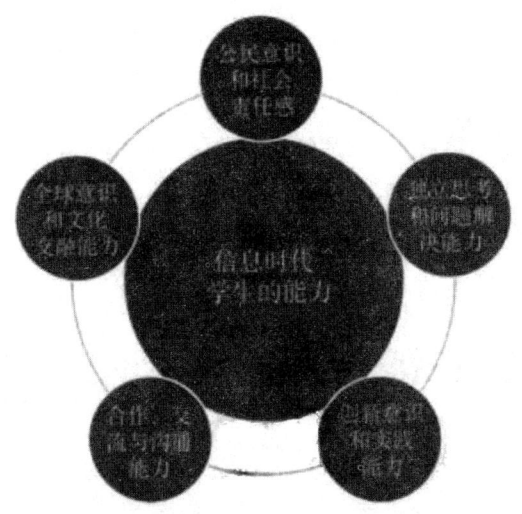

图 5-5 信息时代的学生能力框架

学生能力可以通过信息技术得到有效提升。开发以培养 21 世纪学习能力为核心的课程模块，在现有培养学生信息素养、媒体素养、技术素养的基础上，不断丰富和深化信息技术课程内涵，促进学生在学科课程、研究性课程中运用信息技术，发展学生的信息化学习能力。通过课堂教学、教学相长、同伴互助，帮助学生做信息时代有责任感的好公民：具有民族自豪感，尊重多元文化，善于独立思考，善于与人沟通合作，勇于实践创新，精于解决生存发展中的各种问题。

三、信息时代的学生发展

在借鉴国内外研究成果的基础上，我国专家提出在数字校园的背景下，学生发展可以从学习态度与思想意识、学习方式与技能、社会责任三个纬度进行。具体如下：

（一）学习态度与思想意识

（1）具有正确的信息意识，能够准确评价信息，对运用技术持积极态度；

（2）具有利用技术进行创新性学习活动的意识；

（3）具有利用技术解决学习、生活中实际问题的意识。

（二）学习方式与技能

（1）能利用网络获取、储存、评价、加工和应用数字化学习资源；

（2）能利用各种媒体终端进行随时随地的学习、交流和分享；

（3）能在教师的指导下，应用信息技术灵活开展自主学习、合作学习与探究学习；

（4）能提出问题、分析问题，并尝试应用新技术解决问题；

（5）能利用多种技术工具与教师、同学、家长、学科专家进行交流；

（6）能利用信息技术与改进学习方法，提高学习效率；

（7）能正确使用各种信息技术及设备，初步具有应对系统中常见错误的能力。

（三）社会责任

（1）能安全、合法和负责任地使用信息技术，尊重知识产权；

（2）能理解与技术相关的道德、文化和社会问题；

（3）掌握网络基本礼仪，学做合格的数字化公民。

📁 第四节　教师教学中的教育技术

教师的信息化教学能力是影响信息技术与教育深度融合的关键因素，也是信息技术是否能促进教育教学变革的核心要素之一。审视教师教育技术专业能力，是当前教育变革阶段的重要内容。

一、从"学习技术使用"到"善用技术教学"

联合国教育、科学及文化组织（United Nations Educational，Scientific and Cultural Organization，UNESCO）2002 年出版的《教育领域的信息通信技术》把教师专业发展作为评价教育信息化发展状况的 7 个维度之一，描述了教师群体运用信息技术的不同水平，勾勒了信息化时代的教师需要经历的教育技术专业能力的成长过程，即从"学习技术使用"到"善用技术教学"、善用技术支持自身专业发展的过程。前者与后者结合起来，形成教师信息化教学能力发展的连续体。

2004 年，教育部印发了《中小学教师教育技术能力标准（试行）》，并依据这一标准，在全国推动了教师教育技术能力建设计划，采取培训、考试、认证等措施，把我国教师信息技术培训引向了"全面提高教师教育技术应 JH 能力，促进技术在教学中的有效运用，全面提高广大教师实施素质教育的能力水平"的培训。

至今已有超过 600 万教师完成了培训，达到了我国适龄教师总数的一半。2007—2008 年，教育部针对农村义务教育学校的教师和高中新课程改革背景下的教师，开展了围家级远程示范性培训，每年参加培训的人数达到了数十万，积累了采用在线学习等多种远程教育方式开展大规模、高质量培训的经验。2010年，在教育部和财政部共同实施的"国培计划"中，远程培训受益教师超过了100万，专家将教师的信息技术教学应用分为6个阶段，即知晓、学习、明白、熟悉、调整和创新，具体如下：

（1）知晓阶段：听说过一些计算机技术，但没使用过。

（2）学习阶段：目前正在学习一些计算机基本技能，经常需要别人的帮助。

（3）明白阶段：开始明白怎么使用计算机技术，并且可以应用到一些特定的教学情境与任务中。

（4）熟悉阶段：开始有自信并习惯于在某些教学情境或任务中应用计算机。

（5）调整阶段：能使用许多不同的计算机应用软件，不再担心技术上的问题，还经常思考计算机作为一种教学工具的功能。

（6）创新应用：能够创造性地将所掌握的技术应用到教学和课堂中。

二、教师教育技术能力结构

2004年教育部颁布的《中小学教师教育技术能力标准（试行）》，包括"意识与态度""知识与技能""应用与创新""社会责任"四方面，并设定了教育技术能力的初级、中级和高级（只针对教学人员）水平。此标准需要特别关注教育技术能力与具体学科教学的结合、与教学法创新的结合。作为信息时代的教师技术与教学知识整合框架，技术—教学法—内容知识（Technological Pedagogical and Content Knowledge，TPACK）得到业界的普遍认同，如图5-6所示、这个理念认为，只有把信息技术知识转换成教育技术知识，才能改变教师的知识结构: 再与教师原有的知识相结合，才能提高教师的素养，进而促进教学效果的改进。

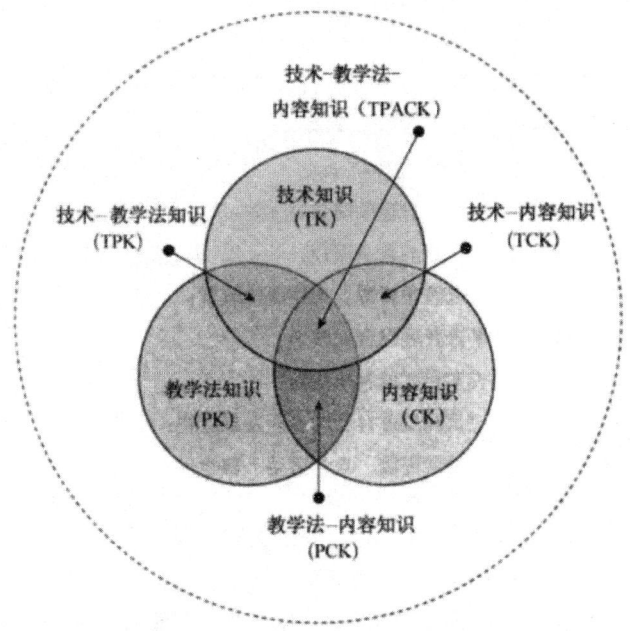

图5-6　教师的技术—教学法—内容知识（TPACK）

在未来的教师教育技术能力建设计划中，需要强调以下几方面内容：

（1）努力把技术融入学习内容中，整合于学习系统之中。

（2）鼓励在真实情境下，采用问题解决的项目学习方式和基于资源的学习方式，并运用教育技术。

（3）研究运用虚拟和现实结合的方式，建立便于学生认识真实世界的结构。

（4）注重教师网络学习和学习管理。

（5）提倡将教师和学生作为学习伙伴整合于学习共同体中。

三、信息环境下教师的发展

根据信息时代的特征和目前教育教学的要求，教师发展可以从工作态度与思想意识，教学理念、方法与技能，社会责任三个维度对教师提出要求。

（一）工作态度与思想意识

（1）能认识到信息技术对教育教学改革的重要意义和作用；

（2）具有主动引导学生利用技术进行更好的学习与生活的意识与态度；

（3）具有在教学中开展信息技术与课程整合、进行教学改革研究的意识；

（4）具有关注新技术发展并尝试将新技术应用于教学的意识；

（5）具有利用信息技术进行终身学习的意识与态度。

（二）教学理念、方法与技能

（1）能利用信息技术获取新的教学理念与方法；

（2）能进行信息技术环境下的教学设计；

（3）能获取、加工和集成教学资源，支持课堂教学；

（4）能利用网络教学平台开展混合式教学；

（5）能利用网络参与校本和区域教研活动；

（6）能利用信息技术记录和反思自己的专业发展过程；

（7）能利用信息技术对教学资源、教学活动、教学过程进行有效的管理；

（8）能利用网络与学生、家长、同事、教学管理人员、学科专家进行交流；

（9）能应用信息技术开展对学生的评价和对教学过程的评价；

（10）能正确使用各种信息技术及设备，具有应对系统中常见错误的能力。

（三）社会责任

（1）能安全、合法和负责任地使用信息技术，尊重知识产权；

（2）能向学生示范并传授与技术利用有关的法律法规知识和伦理道德观念；

（3）利用信息技术帮助全体学生平等地享有更多优质教育资源；

（4）掌握网络基本礼仪，学做合格的数字化公民，并能引导他人学做合格的数字；

（5）尊重信息社会公民的基本权力。

第六章 数字化校园管理与文化建设

第一节 数字化校园管理体制建设

数字化校园的建设包括网络设施、信息资源、应用系统等各个方面，涉及学校工作的各个层次、部门和角度，需要学校领导的积极推动，需要进行跨部门的协调。数字化校园的运行和使用，在有了好的基础设施和应用平台后，从运用和可持续发展的角度看，更为重要的是需要从组织结构、岗位职责、人员培训、制度与规范等方面，建立一套完整的符合学校实际的运行管理机制，来保证整个系统的安全、稳定和高效运行。因此，必须健全数字化校园组织管理体制，实施对数字化校园的科学、规范管理。

一、数字化校园管理的任务及要求

学校数字化校园管理涉及人员、设施、资源、系统、项目等方面，涉及数字化校园建设和应用的全过程。搞好数字化校园管理，首先要弄清其管理对象的情况，把握其任务特点及要求。主要包括以下五个方面。

（一）用户管理

用户管理，即对数字化校园的使用者的管理。在学校，教师、学生、管理者及服务工作人员是数字化校园的使用者，他们的技术应用水平、使用习惯、方式直接影响着数字化校园的使用水平，同时也间接决定了数字化校园的成功与否。这里的用户管理不是指系统平台上的用户注册、维护等技术管理，而是从应用的角度对数字化校园使用者的信息化教育、技术培训、使用行为等进行的管理。只有提高了用户的使用意识和操作水平，规范了用户的使用行为，才能使数字化校园的建设与运用有序开展，有效实施。

（二）设施管理

网络基础设施是数字化校园最底层的物理平台，是一切应用的基础，没有相应的网络基础设施，数字不能流动，就不可能形成数字化校园空间。基础设施管理包括设施的规划设计、使用维护、优化升级等。在建设中要做到需求驱动、设计合理、先进实用、安全可靠，同时要留有余地，便于今后扩充和更新。投入使用后，要注意日常管理维护，通过提高网络联网范围，升级网络及服务设备，优化系统管理，不断提高使用效率，实现网络基础设施的高可用性、高稳定性和高安全性。

（三）资源及系统管理

信息资源及应用系统是数字化校园的核心部分。这些资源及系统构建在网络基础设施与网络基本服务之上，是数字化校园各类用户的信息化工作平台，是实现数字化学习和教学的基础，也是数字化校园建设与管理的重点。信息资源及系统管理的前提是要有数字化校园的全局战略和方向，要有统一的规划和标准，要始终着眼于整体以保证各个系统之间的无缝连接，并且在统一规划下，构建优化的学校信息资源体系和教育应用系统，这样才能从根本上提高系统管理的效率。

（四）项目管理

数字化校园建设内容包括很多方面，这些工作不可能在短时间全部完成，必须作为各个项目来逐步组织建设，实行项目管理制度，通过制定相应的实施策略，确保数字化校园建设的实施工作有条不紊地进行。项目管理的核心是计划，制定项目管理计划过程包括定义、准备、集成和协调所有子计划以形成项目管理计划所必要的所有行动。项目管理计划的内容将依据应用领域和项目复杂性的不同而不同，基本内容包括范围、进度、成本、质量、过程改进、人力资源、沟通、风险、采购管理计划等方面，以及项目如何执行、监督和控制。

（五）运行和使用管理

数字化校园的建设本身不是目的，通过数字化校园的运行和使用，为学校教育教学活动和人才培养工作服务才是数字化校园的宗旨。因此，如何有效地运行和使用，是数字化校园管理的重中之重。为此，在数字化校园基本建成的基础上，必须对数字化校园的运行和使用进行合理的计划安排，确定年度的工作目标计划，建立必要的运行管理组织机构，制定人员职责和工作制度，重点抓好数字化校园的日常管理维护，搞好数字化校园的应用评价，确保数字化校园稳定有序地运行使用。

二、数字化校园管理的组织机构

数字化校园建设与应用是一项长期的、经常性的工作，是一项覆盖并渗入全校各项工作的系统工程。这一特性决定了数字化校园建设的任务不是学校现有的任何一个职能部门所能够兼管或统筹的，必须建立有效的信息主管机制，健全科学合理的信息化管理机构。对于规模较大的学校来说，比较健全的数字化校园建设与管理的组织机构总体框架如图 6-1 所示。而对于规模较小的学校，尤其是中小学来说，其数字化校园建设与管理的组织机构可采取简化的方式，如执行层的三个技术部门合并成一个部门承担，应用层由学科教研组、教导处、后勤处等组成，具体构成应根据学校的实际情况来确定。

在图 6-1 所示的组织体系中，数字化校园建设与管理的组织机构总体框架分为决策层、管理层、执行层、应用层四个层次，具体描述如下。

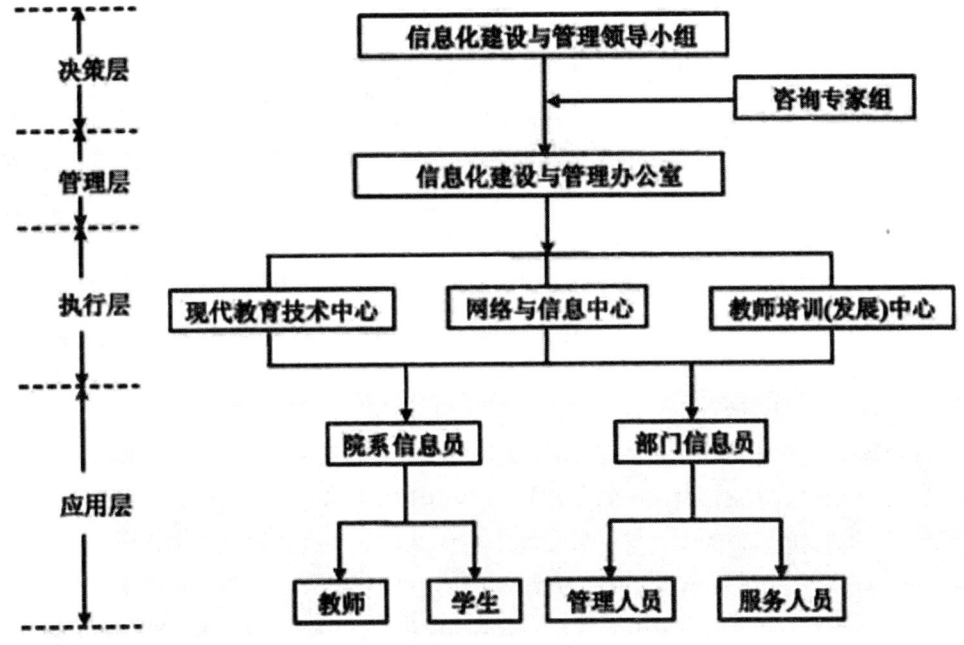

图6-1　学校信息化建设与管理组织体系

（一）决策层

决策层是数字化校园建设与管理的最高组织层次，通常由数字化校园建设与管理领导小组和专家组组成。

1. 领导小组

领导小组是全面推进数字化校园建设的最高管理与决策机构，是由校领导牵头的跨部门的领导机构。组长由校长或分管副校长担任，副组长可以由信息化建设与管理办公室主任担任，其他人员由校长办公室、教务处、科技处、人事处、学生处、设备处、后勤管理处、档案馆、图书馆等部门负责人担任。领导小组负责确定数字化校园的决策、战略目标以及远景规划，指导并监督数字化校园的建设。其主要职责包括：①审定数字化校园建设的政策制度；②审定数字化校园建设的总体规划方案；③审定数字化校园建设推进的责任分工、资源分配管理与考核机制；④审定重大信息化建设项目的计划立项、经费预算与验收；⑤审议由咨询专家组或信息化建设与管理办公室提交的有关信息化建设与运行中的重大问题。

2. 咨询专家组

咨询专家组是数字化校园建设的重要技术问题与重大管理事项的决策咨询机构，一般由高等教育专家、教育技术专家、计算机应用专家、网络技术专家等组成。主要负责做好数字化校园建设的决策和方案论证、提供技术咨询、监督建设质量等工作。主要职责包括：①审议数字化校园建设的总体规划；②数字化校园重大建设项目的评审、论证和咨询；③提出数字化校园建设管理与运行的模式；④审议学校信息标准规范；⑤负责对数字化校园建设水平与效益的评价；⑥指导学校信息化教育教学应用。

（二）管理层

管理层由数字化校园建设与管理办公室构成。办公室是信息化领导小组下设的专门管理机构。尽管领导小组成员的级别较高，机构也具有相应的职责，但由于不是常设的职能机构，一般只把主要精力放在审议规划和政策制度上，具体实施和协调需要有一个职能机构来完成。有的学校则委托网络信息中心负责，而目前在多数学校，网络信息中心的地位都比其他职能部门要低，并且工作重心侧重在维护和相关技术性事务管理。组织协调能力相对不足，无法承担数字化校园建设过程中大量的管理协调工作，导致政策、规划落实受阻。因此，通常可考虑直接建立具有专门职能和较高级别的常设机构，即数字化校园建设与管理办公室，赋予其规划、指导、实施和协调等职能，使其担当起数字化校园建设策划者、推动者、组织者的责任。

信息化建设与管理办公室负责数字化校园建设工作的具体规划、实施和管理，主要职责包括：①研究数字化校园建设的发展方向，拟定数字化校园建设的政策、战略；②起草数字化校园建设的总体规划、规章制度和信息标准规范；③组织协调与实施推进信息化建设项目；④推进学校信息资源共享、信息资源整合；⑤承担学校内部信息化建设项目的立项、审批、检查、落实、验收等工作；⑥协助信息化领导小组对各部门的信息化工作进行检查、督导及考核；⑦组织数字化校园建设与应用水平评价；⑧指导、推广学校信息化教育教学应用。

（三）执行层

数字化校园管理的执行层为现代教育技术中心、网络信息中心、教师培训中心等技术支持部门，它担负着网络设施和应用系统的建设、维护，教学资源和系统设计开发、系统用户的技术培训等工作。执行层大体上可以分为以下三种类型的机构：

1. 现代教育技术中心

现代教育技术中心是一个复合型职能机构，是学校教育资源建设和教学系统设计开发的专业技术部门。主要职责包括：①教育技术设备和设施的维护与管理；②教育与宣传片节目的制作；③数字化教学资源库的建设和管理；④网络学习系统的建设与管理；⑤现代教育技术人才的培洲与考核；⑥多媒体课程或教学软件的研究与开发等。

2. 网络与信息中心

网络与信息中心是负责校园网建设及学校信息网络软硬件设备运行与维护的管理与服务部门，为数字化校园建设提供计算机网络技术支持。主要工作职责包括：①制定学校校园网建设规划方案；②负责校园网的开发、运行、维护和管理工作；③培训、指导用户的上网工作；④协调校园网内部的关系、监督保证校园网的安全和正常运行；⑤管理与维护信息网络软硬件设备等。

3. 教师培训（发展）中心

教师培训（发展）中心是为教师培训和发展提供专业服务的机构，其工作的宗旨是为广大教师提供教学服务。帮助教师进行教学职业生涯设计与规划，制定专门针对新任教师专业发展的全套方案，提供教学必需的技能与手段，创造充分交流、相互合作与资源共享的平台，为教师运用现代教育技术进行教学提供条件与帮助，促进教师的专业发展、追求教学卓越，培养优秀教师人才。

（四）应用层

应用层是数字化校园建设与应用的最基层，由学校的各类用户等一线人员构成。数字化校园的用户总体上可分为信息管理员与普通用户两类。

1. 部门、院系信息管理员

信息管理员是使用信息系统的管理部门的一个重要角色，负责该部门信息系统的数据组织与业务组织，公共信息的维护，对本部门的普通用户负有技术指导的责任。

2. 普通用户

普通用户是通常的最终用户。在学校，普通用户包括所有的教师、学生、管理人员、服务人员，也包括学生家长、校友及学校的相关利益方，他们是数字化资源和应用系统的最终使用者。普通用户有责任和义务结合本职工作需要，操作和应用相应的信息资源和应用系统，提高业务工作的信息化水平和工作效率。

三、CIO 管理体制

当前学校信息化建设没有达到理想的效果的原因，主要还是管理问题。尽管学校成立了数字化校园建设领导小组和办公室，但往往都是由行政领导担任的，学校管理层缺乏一个既懂信息技术，又懂管理的领导人才，造成学校在进行有关信息化的决策时出现偏差。CIO 管理体制是随着信息化不断发展而出现的一种新的信息化管理模式。CIO（Chief Information Officer）一般被称为首席信息官或者信息总监，是组织中负责处理与信息技术相关事务的高级官员，是为了满足人们在信息资源管理上的新要求而出现的新职位。学校CIO 作为学校领导层的一员，可以直接参与学校的领导决策，使信息化管理工作上升到全局战略性的高度，可以从更宏观的高度对数字化校园建设进行统筹把握。为了适应信息技术发展的需要，美国高校于 20 世纪 80 年代中期就引入了 CIO 体制。到 1990 年，美国将近有 200 所高校设立了 CIO，发展至 2003 年，超过 69.3% 的高校建立了 CIO 体制，极大地推动了美国教育信息化建设，取得了巨大的成效。[51]我国的北京大学等高校也开始尝试建立 CIO 体制，据 2008 年的统计，我国 21% 的高校已经设置了 CIO 职位。[52]因此，借鉴国外高校的成功经验，在学校决策层引入 CIO 管理体制，是学校应对信息化管理挑战的有力措施。

CIO 不仅是一个职位，而且是一种管理机制。CIO 在学校中主管信息技术及其相关领域，是学校高层领导之一。CIO 以战略性的目光，去统筹学校的信息管理。但学校中的信

[51] 李逢庆，桑新民 . 高校信息化建设中的 CIO 角色研究及启示 [J]. 复旦教育论坛，2009（1）.
[52] 教育信息化建设与应用研究课题组 . 我国教育信息化建设与应用现状调研与战略研究报告 [M]. 北京：高等教育出版社，2010.

息管理不能仅仅依赖于 CIO，而是在 CIO 领导下，设立以其为主导的健全的信息管理机构，形成健全的 CIO 管理体制，最大限度地发挥信息技术在学校决策、管理、教学、科研等领域的信息服务，实现学校整体战略目标。CIO 管理体制的组织结构如图 6-2 所示。

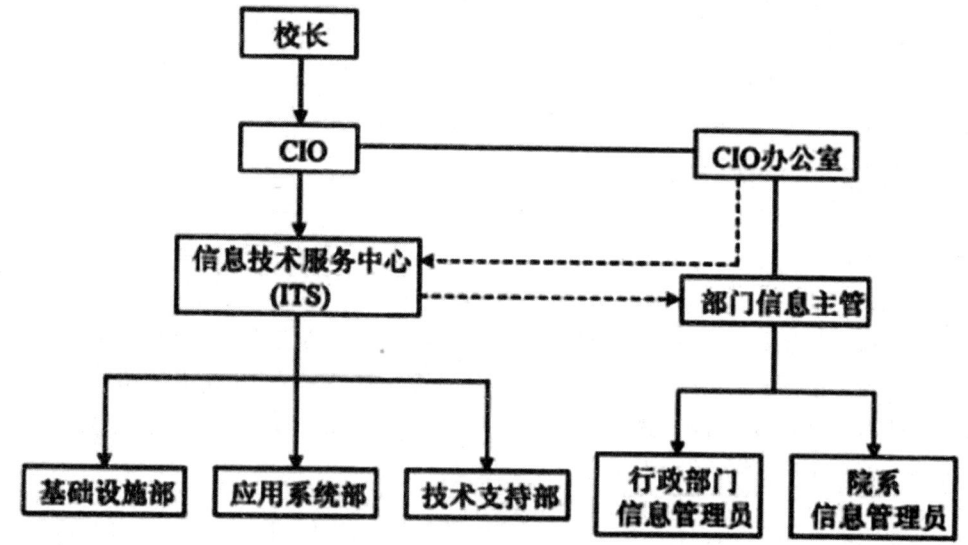

图 6-2 学校 CIO 管理体制组织结构图

（一）CIO 岗位

CIO 岗位是 CIO 体系的核心。CIO 的工作主要是制定和管理整个学校的信息技术发展规划及实施工作，是学校信息化的规划者、指挥者、协调者，是领导和管理数字化校园的直接责任人。在 CIO 体制中，CIO 处于管理的最高决策层，直接向学校的最高管理者汇报工作，与学校的其他高层人员一同配合，准确地把握学校信息化的任务和目标；对学校信息系统的结构和运转进行统筹规划；领导信息资源管理与开发，制定信息管理规章制度；负责协调信息系统部门与其他部门之间的信息沟通和任务协作，负责信息宣传、咨询和培训工作。

（二）CIO 办公室

CIO 办公室是 CIO 体系的具体组织协调部门，一般设助理 CIO 两到三名，他们的主要职责是协助 CIO 制定宏观决策；对数字化校园的相关项目进行监督与管理；指导各部门、院系的信息技术人员的日常工作，并定期对信息化实施过程中遇到的问题进行沟通，协调他们与信息技术服务中心的关系，同时将相关问题整理上报 CIO；另外，CIO 办公室还负责对全校各执行部门提交的信息项目计划进行审核，研究项目实施的可行性，并决定可行的方案，然后再提供给 CIO，由其做出决断。

（三）部门信息主管

在 CIO 下面是各个信息管理子系统的部门负责人，一般称为部门经理或信息系统主任，是部门信息化的直接责任人。其主要工作职责是：对本部门信息管理工作进行规划设计；负责部门信息管理分目标的制定与完成；信息管理人员的调配与使用；部门内外关系的协调等。部门信息主管一般下设部门信息管理员，协助部门信息主管工作，从事本部门信息资源管理、系统和技术管理等具体工作，是最基层的信息管理人员。在 CIO 体制中，从高层到基层的管理人员都是学校的重要信息管理人员，他们之间互相配合共同完成学校的信息化发展任务，配合全校目标的实现。

（四）信息技术服务中心

信息、技术服务中心（ITS）是 CIO 体系的具体实施部门，由 CIO 直接领导，为 CIO 的管理提供技术服务和支撑，为部门、院系信息化实施提供技术支撑保障。该中心主要包括基础设施部、应用系统部和技术支持部等部门，这些部门共同合作来维护学校信息技术相关系统的正常运行，从而为全校师生员工提供一个良好的信息环境。

1. 基础设施部

基础设施部负责校园信息网络基础设施的建设，同时与其他部门合作，制定信息交流与共享的相关政策和规则，承担计算机网络、终端设备、数字化教学场所的管理维护，确保校园网的正常安全运行，为师生提供网络服务。

2. 应用系统部

应用系统部负责信息资源系统开发框架、元数据、信息分类代码、课件开发等标准的拟定，便于集成信息资源，校内校际之间信息交流与共享，负责各个系统的开发管理和应用，并将其整合为无缝集成的数字化校园应用平台。

3. 技术支持部

技术支持部主要负责保障信息服务，利用资源库和系统为用户提供服务。信息服务包括各种网络资源目录、信息资源的导航和指南系统，便于用户获取信息，还提供互联网浏览、信息检索服务，提供充裕的网络课程、网络课件，为学生学习提供信息资源保障。

四、数字化校园的管理制度与规范

数字化校园的正常运行依赖于管理的规范化，建立健全各类信息系统运行服务的管理规范和制度是数字化校园管理的重要保障。制度规范是数字化校园中教师、学生和管理人员必须遵守的活动规程、行为准则或要达到的要求，是进行数字化校园管理的一种有效手段，它可以把人们的行为引向正确的方向，确保数字化校园建设与应用的各项活动的正常进行。数字化校园的管理制度与规范内容丰富，涉及面广，从管理制度发挥的作用机制上看，数字化校园规章制度主要包括建设与管理总则、人员职责、管理规范、技术规范、操作手册等五类规范。

（一）数字化校园建设与管理总则

数字化校园建设与管理总则规定数字化校园的目标、性质、作用与意义、建设原则，明确数字化校园管理机构的组成，并原则规定信息安全管理制度、信息资源建设的技术标准、数字化校同可持续发展的投资机制、数字化校园的运行监控机制，数字化校园建设与应用的评价机制等。

（二）机构与人员职责

各类机构与人员职责包括数字化校园建设与管理领导小组工作职责、数字化校园专家组工作职责、办公室职责、部门信息主管的岗位职责、技术支持部门的职责、各类管理人员的职责、各类用户的职责等，规定各类机构和人员的责任、权限、义务等。

（三）管理规范

管理规范是从规范用户行为出发制定的各种制度、规定、办法与奖惩措施，如《校园信息网络管理办法》《域名管理办法》《校园网络信息服务登记管理办法》《网络与信息安全保密管理规定》《信息中心机房管理条例》《数据中心网络安全管理规范》《网站信息统计发布办法》《校园网应用评价、奖励办法》等。

（四）技术规范

技术规范是规范技术人员在运行维护过程中各种行为的规定、规范与工作流程，如《客户服务规定》《服务器安装规范》《数据库管理规范》《应用运行申请与管理流程》《邮件管理规定》《防火墙安装及运行维护规范》《安全检查规范》《日志管理规范》《补丁安装规范》《安全紧急事件应急处理规范》等。

（五）操作手册

操作手册是指导基层管理人员和普通用户进行系统维护、使用各种网络与信息系统的操作指南与用户手册，如《网络管理员手册》《信息门户使用指南》《网络教学平台使用手册》《网络教研平台使用手册》《网络课程发布及维护指南》《数字化学习平台使用手册》《信息资源库维护手册》《教务管理用户手册》《学生选课指南》等。

📂 第二节　学校信息标准体系建设

数字化校园建设具有内容广泛性、技术复杂性、应用多样性等特点，大量的信息资源需要交流共享，不同的应用系统需要互相沟通，然而部门之间各自开发、先后开发的各类信息系统往往容易形成"信息孤岛"。解决这些问题的基本途径，就是研究制定适合学校信息化发展需要的技术标准，规范学校信息化领域的资源共享和系统互操作问题，为数字化校园的资源开发和系统构建提供一致性的框架结构和接口规范。因此，制定和实施信息标准是加强数字化校园管理的首要任务。

一、制定学校信息标准的目的及意义

（一）信息标准的内涵及目的

标准是为在一定的范围内获得最佳秩序和效益，对活动或其结果规定共同的和重复的使用规则、导则或特征的文件。所谓信息标准，就是在信息的产生、传输、交换和处理时采用的统一规则、概念、名词、术语、传输格式、表达格式和代码等。对信息系统的运行和信息资源利用来讲，信息表达的标准化至关重要。对于一所学校信息化建设来说，往往包括所有信息标准的应用。

制定和实施学校信息标准的目的，是在学校信息化领域的实践中，通过制定、发布和实施各项信息技术标准。使整个学校信息化应用环境达到规范和和谐统一，以获得学校信息化的最佳秩序和效益。标准化是学校信息化建设中的一项关键性的基础工作，是加强学校信息化管理的重要手段。信息标准体系的建立和其规范的制定，是一个非常复杂而艰巨的工作，具有很强的技术性、前瞻性和实用性，建立的过程是不断实践、不断改进的过程。但同时一个标准规范一旦制定并执行后，在一定时期内又必须相对稳定不变。数字化校园的建设以及建成之后的运行使用都需要遵从学校信息标准规范。

（二）制定学校信息标准的意义

信息标准化主要是对数据信息基本单元的标志、分类编码、含义、表示格式等各个方面进行规范和统一。经过标准化的数据是信息系统的基石，可以确保各项业务以完整、有效、高效的方式运行。信息标准化工作是数字化校园建设最基础的工作，在消除校园内的"信息孤岛"、实现系统互通、数据交流共享等方面发挥重要的作用，具有重要的现实意义，具体体现在以下五个方面。

1. 有利于实现数据共享和统一存储

学校现有的应用系统数据分散存储，同一数据编码标准不统一，不能互通互用。导致一方面同一数据重复存储，另一方面分散的数据无法提供全校的综合信息报表和数据综合分析。统一的信息标准有利于各系统之间数据共享和统一管理，减少信息资源不足的矛盾。

2. 有利于系统的综合集成和一体化

各个部门的应用系统建设方式、样式各异，信息处理和管理分散进行。统一的信息标准为校内各系统数据库进行集成整合提供方便，保证各个业务系统之间数据的转换和全校范围的数据交流共享工作有效地进行，便于实现校园信息系统的一体化。

3. 有利于数据管理的准确和一致

通过统一数据口径、完善指标体系，可确保数据的完整性、准确性、一致性，有利于向上一级管理部门提供统一的数据报表，也方便向下级部门收集数据。

4. 有利于数据的挖掘利用

统一的数据信息标准对快速创建索引和排序，建立表间联系，优化查询等都是必不可少的。同时也便于对数据的进一步挖掘与操作。

5. 有利于学校信息化的统一规范管理

当前，各类学校依托校园网开展数字化综合管理平台建设，取得了一定的成果。但是，大多数学校数字化综合管理平台建设依然处于"各自为战，缺乏统一管理"的状态，最终形成了全校范围内的一个个"信息孤岛"，基于学校管理信息标准，开发统一的综合管理信息平台，为学校信息化管理提供技术支撑。

二、制定和实施学校信息标准的原则

信息标准的制定和实施是一项复杂艰巨的工作，是一个持续发展的过程。信息标准制定前，应当做好充分的前期调研工作，参考国家颁布的相关标准。结合学校自身的实际情况，统一规划、统筹安排、分步实施，来制定出符合学校校情的信息标准。信息标准的制定和实施应遵循以下五个原则要求。

（一）一致性原则

标准的制定要与上级标准一致，以已有标准为基础，既满足当前管理的需要，又要符合长远发展需求。通常可按照以下顺序建立优先级：首先采用国家和教育部已颁布的标准，满足与上一级部门或对外进行数据交流的需要；其次以学校现有系统和现有标准为基础，在制定新的信息标准时，在相关内容上尽量与已颁布的标准保持一致；最后是按照数据库技术和约定俗成的规范，与行业习惯一致。

（二）符合性原则

信息标准的制定要从学校的实际情况出发，做好充分的调研，应多参考其他学校制定信息标准的经验，以及国家颁布的相关标准、参考规范等，结合学校自身的性质与发展状况，统一各部门对于信息标准制定的观点，并以此为基础制定学校的信息标准。

（三）简明性原则

信息标准的制定应浅显易懂，易于实现，并且切实可行。信。皂、标准的制定不是越复杂越好，相反应当本着简单、易于实现的原则去制定，因为信息标准越是制定的复杂，那么依照此信息标准开发的应用系统在系统设计与源代码编写上也会相对复杂，使应用系统开发周期大大延长，给学校带来时间与资金上的浪费。

（四）可发展原则

信息标准在制定过程中应从长远发展考虑，多研究、多论证，使所制定的标准具有前瞻性和可发展性，不能频繁更改与更新。如果信息标准频繁修订与更新，那么必然会造成数字化校园中的应用系统为了符合新的信息标准的要求，频繁的进行版本更新，必然会给学校带来资源的浪费和工作上的困难。

（五）可执行原则

制定标准本身不是目的，其目的是通过标准的执行来规范学校信息化建设，因此，可执行是信息标准化工作的一个重要原则。学校应成立信息标准监督、管理部门，来保障信息标准的执行。无论是向外采购还是自主研发应用系统，都必须执行学校统一的信息标准，在系统设计、系统开发、系统验收各个阶段都应遵循学校的信息标准。只有这样才能保障后期进行系统集成时，数字化校园中的各个应用系统之间的数据交换与数据共享。

三、学校信息标准体系的构成

信息标准是信息资源开发利用和信息系统建设的基础，是一个覆盖面宽、应用范围广的信息化规范工作。学校信息标准的体系结构一般分为管理信息标准与数据交换标准，而管理信息标准又可以进一步划分为数据元标准与代码标准。[53] 在制定本校的信息标准时，首先要参考由教育部颁发的《教育管理信息标准第一部分：学校管理信息标准》和国家对一些分类的代码标准；其次要参考省部级及上级教育部门颁发的信息标准；最后要结合本校的特点和各部门实际使用的信息项，以及未来建设的需要制定出适合本校的信息标准。

（一）数据元标准

数据元是数据构成的基本单元，是不可分割的最小数据单位。数据元一般由对象类、属性、表示三部分组成。数据元标准是信息标准的重要组成部分，是实现数字化校园各业务系统之间，跨平台、跨系统实现数据交换与数据共享的基础。

数据元标准制定的好坏直接关系到业务系统之间数据交换与共享的质量与效率，因此必须采用科学的方法建立数据元标准。

在数据元标准的制定过程中，学校应该按照自身的性质、职能范围、业务流程等方面来将学校划分为若干个职能域，比如，教学管理域、科研管理域、教职工管理域、财务管理域、学生管理域、办公管理域、设备资产管理域、后勤管理域等。因为各个职能域之间的业务关系直接影响到数据关系，所以可以将信息标准数据集按照职能域划分成相应的子集，比如教学管理子集、科研管理子集、教职工管理子集、学生管理子集等。这些数据子集又可以进一步按照业务流程划分成数据类，有些数据类还可以划分成多个独立的数据对象，即数据子类，每一个数据类或数据子类将由一到多个数据元组成。

（二）代码标准

制定学校信息代码标准的任务。是根据信息内容的属性和特征，将信息对象按一定的原则和方法进行区分和归类，即信息分类编码，建立起一定的分类系统和排列顺序，对已分类的信息对象赋予易于计算机处理和人识别的符号，以便管理和使用信息。信息分类编码是信息标准化工作的一项重要内容，具有分类编码意义的数据元素是最重要的一类数据

[53] 刘旭滨.学校数字化校园综合管理平台信息标准的探讨 [J]. 中国科技信息，2010（23）.

元素，它们决定着信息的自动化处理、检索和传输的质量与效率。学校应遵照相关的国家标准，建立起全组织的信息分类编码标准。

编码工作具体包括以下三个方面：

（1）确定分类编码对象，它们是具有分类编码意义的数据元素的集合；

（2）制定编码规则，即对每一编码对象要制定码长、分层和各码位的意义和取值规则；

（3）编制代码表，即对每一编码对象按编码规则编制出该编码数据元素所有可能的取值表。学校可以结合数据建模工作识别定义信息分类编码对象，汇总形成全校的信息分类编码体系表，然后完成各项具体的信息分类编码工作。

（三）数据交换标准

学校通过统一规划昕制定的数据元标准与代码标准，只解决了信息描述层面的标准，如果信息本身的存储格式、权限的描述方式、信息发布的描述方式等没有遵从统一的标准，即如果不建立相关的数据交换信息标准，各信息系统的信息仍然无法互相识别，学校的各应用系统之间仍然无法进行数据交换与共享。因此，学校必须制定统一的数据交换标准。

数据交换信息标准，包括数据的描述标准、权限的描述标准、信息采集的描述标准、信息发布的描述标准，以及数据交换接口标准等标准。各信息系统只有遵从学校统一的数据交换信息标准，才能够相互访问对方系统提供的标准数据，同其他系统进行数据层面的互联互通。比如，数据接口标准：要实现应用之间的互操作必须定义清晰标准的接口，可采用 LDAP 或 XML 等技术实现与上级教育主管部门相关系统的数据交换接口衔接。数据传输标准：采用 XML 或 Web Service 作为数据传输的标准，采用 JMS 消息传递机制，建立统一的数据传输与数据交换规范，实现不同应用系统间的数据交换，具有良好的扩展性。

四、国家教育信息标准体系介绍

为了适应教育信息化的发展，自 2000 年以来，我国开始全面开展教育信息标准建设工作。经过十多年的努力，已经建立了具有一定深度和广度的体系框架，并在应用与推广方面取得初步成果，但就整体而言还有许多薄弱环节。2002 年教育部教育信息化技术标准委员会，简称 CELTSC（China E-learning Technology Standardization Committee），经国家标准化管理委员会批准成为全国信息技术标准化技术委员会教育技术分技术委员会，该委员会负责教育信息化技术类标准的建设。目前，CEITSC 已建立较为完整的教育信息化技术标准体系，建立 60 多项标准及草案，其中有五项成为国家标准，15 项标准作为报批稿，即将发布为国家标准，立项国家标准 10 项，初步形成了自己的 CELTS 标准体系。2012 年在我国颁布的《教育信息化十年发展规划（2011—2020 年）》明确将教育信息化技术标准作为我国教育信息化发展的一项重要内容，建议加强教育信息标准规范制定和应用推广。[54]

---

[54] 吴永和，祝智庭 . 基础教育信息标准建设蓝图与实用导航 [J]，中国教育信息化 .2013（3）.

我国教育信息化技术标准体系主要包括：教育指导类标准、学习资源类标准、学习环境类标准、学习者类标准、教育管理类标准以及其他与教育信息化相关的标准。[55]

（一）教育指导类标准

教育指导类标准作为教育信息标准的指导规范，是标准体系中最基本的部分。教育指导类标准有 5 项，包括体系架构与参考模型规范、术语规范、基于规则的 XML 绑定技术、标准本地化与实例化应用规范、学习系统体系结构与服务接口。其中国家标准《基于规则的 XML 绑定技术》（GB/T 21364—2008）于 2008 年 1 月颁布。体系架构与参考模型规范（CELTS-1, CD 2.0）是标准草案，主要为信息化教育系统指定了一个高级别的体系结构，在该体系结构中描述了高层系统的设计及其构件，而且该体系结构具有教育无关性、内容无关性、文化无关性和平台无关性。《学习系统体系结构与服务接口》是为了解决互操作的问题而制定的，它从多个角度描述了数字化学习系统的软件体系结构、服务的分层结构以及服务的接口定义。

（二）学习资源类标准

学习资源类标准主要解决资源异构和互操作问题，以便实现学习资源共享、重用，减少重复开发的人力和财力浪费，提高学习资源的质量。学习资源类标准有 9 项。我国学习资源类标准部分参照了 Dublincore、IEEE LTSC LOM 及 ISOMLR 的资源描述规范。学习资源类标准 / 规范是教育信息化标准中应用最多、最广泛的标准之一，而且学习资源类标准已经作为我国精品网络课程评定时的一项评价指标。其中基础教育资源元数据编码已经成为基础教育资源建设的重要标准，已作为国家、地方政府资源建设招标的指标之一。学习对象元数据编码于 2008 年 1 月颁布为国家标准（GB/T 21365—2008），作为资源中最基本的标准。CELTS-42 基础教育资源元数据编码应用规范在基础教育的资源建设中得到广泛的应用。学习对象元数据主要是解决学习对象信息表达的问题，学习对象可以是物理对象，也可以是数字对象。该标准通过定义一个统一的结构对学习对象进行描述，以增强学习对象描述的互操作性。

（三）学习者类标准

学习者类标准是与学习者紧密相关的信息标准，主要对学习者的个人信息、学习经历、学习能力等以电子化的形式存档，有助于建立学习者的终身学习档案，有利于学习者的个性化、终身化学习。学习者类标准包括四项通用规范，即学习者模型、电子档案袋、学生身份标志、学力定义等几项标准。目前，国家正在实现终身化学习体系及建立学习型社会，电子档案袋规范和学力定义的应用更显得十分重要。

（四）学习环境类标准

学习环境类标准主要是对于学习环境相关的项目制定标准，根据标准进行描述，在技

[55] 教育信息化建设与应用研究课题组 . 教育信息化建设与应用标准及规范汇编 [M]. 北京：高等教育出版社 .2010.

术上实现统一、规范，解决互操作、异构等问题，达到环境的通用、共享。学习环境类标准有 11 项。目前，学习环境类标准包括学习管理系统、数字版权保护、协作、工具 / 代理、虚拟实验、学习设计、平台与媒体标准引用、企业接口。其中，平台与媒体标准引用组谱主要解决在实施网络教育过程中经常涉及的对教学环境进行描述的问题。该标准对教学系统定制和开发过程中所参照引用的已有标准或规范进行描述，目的是提供规范化的标准引用组谱，也将针对教学系统所处的操作环境（如浏览器、工作站等）提供常见的标准引用组谱。

（五）教育管理类标准

教育管理类标准主要针对教育管理信息化方面制定的信息标准。教育管理类标准有 5 项，包括网络课程评价规范、网络教育服务质量管理标准、教育管理信息数据代码标准、高等学校管理信息标准、教育管理信息系统互操作规范。此类标准已经在各级各类学校得到应用，如教育管理信，自、数据代码标准、高等学校管理信息标准、教育管理信息系统互操作规范。其中网络课程评价规范旨在解决难以对网络课程的质量进行有效的监控和管理，导致了很多低水平的重复开发工作这一问题。该规范通过定义网络课程评价的基本框架和指标体系。来规范和指导网络课程的质量评价。而教育管理信息系统互操作规范是解决教育管理信息系统互操作的问题。

（六）其他与教育信息化相关的标准

除了以上由 CELTSC 制定和颁发的五类教育信息化标准外，在学校数字化校园建设中应用或参考的标准还有相关政府部门制定的、与教育信息化有关的其他标准。例如，为了促进教育信息化建设，教育部颁布了《中小学教师教育技术能力标准》《中小学校园网建设技术标准》等。另外，与教育信息化建设密切相关的标准还有《信息技术多媒体内容描述接口》《中国数字图书馆标准》《中国数字博物馆标准》、电子政务相关标准等。此外，在部分发达城市和地区教育信息化建设取得的成效比较显著，这些城市和地区为了促进其教育信息化的发展，制定了一些地方标准规范，在数字化校园建设中电值得借鉴和参考。

📂 第三节　网络信息安全体系建设

随着数字化校园建设的深入发展，校园中的各种信息资源越来越丰富，接人校园网的用户越来越多，网络组织日益复杂，各种应用系统的规模和性能也变得异常庞大和复杂。与此同时，学校日常工作的开展对数字化校园的依赖程度也与日俱增，学校用户对业务中断的敏感度大大增高，对数字化校园的安全稳定愈加关注。因而构建学校信息安全体系，保证数字化校园安全可靠、畅通运行，是数字化校园建设中一项十分重要的任务。

一、校园网络特点与信息安全管理

数字化校园建设与应用的基础是计算机网络，随着网络提供的服务与应用不断增多，校园网络信息安全问题变得越来越突出。要解决网络信息安全问题，首先要了解校园网的网络特点和网络安全管理的目的。数字化校园的网络特点主要体现在以下五个方面。

（一）网络的开放和交互性

网络所具有的开放性、交互性在带来便利的同时也增加了更多的风险。病毒、木马、垃圾邮件、黑客攻击等诸多问题，已经直接影响到校园网络的正常运行。如何使校园网络系统不受黑客和病毒的入侵，保障数据传输的安全、可靠，在享受开放便利的同时，将安全风险置于可控范围，面临考验。

（二）用户数量庞大、类型多样

近年来，随着学校（尤其是高等学校、职业院校）招生人数的逐年增加，学校的教育教学规模不断扩大，网络已经覆盖学校的每一个教学角落，用户数量往往很大。校园网络的用户类型非常多，包括学生用户、教师用户、行政管理用户、服务人员用户、多媒体教室用户、计算机实验室用户、图书馆阅览室用户等。

（三）管理策略复杂

在用户管理策略方面，由于用户类型多，对每一类用户的安全权限不一样、网络服务质量不一样；在路由管理策略方面，由于校园网普遍存在多个网络出口，不同的网络出口拥有不同的带宽。到不同的目的地址时的响应速度也不同，因此在网络出口处的路由管理策略也比一般情况要复杂。

（四）网络安全监管难度大

校园网的网络资源丰富、大量用户随时在线、互相之间访问频繁、网络管理者对用户终端管理权限小，学生的网络知识丰富、求知欲望很强，很难避免学生把校园网作为学习网络知识和安全知识的试验床。这些都给网络安全造成了威胁，增大了校园网络安全管理工作的难度。

（五）网络安全极为敏感

随着数字化校园建设与应用不断发展，校园信息网络对学校人员的生活和工作产生了重要的影响。它集教学、科研、办公、通信、娱乐和其他服务为一体，作为信息传输的载体，校园信息网络的安全、稳定、可靠运行极为重要，可以说，没有安全就没有学校信息化。

所谓网络信息安全是指网络硬件、软件和数据系统及其保护，不受意外或恶意的原因破坏而造成数据的变更和泄露，系统持续和可靠地正常运行，网络服务不中断。网络安全涉及网络信息的保密性、完整性、可用性和其他相关技术。网络信息安全管理是数字化校园管理的核心功能模块，通过相关的安全技术与管理措施，对系统访问进行控制，提供用户身份认证、用户权限校验、数据安全加密等功能，限制内部用户和外来用户对特定资源的特定操作以及防御网络攻击，并能够灵活地依据用户应用环境的需要，方便地设置系统的组织结构和各种不同用户对于系统应用程序和资源的操作情况，从而为校园信息网络提供安全保障。

二、校园网络信息安全面临的威胁

一个成熟的数字化校园应具有良好的安全性和可管理性，但是，由于各种因素的影响，校园网络信息安全的防御不尽如人意，网络设备受到攻击导致校园网网速过慢甚至瘫痪，不少学校还出现网站被挂马、教务管理重要信息被修改等现象。概括起来，目前数字化校园网络信息安全面临的主要隐患和威胁有以下八个方面。

（一）校园网络设备面临的安全威胁

随着网络设备生产厂商的技术资料大量解密，许多网络设备的内在问题和漏洞日益突现，导致针对交换机、路由器和防火墙等网络设备的攻击越来越多，这些漏洞很容易被黑客利用。目前网络服务器安装的操作系统有 Windows NT/2000/2003Server，UNIX，Linux 等，这些系统安全风险级别不同，也都存在不少漏洞，如果对这些漏洞情况不掌握，不采取相应的措施，就会使操作系统完全暴露给入侵者，存在很大的安全隐患。

（二）学校网站和应用系统面临的安全威胁

学校的门户网站、OA、教务、科研、人事、财务、后勤等应用系统是数字化校园信息安全防护的重中之重。网站一旦被挂马，重要应用系统数据被篡改甚至丢失，其产生的后果是不堪设想的。目前，网站和应用系统信息面临的主要风险有：网站服务程序本身的漏洞，如 Apache 或 IIS 的漏洞；数据库弱口令及默认用户名易被破解，权限没有严格的限制，攻击者很可能利用程序编写的漏洞将普通用户的权限转化为管理员的权限等。

（三）校园网络物理安全隐患

校园网物理环境包括维持校园网络设备正常工作的机房环境、电力设施、UPS、空调等硬件设备。若这些设备规划设计不合理，参数设置不当或得不到有效的维护，也会对数字化校园安全构成威胁。例如，随着数字化校园业务的不断推进，网络设备越来越多，UPS 和空洞若不能及时进行扩容扩充，造成供电不足或散热不利，很可能直接影响数字化校园的应用或引发火灾等重大事故。

（四）校园网内部用户的安全威胁

目前，学校广大师生的信息安全意识还比较淡薄，很多人对信息安全根本不重视。这样势必会造成很多安全隐患。例如，个人电脑不安装防火墙，信息安全密码设置过于简单，不安装杀毒软件，非法下载软件等现象广泛存在；U 盘、移动硬盘等移动介质交叉使用和在联结互联网的电脑上使用，造成病毒交叉感染等。此外，学生群体是一个好奇心强，技术相对较高，而心理又不完全成熟的群体，经常会因为好奇或恶作剧而做出一些危害网络正常运营的行为，如盗用 MAC 地址、盗用 IP 地址、试探他人密码、浏览不法网站等，这些都会给校园网络带来严重的安全威胁。

（五）网络软件的漏洞和"后门"

网络软件不可能百分之百地无缺陷和无漏洞，而这些极少的漏洞和缺陷往往会成为黑客进行攻击的目标。一般认为，软件中的漏洞和软件的规模成正比，软件越复杂其漏洞也就越多。在网络系统运行过程中，由于操作系统自身不够完善，针对系统漏洞本身的攻击较多，且影响也较严重。另外，软件的"后门"是软件公司的设计编程人员为了自便而设置的，一般不为外人所知，但一旦"后门"洞开，其造成的后果将不堪设想。

（六）计算机病毒的传播

计算机系统的病毒入侵是校园网络安全面临的最严重的威胁之一。很多的计算机病毒不仅会造成计算机系统的瘫痪，而且会破坏计算机内信息和软件的功能和安全，从而使网络的运行处于低效状态，造成校园的网络系统的不安全性。再加上近几年病毒的黑客化，使得病毒的感染和传播更加快速化、多样化，覆盖面积大，具有很强的破坏力，因而网络病毒的防范任务越来越严峻。

（七）各种非法入侵和攻击

由于校园网是一个开放的网络，网络接入点较多，并且使用者安全意识淡薄，安全防护比较薄弱，使得校园网成为易受攻击的目标。非法入侵者有目的地破坏信息的有效性和完整性，窃取数据，非法抢占系统控制权，占用系统资源。比如：利用漏洞、薄弱点扫描，进行口令破解；非授权访问或在非授权和不能监测的方式下对数据进行修改；通过网络传播病毒或恶意脚本，干扰用户正常使用等，从而对信息安全带来极大威胁。

（八）网络管理复杂存在的隐患

数字化校园中计算机终端的购置和管理情况非常复杂，要求所有的客户端系统实施统一的安全策略是非常困难的。而如果没有统一的技术规范和安全措施，将会出现安全管理漏洞问题，使校园网络存在安全隐患。

三、网络信息安全的关键技术

针对网络信息安全保障需要，业界已经研发了许多重要的网络安全技术，其中适用于校园网络信息安全的关键技术有以下六类。

（一）防火墙技术

防火墙可以用来区分内部网和公众网，是校园网络的第一道安全防线。它能限制被保护的网络与互联网及其他网络之间进行的信息存取、传递等操作。防火墙有硬件防火墙和软件防火墙两种，可以对两个网络之间的信息交换进行控制，被保护的网络就被放在防火墙的内侧。由内部网到外部网和由外部网到内部网的所有访问都必须通过防火墙，防火墙则根据预设的安全规则对进、出的访问进行判断，准许合格的规则访问通过，禁止不合要求的访问通过。防火墙主要功能包括：将内部和外部的网络隔离；内置入侵检测和预防机制；支持正向、反向地址转换；日志记录和报警功能；支持身份管理认证，以保障网络安全。

（二）防病毒技术

计算机病毒防护是网络安全的一个重要技术。目前病毒防护技术主要有两种形式。

（1）主机防病毒，是通过主机防病毒代理引擎，实时监测电脑的文件访问和网络交换，把文件与预存的病毒特征码相比对，发现病毒就通过删除病毒特征串实现解毒，或把文件隔离成非执行文件的方式，保护电脑主机不受侵害。

（2）网关防病毒，采用拒毒于网门之外的原则，在网关位置对可能导致病毒进入的途径，进行截留查杀。

网络防病毒呈现新的发展趋势：将杀毒、防毒和反黑客有机地结合起来；网络防病毒体系将发展成为一个整体的解决方案，并与网络安全系统有机地融合在一起；病毒发作日益与国际同步，国内的网络防病毒技术也需要与国际同步。

（三）数据加密技术

数据加密技术是最基本的网络安全技术，是保证信息机密性的主要方法。它通过诸如改造和更换各种手段将被保护信息换成密文的信息，然后存储或传输，以达到保护信息的目的。数据加密是由各种加密算法来具体实现的。受保护的原始信息称为明文，加密后的信息称为密文。数据加密的基本过程包括对明文进行加密，形成密文或密码的形式；将密文还原为明文的过程称为解密。根据其类型的不同，目前有两类加密技术：

（1）对称密钥加密，利用一个密钥对数据进行加密，对方接收到数据后，需要用同一密钥来进行解密。

（2）非对称密钥加密也称公共密钥加密，使用相互关联的一对密钥，其中一个为公开的，一个为私有的。发送信息时用对方的公开密钥加密。接收者用自己的私用密钥进行解密。现在多将两种算法的结合使用。

（四）入侵检测技术

入侵检测技术是一种主动保护自己免受攻击的网络安全技术。作为防火墙的合理补充，入侵检测技术能够提供对内部攻击、外部攻击和误操作的实时保护，它从计算机网络系统中的若干关键点收集信息，并加以分析，在网络系统受到危害之前及时进行拦截和响应。入侵检测被认为是防火墙之后的第二道安全闸门，在不影响网络性能的情况下对网络进行实时监测。入侵检测系统的主要功能是：监视、分析用户及系统活动；系统构造和弱点的审计；识别反映已知进攻的活动模式并向网络管理员报警；异常行为模式的统计分析；

评估重要系统和数据文件的完整性；操作系统的审计跟踪管理，识别用户违反安全策略的行为。

（五）访问控制技术

访问控制是安全防范和保护的主要策略，它的主要任务是确保网络资源不被非法使用和非法访问。各种安全机制必须相互配合才能真正起到保护作用，其中安全访问控制是保证网络安全的核心策略之一。访问控制的功能是：防止非法进入受保护的网络资源（如计算资源、通信资源或信息资源）；允许合法用户访问受保护的网络资源。访问控制可分为强制访问控制和自主访问控制两种类型。强制访问控制用来保护系统确定的对象，对此对象用户不能进行更改。也就是说，系统独立于用户行为强制执行访问控制，用户不能改变他们的安全级别或对象的安全属性。

（六）虚拟专用网技术

虚拟专用网络（VPN）是指在公共网络上建立专用网络的技术。作为一种虚拟网络，整个 VPN 网络的任意两个节点之间的连接没有传统的专用网络端到端的物理链路，而是架构在公用网络服务商所提供的网络平台上，如因特网、ATM、帧中继等之上的逻辑网络，用户数据传输的逻辑联系。在非面向连接的公用 IP 网络上建立一个逻辑的、点对点的连接，称之为建立一个隧道，可以利用加密技术对经过隧道传输的数据进行加密，以保证数据仅被指定的发送者和接收者了解，从而保证了数据的私有性和安全性。为了适应校园网扩展到远程学习者和家长等用户安全访问的需要，VPN 以多种方式增强了网络的智能和安全性，比如在隧道的起点，在现有的校园认证服务器上提供对分布用户的认证等。

四、校园网络信息安全体系的构建

针对数字化校园信息安全所面临的主要威胁，基于现有的安全技术，对数字化校园信息安全体系进行规划设计，从物理安全、网络安全、应用安全、数据安全、用户安全和管理安全六个方面进行构建。

（一）物理安全

物理安全包括环境、设备及线路等硬件设施的安全。为了保护网络设备如各种服务器、计算机系统、路由器、交换机、集线器等硬件免受自然灾害（雷、电、地震等）、人为破坏等物理安全，在校园网规划设计阶段充分考虑到网络设备的安全问题，如确保计算机系统有一个良好的通风适温环境，建立完备的安全防护措施，防止非法进入计算机房和各种偷窃、破坏活动的发生，对服务器、主干交换机、路由器等重要的设备尽量实行集中管理，对中心机房须做好防火、防盗、防雷击等工作。除此之外，随着数字化校园应用的不断增强，应根据接入网络设备的数量、功耗和负载等及时地对 UPS、制冷等设备进行扩容扩充，而且必须具备冗余备份功能。

（二）网络安全

网络层面安全防御的重点是加强网络内部管理，阻断外部用户的恶意攻击和非法访问。

（1）构建安全的网络拓扑结构：对整个校园网络拓扑结构设计为双网结构，即内部LAN网中的所有主机对服务器的访问与Internet用户对服务器的访问是通过两条不同的信道进行的。同时，为了保证内部信息的绝对安全，使内网和外网完全隔离，在物理上完全断绝内网部分和外网部分的连通。

（2）在网络边界部署防火墙：防火墙功能的提供主要依靠三种设备，即硬件专用防火墙、安全路由器和普通路由器。利用防火墙主要有两个目的：①控制各级网络用户之间的相互访问，规划网络的信息、流向；②起到一定的用户隔离作用，以隔离内部网络和外部网络。

（3）提供实时入侵检测：通过网络安全监测仪提供强大的实时入侵检测功能，能够通过对网络数据的收集和分析，与入侵行为的规则集进行匹配，判断入侵行为的发生，提供实时报警功能，并切断非法连接。

（4）部署网络防病毒系统：为了实现整个校园网内防止病毒的蔓延、感染和破坏，在整个网络可能感染和传播的地方采取适当的防病毒工具部署，提供远程安装、智能升级、集中管理、分布杀毒、远程报警等功能，从而有效实施和管理整个网络防病毒系统。

（5）进行审计与监控：通过网络安全监测仪提供对网络数据的审计与监控功能，通过对所有网络数据的完整记录以及日志审计工具的分析，实现对所有内部主机的网络流量、流向、时间、源和目的地址信息的详细统计和网络状态的图形化实时远程监控。

（三）数据安全

数据安全包括数据传输安全、数据存储安伞以及数据的备份和恢复三个阶段。数据传输安全是在传输过程中保护数据信息的机密性和完整性，以防被他人截获、修改，具体可通过数据加密技术、数字签名及VPN等技术来实现。数据存储安全是要保证存储在服务器或加密终端上的数据的安全，对于要求保密的数据，如数字化校园用户身份认证的口令，需采用加密的方式进行存储。同时，要保证存储介质的安全，数据备份和恢复可以确保在系统遭到攻击或因自然因素导致数据不可用时，利用备份的数据进行恢复，避免数据丢失。

（四）应用安全

面对学校网站和各类应用系统面临的安全威胁，从以下方面进行安全防护：①避免因系统设计的不完善而导致的安全漏洞，比如未对合法用户进行权限控制造成越权操作、缺乏资源控制能力导致拒绝服务攻击等；②避免南编程的不完善引起的安全漏洞，如缓冲区溢出、SQL注入等；③通过部署Web应用防火墙（WAF）抵御来自应用层的攻击。WAF还具备受到攻击后的网页防篡改功能，从而使攻击者不能破坏网站数据。

（五）用户安全

教师和学生是校园网的用户主体。由于学校师生的作息时间比较规律。上网时间相对集中，学生用户还好奇爱玩。常常使用文件传输、音乐下载、在线视频、网络游戏等流量巨大的网络应用，往往会造成高峰时期的网络拥塞。应对学校用户安全威胁，加强对用户的安全管理与控制。

（1）用户接入的安全：采取安全有效的用户身份验证，防止非法接入、盗用账号、篡改 MAC 和 IP 地址，确保用户安全、合法地接入网络。

（2）用户权限控制：通过控制用户的上网带宽、限制用户的同时在线数、禁止用户设置和使用共享代理服务器，可以有效避免网络拥塞、防止个别用户对网络资源的过度占用。同时，通过限制用户的接入时段，可以合理规划用户的上网时间段，均衡网络负载。

（3）用户行为监控：可以实时监控在线用户，可以详细记录用户上网失败日志、并可以全面跟踪用户上网流程，方便网络管理员定位与解决用户无法接入、异常断线等问题。同时也可以对非法网络接入和访问行为进行事后定位与跟踪，强制非法用户下线，威慑个别非法的网络使用者。

（六）安全管理

网络信息安全是一项系统工程，集技术与管理于一体，通过技术防治和管理防范相结合，建立有效、健全的管理体系，最终达到保护校园网络信息安全的目的。为此，在具备完备的安全技术措施的基础上，更需要建立一套完整的网络信息安全管理维护制度以及一支专业化的安全管理团队，加强网络信息安全管理及安全监控和维护。

（1）安全管理制度：根据网络信息安全的需求，制定严格、科学、有效的安全管理规章制度，如校园网络管理制度、机房管理制度、设备管理制度、数据管理制度、软件维护制度、各类操作制度、安全培训制度、病毒防治管理制度、网站管理及信息发布制度、系统日志审计制度等，做到有章可循，有据可依，切实有效。

（2）安全机构和安全责任：健全网络信息安全机构，合理设置安全岗位，明确安全职责，实行安全监督，保证安全运行。加强管理人员、使用人员的信息安全防范意识，人员分工明确，用户管理、密码管理、权限管理、信息发布等，都有专人负责。并采用主辅责任制，有分工有合作，保证网络信息安全的责任落实。

（3）安全审计和应急措施：定期展开网络信息安全审计，通报安全工作情况，及时做出调整。建立和完善网络故障紧急处理预案，制定并实施系统备份计划，并实施 24 小时的网络监控值班和技术值班，确保事故处理的每一个环节都有应急预案，以达到有备无患，保证网络的稳定运行。

📂 第四节　数字化校园的文化建设

数字化校园在学校各个领域的广泛渗透，对现代校园文化的形成和影响是不言而喻的。校园文化是一种经过长期积累与发展而逐渐形成的学校特定环境中的群体文化。面对学校信息化浪潮，校园文化建设将面临新的机遇与挑战。反过来，数字化校园的建设面临不断改进和完善的问题，迫切需要学校建立和形成相适应的数字化文化环境和氛围，以促进和保障数字化校园的可持续发展。因此，如何在新的环境下建设校园文化，成为数字化校园建设与发展的重要课题。

一、数字化校园文化建设面临的挑战与机遇

数字化校园环境的建设与应用，一方面使数字化校园的建设面临复杂的形势和挑战，另一方面，也给校园文化的建设与发展带来难得的有利发展条件。[56] 主要体现在以下两个方面。

（一）数字化校园文化建设面临复杂的环境

1. 网络文化与传统校园文化发生冲突

数字化校园的基础是校园网络，而且与互联网联通，所以网络文化的影响力将会大大提高，将网络文化会与传统校园文化发生冲突、对抗。比如，网络语言的影响，目前在网络上的通用语言是英语，以及一些"网民"自创的不规范的语言，语言不仅是思想交流的工具，还是文化的有机组成部分、特定文化的载体，更是国家主权、民族尊严的象征。所以，网络语言使传统校园文化的主流在语言使用上发生了变化。

2. 开放环境使学生价值观面临多元化的冲击

校园网是一个开放的环境。其信息传播的无屏障性是校园文化建设面临的首要问题。学校作为各种思想文化的交汇中心，校园已不能像过去那样"象牙塔"般游离于社会之外，各种文化及其生活方式通过新媒体快速而深入地传播到校园当中。通过网络传播信息的人来自不同的国家、地区、民族，他们有着不同的政治态度、宗教信仰和价值观，信息五花八门，良莠不齐。这些使我们在日常教育中苦心经营的主流文化的肇垒受到冲击。

3. 虚拟空间易引发学生信任危机和心理障碍

网络空间虚拟交往的主体具有虚拟性，容易使学生在校园生活中个人行为与实际的脱节。在虚拟环境下，学生多以匿名或者化名的方式在虚拟的空间里进行交流。这有可能延伸和影响到现实生活中的人际交往，引发信任危机。加上网上欺骗、网上谣言的传播，严重的将导致学生在现实交往中怀疑他人的真诚、缺乏自身的真诚，进而影响自己与他人建

---

[56] 杨文花.高校数字化环境下的校园文化建设 [J]. 河北农业大学学报，2008（6）.

立发展良好的人际关系。另外，学生不仅是使用网络的主要群体，也是沉迷网络的高发群体，部分学生因为缺乏自制力深陷其中，长期沉溺于网络，不能自拔，在现实生活中往往变得空虚、焦虑和冷漠，从而形成人格上的发展障碍，表现出情绪低落、思维迟钝、自我评价降低等症状。

4. 网络自由导致学生传统的道德失范

由于网络是一种开放性、分布式结构，因而在网络中只有信息交流，用户地位平等，没有中心和权威，也没有检查者，网络成为一个自由王国，包就无所谓道德标准可言。人与人之间的交谈变成了人与机器的交谈，使得伦理相对主义、无政府主义泛滥。建立在现实社会中的道德规范由于不适应网络运行的新环境而形同虚设，新的道德规范不能立刻建立，网上行为处于既不受旧规范的制约，又无新法可依的真空状态，这使得校园文化建设在道德目标的实现上产生新的障碍。

（二）数字化校园文化建设迎来了有利的发展机遇

1. 虚拟时空为校园文化的个性化、多样化选择提供了有利条件

数字化校园的建设和运用，使传统校园文化的运行模式和组织方式发生革命性变革，时空概念淡化，学生的交往、工作、学习、娱乐将不再受时空"异步"障碍的影响，学生可以自由选择交流方式、自主决定行为模式。基于数字化校园，远离学校、教室的辩论会、讨论会都将会成为现实；一些广受欢迎的校园文化经典活动，如电影、文学赏析、展览、名家讲座、科技创新活动等，可以在"虚拟"空间里展开；学生还可根据自身的需求，在提供的校园文化活动中进行个性化和多样化的选择。

2. 数字化设施为培养学生科技意识、创新素养提供了有利条件

校园是知识创新、传播和应用的主阵地，也是培养创新精神和创新人才的摇篮。学生的科技意识和创新精神是校园文化的重要组成部分。数字化校园建设中数字化科技设备的引入，不仅改革了教学手段，优化了教学过程，更重要的还在于让学生在高科技的学习氛围中体验了高科技时代的先进成果，围绕数字化设施设备的利用开展的各项活动，强化了学生的科技意识，激发了对科技技能的追求，培养了学生的创新精神和实践能力。

3. 开放、即时的环境为确立正确的校园舆论提供了有利条件

数字化校园的开放与便捷，使得信息的发布更及时，信息的来源更多样，能更广泛地传播信息。如充分利用数字化校园的门户网站和信息门户，建立校园文化专栏，宣传学校办学理念、教学方针、发展规划、组织要求等，比传统的板报、宣传栏更直观、更新颖、更及时；通过网络电影、网络电视、网络电台广播等多种数字化校园设施，随时对师生进行教育和宣传，更好地把握和引导学生思想动态，宣传主流文化，确立正确的校园舆论。

4. 平等、互动的平台为学校开展德育教育提供了有利条件

德育工作具有鲜明的时代特征，德育目标、德育内容因时代的不同而不同，德育方法、德育手段随着时代的发展而变化。充分利用数字化校园的成果，把德育与数字网络结合起来，形成有效的学校德育网络体系，以保持学校德育的有效性、实效性、持久性，可以通

过校园网、学校数字广播网、多媒体电视网络，实时更新信息，关注最新动态，师生平等交流、及时互动，变传统的"说教"为思想"沟通"，大大提升了校园德育教育的可接受性。

5. 丰富多样的信息资源为学生的业余文化生活提供了有利条件

学生正值受教育、学知识、长身体的关键时期，担负着繁重的学习任务。健康、快乐、时尚的校园文化活动，不仅能够使他们调剂精神，保持乐观向上的情绪，而且能够起到"以美育人"的作用，激发、凝聚"正能量"，有利于学生身心的健康发展。在数字化校园平台上，学生可以通过网络观看校园网上的视频电影资料、进行益智游戏、阅读在线书籍，接触各种信息，大大开阔眼界，形成良好的育人氛围。

二、数字化校园在校园文化建设中的功能与作用

在数字化校园中，网络文化价值的影响力将会大大提高，校园传统文化将会在与网络文化的碰撞中，根据自身的需要吸收、融合网络文化的优秀成分，从而形成网络时代的新的校园文化格局。

（一）转变了校园文化建设的价值观念

数字化校园的建设，为校园文化的传播和融合提供了良好的条件。学校师生不断借助数字化传播媒介，自觉或不自觉地吸收、利用和创造文化，并不断促进各种文化的融合。这些文化传播和融合隐含的思维方式、价值导向等，对师生造成潜移默化的影ｎ向。实现新的文化价值。同时，学校校园网把校园与世界连为一体，也使校园文化在传播过程中产生新的价值意义，产生增值现象。近年来，学校通过数字化校园媒介对社会现象、新闻事件、典型事例的讨论与报道，来引导当代学生调整价值取向。

（二）丰富了校园文化建设的内容

数字化校园在技术上的革新带来了传播方式和内容的双重变化，对校园文化产生了重大影响。校园文化作为学校的主体文化现象，其外在表现形式多种多样，校园数字化媒体等既是文化载体也是文化形式，本身就属于文化范畴。新媒体为校园文化建设提供了大量丰富的文化资源，在承载、传播、引领学校校园文化的同时成了校园文化的重要组成部分。新媒体蕴含着先进、科技、人本等理念，它让学生在校园生活中体验了数字化时代的高科技成果，培养了科技意识和创新精神，提高了综合素质。

（三）拓展了校园文化建设的时空

数字化校园突破了传统媒体时间与空间的局限，具有传输快捷、信息量大、覆盖丽广和交互性强等优势。学校校园文化建设工作者可以借助新媒体主动迅速、大规模地传播优秀的文化成果，使学生能便捷快速地了解时事、认识社会、接触文化。新媒体传播形式多样、图文并茂，有利于对学校校园文化活动进行生动形象的宣传传播，使校园文化贴近生活。为广大师生所喜闻乐见，并扩大了文化覆盖面。拓展了活动的空间，构建起校园文化建设和传播的新平台。

（四）强化了校园文化的内外功能

由于数字化校园的建成并联入互联网，使得校园文化的对内功能得以拓展，对外功能得以突现。校园文化的对内功能可分为对学生的功能、对教师的功能、对学校管理者的功能和对校园文化自身的功能。例如，对学生的成长而言，校园网络成为学生实现其自身价值的重要舞台，学生通过网络参与管理、发表作品、结交师生，以展示自身在校园内的存在，一些学生则通过设计和维护网页、担任网管等方式来发挥自己的特长。网络时代的学校校园文化的社会功能大大拓展。校园网是连接社会与学校的重要平台。社会上越来越多的人通过校园网来了解学校，关注学校，学校通过网络内聚人心，外树形象，校园文化则是学校形象的基本方面。

（五）提高了师生参与校园文化建设的主动性

数字化校园改变了信启、传播的方式，新媒体双向互动的信息传播方式使传统的发布者和受众都成了信息的发布者，信息资源建设的参与者。这大大增强了原本单一作为受众的师生参与学校校园文化建设的自主性与互动性，切实提高了文化传播效果。一旦边界消解，广大师生成了校园文化建设的参与者，为开展多维度的交流与互动打下了良好基础，也为学校校园文化建设提供了技术保障。

三、数字化校园文化的内涵及特征

校园文化是全校师生在长期的教育实践过程中所创造的，反映着学校人员在价值取向、思维方式和行为规范上有别于其他社会群体。反映师生共同信念和追求的校园精神的总和，是维系学校团体的一种精神力最。[57]数字化环境下的校园文化，是带有网络文化特征的、先进的校园精神，在具有传统校园文化的凝聚、激励作用的同时，对数字化校园的可持续发展具有促进作用。校园文化是一个系统。一般包括四个方面的层面结构：物质文化层、制度文化层、行为文化层和精神文化层，其中物质文化是基础，制度文化是纽带，行为文化是载体，精神文化是核心。随着数字化校园的深入发展，学校校园文化的各个层面都将表现出新的特征。

（一）数字化校园中的物质文化

校园物质文化是以实物形态表现出来的，主要是指学校的教学设施、生活设施、校园自然乍态环境等。在数字化校园中。校园网络将成为最重要的校园文化的物质依托。在网络时代，校园内的许多教学与管理行为都将通过校园网络来实施，师生之间、生生之间的交流也将通过校园网络来进行，异地学生还可以通过校园网络参与校园内的文化活动和各种在线交流活动。但基于校园网络的校园文化不是将已有的校园文化推倒重来，而是使传统的校园文化表现出新的特质。

---

[57] 乔方，方丽英.试论数字校园中的校园文化建设 [J].重庆交通大学学报：社会科学版，2007（3）.

（二）数字化校园中的制度文化

校园制度文化主要指以文字形态表达的学校的规章制度及固定的体制所体现的文化。在数字化校园中，校园文化将在制度文化层面结构上体现出高效和规范的特征。由于数字化校园基于统一的信息标准和规范，将行政管理、信息管理、教学服务、科学研究等各类系统连接起来，实现这些系统之间的信息交换和信息服务，给教师、学生和管理人员带来极大的方便，大大提高了工作效率。在数字化校园中，管理者依据事实说话，依据数据决策，这样能提高学校领导、管理人员决策的科学性，提高教师和学生进行工作、学习与交流的有效性。

（三）数字化校园中的行为文化

在行为文化层面上，数字化校园的校园文化主要表现为学生的个性化特征更加明显，同时教师的作用发生了变化。对学生而言，由于学习的方式和交往的方式发生了变化，使他们的个性化特征明显地表现出来。在数字化校园中，学生通过网络可以方便地选修自己所需要的课程、学习自己感兴趣的知识，还能根据自己的能力和水平确定适当的学习进度。设计自己的学习策略和方法，根据自己的需要与老师、同伴交流，真正实现个性化学习、个性化发展。而对教师而言，其主要作用不再是直接传授知识，而是转向运用各种新的技术手段，为学生提供丰富、及时的学习资源，提供相关信息的鉴别与取舍方法，组织、引导、帮助、监督学生在其中进行学习，支持学生的主动探索。

（四）数字化校园中的个体精神文化

在精神文化层面上，数字化校园使学校精神的积淀更加丰富，同时也更具有时代性，具体表现为个体的民主意识、开放意识、创新意识和未来意识等思想意识的增强。校园网络为师生员工参与学校管理、师生之间的沟通和交流、管理者和被管理者之间的沟通和交流提供了场所，在网上人人平等，谁也不能压制谁，谁也不能强迫谁，从而形成了强烈的民主意识。在数字化校园中，传统的以教师为中心、以课堂为中心的教育方式逐渐弱化，取而代之的是以学生为中心、以实践为中心的现代教育方式，着力培养学生自主探究能力，创新意识成为数字化校园文化的重要特征。

四、数字化校园文化建设的基本策略

面对数字化校园建设面临的挑战和带来的发展机遇，着眼于校园文化的新特点、新要求，当前应从以下五个方面着力加强数字化校园的文化建设。

（一）转变观念，合理定位

当前，我国学校数字化校园建设正在深入发展和推进，但是在数字化校园环境的全面应用，尤其是对建设校阅文化方丽的应用，并没有引起足够的重视，缺乏研究和实践。因此，必须转变观念，统一思想，合理定位。提高应用意识，将数字化环境的优势充分发挥出来，开拓校园文化建设的新阵地。例如，运用校园网络系统，开发积极向上、内容健康的综合性主题教育网站，开通学习园地、心理咨询、"两课"教育、党团建设、讨论驿站（BBS）、时事专题、辅导员信箱等栏目，开展网上主流意识教育，使之成为党建宣传的窗口，理论学习的课堂，师生互动的纽带，打造数字化的校园文化平台。

（二）把握特点，深层挖掘

充分认清数字化条件下校园文化建设的特点，把握其规律要求，增强校园文化全员共建意识，积极挖掘数字化环境下深层次的校园文化。比如，校园文化是师生员工通过自己的努力建立起来的一种特有的文化环境和文化氛围，在校园文化建设中必须充分发挥全校人员的建设主体作用。只有全体师生员工共同参与。努力做好数字化条件下的教学、管理本职工作，才能营造浓郁丰厚的数字化校园文化。再如。在数字化校园的舞台之上。广大师生要在越来越数字化的学习、工作中，赋予数字化以更为积极的文化含义，使数字化和校园人的文化和谐共生地发展。从而在数字化校园的平台之上，开创一种新的校园文化格局，新的校园文化气象。

（三）搭建校园文化主流网络平台

基于学校主网站、教师、学生个性化网络空间等数字化载体，构筑学生获取信息、学习知识和交流思想的主流网络平台。树立强烈的占领意识，牢牢把握网络思想政治教育的主动权。用先进文化去占领校园网络文化阵地，使校园网络文化步入健康发展的轨道。学校应努力建设信息量大、覆盖面广、服务功能强，融思想性、知识性、趣味性、服务性于一体的校园主网站，广泛开展丰富多彩、积极向上的学术、科技、艺术和娱乐等活动，使校园网真正成为广泛吸引学生、为学生喜爱、受学生关注的主流媒体。要建设思想政治教育专题网站，生动活泼、引人入胜，办出品牌、办出特色、办出水平，不断增强针对性，提高艺术性，更好地贴近实际、贴近生活、贴近学生，促进学生健康成长。

（四）着力打造"绿色数字化校园"

着力建设健康向上的数字化校园文化，努力拓展"绿色网络空间"，积极营造"绿色网络环境"，把校园网建设成为系统安全、制度完备、管理规范、内容丰富、信息健康的"绿色数字化校园"。要大力加强学生网络文明和网络道德教育，扎实开展文明上网活动，引导学生自觉遵守国家有关法律法规，讲求职业道德和社会公德。积极传播健康信息，扩大正面主流舆论，自觉抵制有害信息、网络滥用行为和低俗之风。要运用技术、行政和法律手段，加强校园网的管理，制定有关制度，切实加强校Iq网站和网络用户的统一归口管理，严防各种有害信息在网上传播。严格监控管理，消除和减少网络中色情、暴力信息的污染和毒害，净化网络环境，加强教育疏导，把握正确导向，营造健康的"绿色"数字化校园文化。

（五）建设专兼结合的网络教育队伍

着眼于网络思想政治教育，加强队伍建设，努力建设一支思想水平高、网络业务强、熟悉学生特点的、专兼结合的网络教育队伍。从传统思想政治教育队伍中选派骨干，从网络专业人才中挑选优秀人员强化培训，组建起一支政治强、业务精的网络思想教育专业队伍，以适应数字化校园文化建设的需要。同时，充分调动学生的积极性和主动性，培养一批网络教育的学生骨干队伍。此外，在校园文化建设中，除了专职宣传教育工作者和精干有效的学生干部，还应该鼓励学校全体师生员工充分发挥新媒体的优点，广泛参与到校园文化建设工作中，从数量和质量上全面丰富和提高学校多彩的校园文化生活。

第七章　信息化项目管理能力的评估分析

信息时代的到来，推进数字化建设不断前行。校园一卡通项目是数字化校园的有机组成部分，是构建在校园网络之上的一个信息化应用成果，它按照数字化校园的思想，集成校园已有和新建的各项应用系统，提供统一的身份识别与电子支付服务，能够在校园内实现"一卡在手，走遍校园"的便捷生活。

第一节　信息化项目管理概述

一、项目的基本理论

（一）项目的含义

"项目"一词最早见于20世纪50年代，是指一系列独特的、复杂的并相互关联的活动，这些活动有着一个明确的目标或目的，必须在特定的时间、预算、资源限定内，依据规范完成。项目是一件事情，一项独一无二的任务，可以理解为是在一定的时间和一定的预算内所要达到的预期目的。项目是一个动态的概念，是人类临时性、一次性的活动。从广义上说，项目就是在既定资源、技术经济要求和实践的约束下，为实现一系列特定目标的多项相关工作的总称。

在美国项目管理协会（PMI）所发布的项目管理知识体系（PMBOK）中项目被定义为"为创造一种独特产品或服务而进行的暂时性努力"。而国际标准化组织所颁布的ISO10006则将项目定义为"独特的过程，有开始时间和结束时间，由一系列相互协调、受控的活动所组成，其实施是为了达到规定的目的，包括满足时间、费用和资源等约束。"[58]

上述定义说明了项目的基本特征：项目是一个有待完成的任务，有特定的环境和目标；项目是在一定的组织、有限的资源和规定的时间内完成；项目要满足一定的性能、质量、数量、技术经济指标等要求。

总结起来说，项目是组织进行的一个暂时性（Temporary）的努力付出，在段事先确

---

[58] 张卓，等，项目管理[M]. 北京：科学出版社，2005.

认的时间内，运用事先决定的资源，以生产一个独特（Unique）且可以事先定义的产品、服务或结果。

（二）项目的特点

项目有一次性的特点，这是项目与日常运作最大的区别。项目有明确的开始时间和结束时间，项目在此之前从来没有发生过，而且将来也不会在同样的条件下再发生，而日常运作是无休止或重复的活动。

同时，独特性是项目的另外一个特殊的属性。每个项目都有自己的特点，每个项目都不同于其他的项目。项目所产生的产品、服务或完成的任务与已有的相似产品、服务或任务在某些方面有明显的差别。项目自身有具体的时间期限、费用和性能质量等方面的要求。因此，项目的过程具有自身的独特性。

每个项目都有自己明确的目标，为了在一定的约束条件下达到目标，项目经理在项目实施以前必须进行周密的计划，事实上，项目实施过程中的各项工作都是为项目的预定目标而进行的。

项目必有确定的终点，在项目的具体实施中，外部和内部因素总是会发生一些变化，当项目目标发生实质性变动时，它不再是原来的项目了，而是一个新的项目，因此说项目的目标是确定性的。

相对而言，项目具备组织的临时性和开放性的特点，同时具备后果的不可挽回性。项目开始时需要建立项目组织，项目组织中的成员及其职能在项目的执行过程中将不断地变化，项目结束时项目组织将会解散，因此项目组织具有临时性。一个项目往往需要多个甚至几百上千个单位共同协作，它们通过合同、协议以及其他的社会联系组合在一起，可见项目组织没有严格的边界。项目具有较大的不确定性，它的过程是渐进的，潜伏着各种风险。它不像有些事情可以试做，或失败了可以重来，即项目具有不可逆转性。

（三）项目的生命周期

时间的有序性是事物运动的客观规律，尽管各国和国际组织对项目时序的规定可能存在差异，但任何项目都经历产生、发展到结束的有机过程。

项目管理者把项目划分成便于有效管理控制的若干个阶段，并与实施该项目组织的日常运作联系起来，这些项目阶段合在一起称为项目的生命周期项目的生命周期是描述项目从开始到结束所经历的各个阶段，最一般的划分是将项目分为识别需求、提出解决方案、执行项目、结束项目四个阶段。实际工作中根据不同领域或不同方法再进行具体的划分。在项目生命周期运行过程中的不同阶段里，由不同的组织、个人和资源扮演着主要角色。

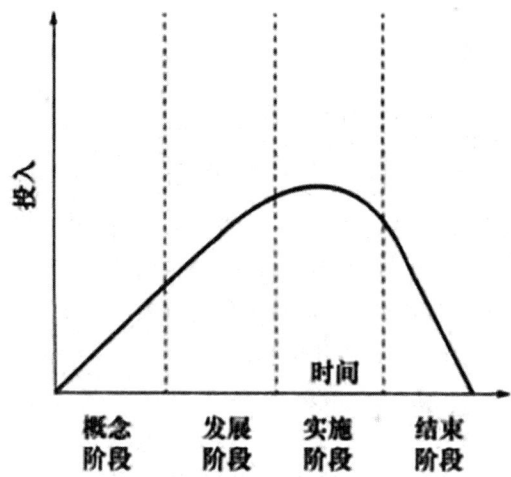

图 7-1 项目管理生命的周期

项目生命周期的内容主要包括下述四个方面的主要内容：项目的时限，包括一个项目的起点和终点，以及一个项目各个阶段的起点和终点。项目的阶段，包括一个具体项目主要阶段的划分和各个主要阶段中具体阶段的划分，这种阶段划分将一个项目分解成一系列前后接续，并且便于管理的项目阶段。项目的任务，包括项目各个阶段的主要任务和项目各阶段主要任务中的主要活动等。项目的成果，项目生命周期同时还需要明确给出项目各阶段的可交付成果。这同样包括项目各个阶段和项目各个阶段中主要活动的成果。

（四）项目的生命周期的特点

大多数项目生命周期的说明具有以下共同的特点。不同阶段对成本和工作人员的需求呈现不同程度的增减，对成本和工作人员的需求最初比较少，在向后发展过程中需要越来越多，当项目要结束时又会剧烈地减少。不同阶段项目的成功率，以及风险和不确定性会时时不同，在项目开始时，成功的概率是最低的，而风险和不确定性是最高的。随着项目逐步地向前发展，成功的可能性也越来越高。在项目起始阶段，项目涉及人员的能力对项目产品的最终特征和最终成本的影响力是最大的，随着项目的进行，这种影响力逐渐削弱了。这主要是由于随着项目的逐步发展，投入的成本在不断增加，而出现的错误也不断得以纠正。大多数项目生命周期确定的阶段的前后顺序通常会涉及一些技术转移或转让的，比如设计要求、操作安排、生产设计。在下阶段工作开始前，通常需要验收现阶段的工作成果。但是，有时候后继阶段也会在它的前一阶段工作成果通过验收之前就开始了。当然要在由此所引起的风险是在可接受的范围之内时才可以这样做。这种阶段的重叠在实践中常常被称为"快速跟进"。

二、项目管理的概念

（一）项目管理概述

项目管理科学的研究已经半个多世纪了，许多研究注力于理论和工具，这些研究成果已经开始系统地运用于项目的管理运作之中，为项目的顺利完成提供了有力的保证。但是，与此同时我们也可以经常接触到很多失败的项目运作。据可靠的数据统计，在系统项目中，只有 37% 的信息化项目在工期内完成，42% 的信息化项目在预算内完成。有三成至四成的项目在完成前失败了，接近五成的项目会超出预算和计划进度的二倍或者更多。在国内，绝大多数施工企业的项目管理信息化建设仍然存在"信息孤岛"现象，表现在信息化进程缺乏规划、指导和约束。信息化建设人才储备不足，整体人力资源水平有待提高。没有统一的行业标准、编码体系。忽视信息系统的实用性等方面。可见，项目管理科学理论的发展和应用是极其重要的。

学界对于项目管理有着多种定义，美国项目管理的专业团体组织对项目管理做出的解释是：项目管理是根据项目的需求，将人力、物力、技术、科技等多种资源进行合理配置。[59]项目管理是在具体的项目管理过程中得以实现的。[60]

与一般的组织管理相比，项目管理着重从整体和战略出发，并将其细化成为具体的项目任务，从而把组织设想或战略转化为实实在在的产品或服务。另外，项目化管理不仅将组织中典型的项目进行组织和管理，更重要的是将组织传统作业中的创新活动当作项目对待，进而对其实行项目管理。

从项目管理的时间流程来看，可将项目管理定义为是项目的管理者，在有限的资源约束下，运用系统的观点、方法和理论，对项目涉及的全部工作进行有效地管理。即从项目的投资决策开始到项目结束的全过程进行计划、组织、指挥、协调、控制和评价，以实现项目的目标。

项目管理的应用从 20 世纪 80 年代仅限于建筑、国防、航天等行业迅速发展到今天的计算机、电子通信、金融业甚至政府机关等众多领域。人们通常认为，项目管理是第二次世界大战的产物（如曼哈顿计划）。在 1950 年至 1980 年期间，应用项目管理的主要是国防建设部门和建筑公司。传统的观点认为，项目管理者的工作就是单纯地完成既定的任务。从 20 世纪 80 年代开始，项目管理的应用扩展到其他工业领域（行业），如制药行业、电信部门软件开发业等。项目管理者也不再被认为仅仅是项目的执行者，要求他们能胜任其他各个领域的更为广泛的工作，同时具有一定的经营技巧。

美国项目管理学会（PMI）已提出了关于一个有效的专业项目管理者必须具备的几个方面的基本能力，即项目管理的内容。

[59] 黄辉，梁工谦，肖茂.企业项目管理成熟度模型的构建与应用研究 [J]. 管理工程学报.2005.19（10）：67-72.

[60] 项目管理协会. 项目管理知识体系指南 [M]. 北京：电子工业出版.2005：7-8.

项目范围管理是为了实现项目的目标，对项目的工作内容进行控制的管理过程。它包括范围的界定，范围的规划，范围的调整等。

项目时间管理是为了确保项目最终的按时完成的一系列管理过程。它包括具体活动的界定，如活动排序、时间估计、进度安排及时间控制等项工作。项目成本管理是为了保证完成项目的实际成本、费用不超过预算成本、费用的管理过程。它包括资源的配置，成本、费用的预算以及费用的控制等项工作。

项目质量管理是为了确保项目达到客户所规定的质量要求所实施的系列管理过程。它包括质量规划，质量控制和质量保证等。

项目人力资源管理是为了保证所有项目关系人的能力和积极性都得到最有效地发挥和利用所做的一系列管理措施。它包括组织的规划、团队的建设、人员的选聘和项目的班子建设等一系列工作。

项目沟通管理是为了确保项目的信息的合理收集和传输所需要实施的系列措施，它包括沟通规划，信息传输和进度报告等。

项目风险管理涉及项目可能遇到各种不确定因素。它包括风险识别，风险量化，制订对策和风险控制等。

项目采购管理是为了从项目实施组织之外获得所需资源或服务所采取的一系列管理措施。它包括采购计划，采购与征购，资源的选择以及合同的管理等项目工作。

项目集成管理是指为确保项目各项工作能够有机地协调和配合所展开的综合性和全局性的项目管理工作和过程。它包括项目集成计划的制定，项目集成计划的实施，项目变动的总体控制等。

（二）项目管理的特点

与传统的职能部门管理相比，项目管理最大的特点是注重综合管理，并且有严格的时间期限。其特点主要表现在：

（1）项目管理对象的特殊性。项目管理是针对特定的项目而形成的一种管理方法，在实施项目管理时，要根据对象的特点来进行计划、执行、控制等管理工作。

（2）项目管理的系统性。一是项目的系统性，即依据系统论从整体到部分最后到综合的原理，可将项目系统分解为许多不同层次的任务责任单元，以便明确分工和责任，促进协作和综合，最终完成预定目标。二是过程的系统性，即强调对项目生命周期的全过程管理，注重部分与整体、阶段与全过程的协作，以避免局部或阶段影响整体或全过程效果的情况发生。

（3）项目管理组织的临时性和高度柔性。项目小组或团队的形成是为了完成一个项目，项目组织会随着项目的产生而产生，随着项目的结束而终结，因此组织具有临时性的特点。

（4）项目管理方法的开放性。项目管理采用先进的管理理论和方法，如采用全面质量管理、价值工程、技术经济分析等理论，采用先进高效的计算机信息管理系统进行项目管理等。

（5）项目管理环境创造的重要性。项目管理是一个管理过程，而不是一个技术过程，项目管理的主要工作处理的是各种冲突和意外。所以项目管理应该努力保持有利于项目顺利进行的环境和创造出更好地促进项目成功完成的环境。

三、信息化项目特点与管理任务

项目管理信息化是科技进步的要求，更是时代发展的必然趋势。项目管理信息化能够以较少的投入获得较优的效果，全面控制项目管理的全生命周期，对于完善项目管理意义重大。传统的项目管理模式在全球化和信息化的趋势下，面临着信息化的深刻变革，特别是在项目管理中信息技术的研究与应用越来越多。

信息化建设项目具有的多样性、复杂性、分散性等一系列特点决定了项目管理是一个综合性强、适用性广的复杂系统工程。因此，在项目管理中实现信息化，利用有效的计划、组织、管理和监控项目管理涉及的各个方面，能够实现以较少的投入获得较优的效果，全面控制项目管理的全生命周期。

信息技术是项目管理信息化的前提。信息技术的发展日新月异，从总体上，主要包括计算机技术、网络技术、通信技术、数据库技术、多媒体技术、微电子技术、自动化技术和人工智能技术。信息化在信息技术的前提保证下，需要有信息资源、信息网络、信息人员和政策法规一起实现。

信息化项目不仅兼备传统项目管理的特点，也存在如任务目标不易量化、任务需求变更频繁等一系列传统项目管理不具有的特点。因此，传统项目管理需要从以下几个方面入手完善。

传统项目管理模式需从信息化特有领域入手，增加知识管理、创新管理之类传统项目管理未涉及的内容。这样才能适应信息化项目管理的需要。

鉴于信息化知识密集型的特点，重视管理中项目成员的结构、能力与稳定性。同样是信息化项目管理有别于传统管理模式的侧重点。

同时对于信息化项目管理还需要充分考虑信息化对传统项目管理的影响，如在管理能力方面。

传统项目管理的主要任务需要在下述三个方面进行补充和完善，才能逐步实现信息化。

第一，数据与文件管理信息化在工程项目的全生命周期中实现全信息的数字化。主要应用数据库技术与信息标准技术，建立全面规范的工程项目信息数据库、数据仓库与知识库。

第二，沟通交流信息化建立基于互联网与网络技术的沟通交流平台，使项目的参与者实现信息收发的数字化，方便远程交流，并依托工程项目信息数据库等数字资源，实现在线查询、招标、订货等工作。

第三，项目过程信息化项目管理是一个持续的过程，建立实时动态的工程项目管理系统，随时随需获取全面系统的管理信息，将项目管理过程中的每一项内容都清晰地展现给管理者，以变化应对变化，与此同时，支持科学的预控，能够在项目管理过程中预测下一步可能会出现的问题，使各参与者及时修正或调整，保证项目的顺利完成，主要涉及工作流技术、数据库技术和人工智能技术。

第二节　项目管理成熟度模型

一、项目成熟度概念

项目管理成熟度模型是一种项目管理评价方法，用以衡量组织按照预定目标和现有的条件成功地、可靠地实施项目的能力。

项目管理成熟度模型的概念主要来源于已经被软件行业广泛接受的能力成熟度模型"，该模型由美国卡内基梅隆大学的软件工程研究所（SEI）开发。从 1986 年至 1993 年"能力成熟度模型"也从最初的研究面向软件开发过程的成熟度逐渐向面向开发组织的成熟度转变。组织要经历该模型所描述的五个梯级，从而达到最终的成熟。五个梯级分别为：初始级、可重复级、可定义级、可管理级和优化级。最初所开发出的项目管理成熟度模型受"能力成熟度模型"的影响很多。

"组织"一词扩展了项目管理的范围，不仅仅包括单一项目的成功的交付，还包括项目组合管理和项目投资组合管理以及把整个组织作为一个项目的管理，从而将项目管理的概念由战术层上升到战略层。

"成熟度"表示不断地充实和改善项目管理的能力的发展过程，从而提高项目的成功率。成熟度指出能力必须随着时间持续提高，这样组织才能在竞争中不断取得成功。

"模型"指出了一个过程的变化、进步或步骤，意味着从低级向高级的发展过程和阶段。

可见，项目管理成熟度模型不是一个数学解析式或一个图标，而是一整套科学的体系和方法，也是表征一个组织项目管理能力从低级向高级发展、项目实施的成功率不断提高的过程——"它是评估组织通过管理单个项目和组合项目来实施自己战略目标的能力的一种方法，它还是帮助组织提高市场竞争力的工具。"[61]

二、项目管理成熟度模型产生的原因

项目的目标就是能够在计划所规定的时间、成本和质量要求内提交顾客所期望的成果。项目成功从表面上看表现为时间、成本和质量等相关要求的达成，而从根本上则与项目管理各方面的能力密切相关。这就要求组织能够提高自身的项目管理的能力，这种能力包括

---

[61] 哈罗德.科兹纳.项目管理的战略规划：项目管理成熟度模型的应用 [M].张增华，吕义怀，译.北京：电子工业出版社，2002.53-58.

保证计划的时间和成本是否得当，成果的质量是否令顾客满意等方面，这就形成了项目确保质量在合理成本和限定时间内实现顾客满意的运作过程。因此，需要对项目管理的能力进行测度和评价，一方面可以判断项目成功的可靠性，另一方面也可以为组织整体管理能力的提高指明方向。为此项目管理成熟度就显得非常重要，它是衡量项目管理是否顺利进行的重要指标。

三、主流的项目管理成熟度模型

项目管理成熟度模型最早起源于国际项目管理协会成员国北欧和澳大利亚等一些国家用项目管理成熟度模型来研究和规划项目型社区（如高新技术企业聚集的地区）以及项目型社会。之后有多家组织或个人从项目管理的角度，参考 CMM 模型和项目管理知识体系，使用不同的标准和依据，提出了各自的项目管理成熟度模型。目前主要有如下几种项目管理成熟度的模型。

第一种主流的项目管理成熟度模型是科兹纳（Kerzner）博士的五级项目管理成熟度模型。该模型包含五个梯级，如图 7-2 所示。每一个梯级代表项目管理成熟度的不同程度。模型的评估方法是使用问卷和打分的方法，各层次分别用 80、20、42、24 和 16 个问题来进行评估。该模型评估方法较为简单，利于对处于较低梯级的企业进行评估。对于较高的几个梯级，由于评估问题相对简单，很难真正反映出组织在项目管理方面的问题和差距。如果使用该模型对组织的项目管理成熟度进行评估，还应当注意问卷中问题的设计，需要根据具体的环境与情况进行改进。

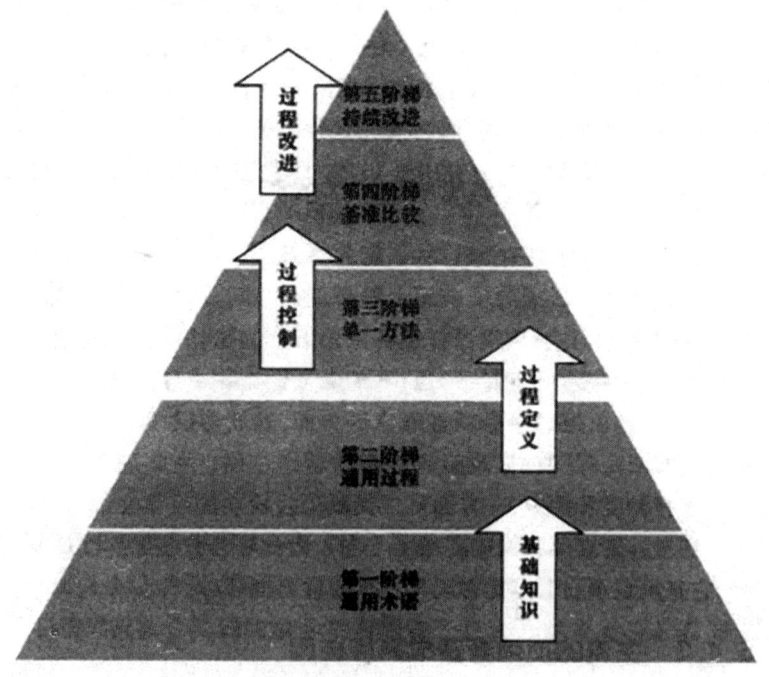

图 7-2　Kerzner 的项目管理成熟度模型

第二种主流的项目管理成熟度模型是美国项目管理解决方案公司的五级项目管理成熟度模型，简称 PMS-PM3。该模型借鉴了 PM 的项目管理九大知识体系与 SEI 能力成熟度模型的架构，将二者进行了有机的结合，构成二维的模型，如图 7-3 所示。最初分为八个级别，目前已改为五个级别，从项目管理的九大知识范畴分别评级。由于模型的基础是两个已经被普遍接受的知识体系，在实际应用过程中得到了很多项目管理者的认可。模型存在的主要问题是在面向项目管理的全过程或者多项目管理时，仅针对 PMI 的九大知识体系构造模型不能满足要求。该模型创建了一个美国项目管理协会的项目管理知识体系与等级水平之间的交叉矩阵。评价标准是采用的比较严格的"木桶原理"。

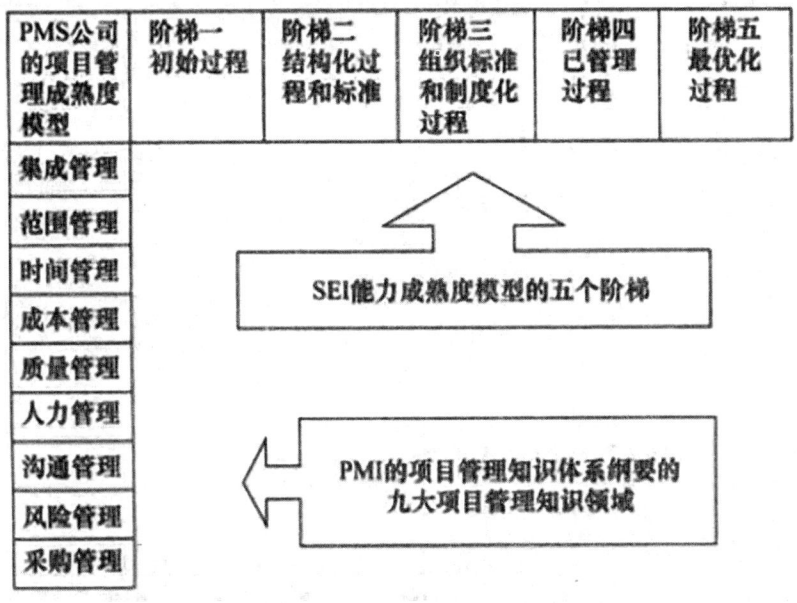

图 7-3　美国项目管理解决方案公司项目管理成熟度模型

第三种主流的项目管理成熟度模型是 PMI 的组织管理成熟度模型 OPM3 项目管理成熟度模型，PMI 的组织项目管理成熟度模型是一个以项目管理的三个层次（项目、组合项目、项目投资组合）、项目管理九大知识领域和项目生命周期构成一个三维的管理模型。该模型在借鉴以前所出现的各种模型的基础上，除了在面向项目管理五个过程（启动、规划、实施、控制、收尾）和过程改进的四个梯级（标准化、可测量、可控制、持续改进）两个维度之外，结合组织项目管理的特点，在组织项目管理层次方面增加了第三个维度，即项目管理、大型项目计划管理和项目组合管理三个领域，不同的领域处理组织内部不同层次的项目管理问题。OPM3 模型认为，能力是组织中所必然存在的特殊竞争力，用以确保组织实施项目管理和提供项目管理的产品与服务。随着能力的不断增长，组织将形成一项或多项最佳实践，每一项最佳实践由两个或多个能力构成。对于组织项目管理能力的评估主要是通过对最佳实践的识别。按照不同的梯级和领域，OPM3 模型包括 600 多个最佳实践，2100 多个能力，每一个能力都对应于相关的成果和关键绩效指标。另外，OPM3 中的能力还可以按启动、规划、实施、控制和收尾这五个项目管理过程组来分类。该模型在体系上较为合理，对于项目管理能力的考查不再局限于组织内的单个项目，而是着重于组织面向多项目管理的能力和水平。

接下来我们通过表 7-1 和表 7-2 对三种主流的项目管理成熟度模型进行直观的比较。

表 7-1　三种主流的项目管理成熟度模型

名称	提出者	衡量成熟度的指标	特点
K-PMM	科兹纳（Kerzner）博士	把组织的发展与项目管理的战略规划联系起来，成熟度的评价除了涉及项目管理九大知识体系，还将组织中的其他因素考虑进来	从组织项目管理战略规划的角度着手，超越了以前的单纯从项目管理实际操作出发建立的成熟度模型，将成熟度模型建立在战略规划的高度
PMS-PM3	美国项目管理解决方案公司	最初分为八个级别，目前已改为五个级别，从项目管理的九大知识范畴分别评级	创建了一个美国项目管理协会的项目管理知识体系与等级水平之间的交叉矩阵，评价标准是采用的比较严格的"木桶原理"
OPM3	美国项目管理协会（PMI）	以项目管理的三个层次（项目、组合项目、项目投资组合）、项目管理九大知识领域和项目生命周期构成一个三维的管理模型	模型分为四个等级，把项目管理上升到组织层面

表 7-2　项目管理成熟度模型对比表

模型	第一级	第二级	第三级	第四级	第五级
K-PMMM	通用术语	通过过程	单一方法	基准比较	持续改进
PMS-PM3	初始过程	结构化的过程和标准	组合化的标准和制度化的过程	已管理的过程	优化的过程
OPM3	标准化	测量	控制	持续改进	

从表 7-2 中，可以看出上述项目管理成熟度模型具有以下共性。每一个模型都是从低级到高级的变化模式。最低级层次大多表明了组织的项目管理处于混乱的局面，随着级数的升高，组织项目管理逐步走向有序，即从混乱达到概念、方法，再达到持续改进和优化。一般的模型大多分为五层，也有四层的，但可以看出每个模型都有一个清晰的变化提高的路径。最后层虽然名称上面不尽相同，但可以看出其内在本质都是一个持续改进、优化的状态。

四、不成熟项目管理过程和成熟项目管理过程的对比

在成熟的项目管理组织里管理者监控着项目的质量以及项目管理过程，在判断项目的问题和项目管理过程的问题时，都有客观的、量化依据。进度计划和预算的制定都可基于

过去项目的绩效数据，是很实际的，项目的成本、进度功能和质量通常都与预期的结果一致。一般而言，成熟的项目管理组织能够一贯地遵循规范化的项目管理过程，因为所有参与工作的项目团队成员都十分理解这样做的意义。接下来从角色职责、变更方式、突发问题应对机制、可靠性、预见性等方面来对比不成熟的项目管理过程和成熟的项目管理过程，从而得出项目管理要素的重要性。

不成熟的项目管理过程，项目组成员没有明确规定角色和职责，每个人都在做他认为要做的事情和任务，经常会发生重叠和不清楚的所属关系和责任。实际上，一个成熟的项目管理过程应该角色和职责有着明确的规定，相互关系无重叠，整个项目组有着明确的目标和测量机制，能够体现持续改进过程的机制。

处理问题和对应突发问题的反应方面，在一个成熟的项目管理过程中，成员遵循一个规划好的文件化过程处理问题，同时大家可以合理地分享经验和成果，项目组成员根据已有的知识和专业规划对发生的问题进行分析和处理。相反，在一个不成熟的项目管理过程中，每个人按照自己的想法做事，无秩序的混乱现象随处可见，所以导致突发问题随时发生而无从应对。

任何项目的实施和推荐都是为了按时保质的完成事先的预定计划。成熟与不成熟的项目管理过程在可靠性方面可以说是有着本质的区别。一个不成熟的项目管理过程有时延迟交付产品或超出计划预算。一个成熟的项目管理是严谨的，估算准确，项目可以得到有效的安置和管理，最根本的是可以按时达到预期的目标。

在项目的预见性方面，一个成熟的项目管理过程其项目进度和项目的质量都是可以预见的，进度和预算也可以根据以往项目的经验确定，并且符合实际情况。不成熟的项目管理过程不但质量不好把控，完全缺乏管理和无章可循，基本是靠个人经验盲目的判断，所以进度和预算完全是无稽之谈，不可判断和确信。

任何一个项目的实施归根到底是对一组项目成员的管理和奖励。成熟与非成熟的项目管理过程在这方面的出发点也是截然不同的。成熟的项目管理奖励出发点是那些生产高质量产品的团队，他们的产品既能满足需求又没有或少有失效。奖励的落脚点是看在项目执行过程中能否将问题过早发现，不会造成日后的损失存在潜在的问题隐患。而不成熟的项目管理过程则重视谁能解决问题，而不是谁能发现问题。

项目管理能力评价为项目管理人员明确自身的项目管理能力处于何种水平以及后期从那些方面进行项目管理能力的提升提供了理论基础。项目管理能力评价模型以项目管理过程为基础将项目管理能力分为几个持续提升的等级。其中，每一等级的项目管理能力是项目管理能力达到下一更高成熟等级的前提保证，从这一视角来看项目管理成熟度不断升级的过程也就是其项目管理能力逐步积累并提高的过程。借助项目管理能力评价模型，项目管理者可以快速地识别出项目管理能力中哪一方面处于较低的能力等级，并根据下一能力等级的具体要求对当前项目管理能力提出相应的提升策略，从而提高组织的整体项目管理能力使其不断趋于成熟状态。

📁 第三节　项目管理能力评估体系构建

一、校园一卡通项目介绍

校园一卡通系统是数字化校园的重要组成部分，是学校信息化建设的核心项目之一。校园一卡通是以 IC 卡为媒介，以校园网为载体，采用计算机、网络、通信、计算机、自动识别等技术，在校园内实现身份识别、消费、查询和应用服务的信息化。通过 LC 卡的媒介，使得数字化校园的诸多应用可以更加方便地实现，可谓"一卡在手，走遍校园"，实质上是促进了校园管理的科学化和规范化。

随着信息化建设的进程日益的深入，各大高校为提高对广大师生教学、科研、学习、生活等方面的服务质量，提升学校管理决策的信息化水平，有效地整合各信息化系统数据，将大学建设成数字化的校园，纷纷决定建设基于数字化校园的一卡通系统。一卡通覆盖的业务范围则包括：食堂、生活服务区、图书馆、公用机房、其他收费点等。校园一卡通是数字化校园建设中个有机的组成部分，是整体中的局部，与其他的应用系统具有关联性。目前，主要考虑与数字化校园的基础平台、教务管理系统、财务管理系统、人事管理系统、学生管理系统等的信息互动，做到基础信息的唯一性和联动性、业务应用系统的关联性等。因此，校园一卡通不仅仅考虑简单的金融消费和门禁应用，而要从金融消费类、身份识别类、信息服务类、流程接口类等四个方面，具体细化各种应用子系统，同时还要考虑与数字化校园的结合。出于这些考虑，我们不得不承认，项目管理能力的评估体系构建，在项目实施之初就需要整体的部署和考虑进来。

（一）校园一卡通的概念与特征

1. 校园一卡通的概念

"校园一卡通"是指在校园内部使用的智能 IC 卡，具有消费支付、身份认证、门禁以及签到等诸多用途。原有传统的管理方式，已经被这种新颖的模式所替代。"校园一卡通"可以有效地代替学校内各种功能的卡片，不仅提高了学校各部门的管理工作效率，也为全校的教职员工和学生的工作和生活带来方便，而且实现了校园信息资源的统一管理。与之同时，作为数字化校园建设的重要组成部分，"校园一卡通"不仅是学校基础信息资源的枢纽，信息采集也极为方便，且为学校提供了方便快捷的管理模式。

数字化校园的建设和校园一卡通的使用，其最主要的目的是方便师生进行身份验证、消费、查询，使得应用更加方便安全。其次从管理的角度讲，校园一卡通的使用可以规避很多乱收费的现象，使得资金的管理更加有条不紊。最后校园一卡通的使用是建立在数字化校园平台的基础上的，为校园资源和数据的统一管理提供了媒介支持，也为数字化校园的各项应用打下了坚实的基础。

2. 校园一卡通的特点

校园一卡通是实现高校数字化的必经之路，为师生在学习、工作、科研、教学等日常生活带来了极大的便利，也有利于从整体上提升学校的管理能力。

通常校园一卡通由硅片材料制成，内置IC芯片，由于硅片这种独特的材料特性，使得校园一卡通不易被消磁，可以抵抗辐射。特别值得一提的是，校园一卡通采用内外层设计，具有特有的保护措施，使得校园一卡通使用寿命很长，完全可以满足学生在校期间的使用稳定性。

校园一卡通内置IC芯片，其存储信息按照明确的区域划分，每个人的信息都按照数字化校园系统规划好的数据信息来分配，校园一卡通通常都具备很强的存储功能。与此同时，校园一卡通还具备很强的延展性，可以根据需求的增加而随意增加其功能。

校园一卡通属于便携式感应通信设备，其设计都会通过特殊的加密流程，具有较高的保密性，可以确保用户信息的安全。

（二）校园一卡通系统的作用

校园一卡通作为数字化校园很多应用的媒介和载体，成了用户和应用之间的桥梁，起到了很重要的作用。本节从其不同用户的角度出发，总结归纳校园一卡通的主要作用。

1. 校园一卡通的身份识别功能

在数字化校园整体规划之前，一般都会统一设计和规划校园一卡通的身份识别功能。为了方便广大师生的使用和识别，校园一卡通的表面都会标注基本的个人信息，如照片、学号工号、姓名、院系名称、所属单位，这样既方便识别同时如果遗失也便于归还，避免经济损失。

在系统的设计上，校园一卡通的芯片和数据库系统中存有的个人身份信息一一对应，从而实现师生在校园内的电子身份识别，而且这种识别是统同步的唯一认证识别。个人信息通过统一身份认证系统与数字化校园平台的对接和扩展，从而确保信息数据的一致性。

2. 校园一卡通的管理功能

数字化校园的建设实际上就是为了有序地集成校内各个部门的不同应用，同时更高层次地完成师生的个性化需求。那么可以说，校园卡通是实现这些目的的载体和途径。校园一卡通的芯片可以集成很多的信息，包括学习、科研、工作、生活、消费、借阅、出入门禁记录等的个人信息。校园一卡通对这些信息的集成不但提高了师生对应用服务的方便程度，同时给校内管理带来极大的便利，促进了高校管理的数字化水平。同时，也为学校高层收集校内信息提供了有利的工具，提高了决策的正确性。

3. 校园一卡通的信息检索功能

校园一卡通的信息检索功能与数字化校园平台的前期规划和设置有着紧密的联系。一般在校园一卡通系统里，师生可以在相应的应用系统查询到所需的公共信息资源，获取个性化数据。相对的，学院和各个部门也可以通过校园一卡通系统检索到师生信息，获得直接和真实的数据资料。换句话说数字化校园平台为校园一卡通用户提供了应用服务的入口，校园卡通的用户通过对一卡通的使用也为学校了解和掌握个人信息提供了数据资源，从而为个性化服务的推送及管理部门领导的决策提供了参考意义。

4. 校园一卡通提高支付透明度

校园一卡通通常具有货币支付功能，用户可以通过网络或者终端机将银行卡里的钱转入到校园一卡通中，这样很简单方便地就可以在校内进行消费和结算，有效地代替了现金收费，给用户日常生活带来了方便。

从管理的角度讲，校园一卡通的支付功能使得校园内的各项服务收费更加透明公开，有利于学校对收费资金的管理和监督。校园一卡通的支付功能不但减少了对现金流管理的麻烦，同时还避免了乱收费现象，避免了资金分散管理，杜绝了"小金库"现象。可以提高资金的运转能力，提高资金的使用效率。

（三）校园一卡通的建设目标

校园一卡通项目是在高层的计划管理下，根据整体大纲逐步实现高校数字化目标，并具有一致的参考指标，遵循数据共享、实用性第一的理念，来加快高校适应信息时代。

在校园一卡通体系的建立过程中，要动员全校师生积极配合参与到一卡通的构建中，同时要兼顾大纲制定、前期宣传、人力资源的培养、技能的承受等协助手段同步进行。在此基础上，必须切实考虑到校园发展的实际情况和现实需要，以校园数字化综合建设为中心，经过各个组织功能的充分发挥，促进校内管理制度和教学制度的创新，构建高校网络数据资源的交流和共享平台，为一卡通的建立创立信息管理的保障。

一卡通项目相应的实施和管理体系，属于促进实现校园数字化和信息化的步骤之一。一卡通实施和管理体系为高校信息化提供反馈信息资源和后期服务，而且为保障一卡通大纲的顺利执行，要从长远的、整体的角度对卡通项目进行规划。

在前期的设计和规划过程中，就要将项目管理的相关概念和相关思路应用到项目的设计中去。让项目的规划具有分阶段逐渐建设和统一性必然性的理念。

卡通项目体系是一个复杂的体系，尤其是一卡通后期服务和体系的构建，为保证一卡通项目顺利建成，实现预定的使用者量的目标，坚持与高校实际情况相符合的分阶段逐渐建设的理念。一般会将一卡通项目的建设进程划分为两个阶段，前一阶段是侧重实用的基础设备的建设和完善，重点在硬件条件的构建；后一阶段是高校一卡通软件的实施和更新，即对高校卡通理念和技术的发展和创新，还包括高校一卡通后期的反馈服务和改进。在这个过程中，前一阶段是后一阶段的基础，但二者是相互协调、相互补充的。

卡通项目的设计除了需要分阶段逐渐建设的理念，还需要统一性和必然性的理念。一卡通的规划大纲与一般性的校园项目建设不同，该规划大纲是从高校长远发展和全面发展出发的，而且高校一卡通是在校园数字化思想的指导下构思与实施的，要与校园数字化项目紧密联系、协调补充以促进未来高校借助高校一卡通向数字化校园的转变。任何事情都不是轻易能够取得成功的，无论是构思、实施还是后期的改进修正都需要大量的人员、技术、物质。为确保用户的利益不受损失，需要能最大程度的降低后期服务和改进对客户造成的影响，这就必须对工作人员进行相应的理论和技术的指导，加快更新工作人员的服务理念，才能确保在日后出现技术故障时，工作人员能够迅速反应、机智应对。同时，经过必要理论和技术的培训的工作人员既是实现数字化校园的必需的人力资源也是顺利完成高校一卡通建设的骨干力量。

任何一个项目在实施过程中除了满足预期的设定效果之外，项目的延展性也是其规划过程中需要考虑的一个因素，所以扩充性也是一卡通建设大纲的必要要求之一。一卡通项目后期的反馈服务和改进修正工作是与高校的发展相适应，所以高校的发展对一卡通项目的功能提出的要求是无穷的，所以一卡通建设大纲一直在扩充和修改中，并与世界先进的理念与技术接轨，以保持其发展能力。

由上面的项目管理思路出发，结合目前的数字化校园一卡通项目的普遍基础需求，在设计一卡通项目中基本的目标有如下几个方面。一卡通系统要实现全校师生、员工每人持一张卡，取代以前的各种证件（包括学生证、工作证、借书卡、医疗证、出入证、就餐卡、考勤卡、上机卡等）的全部或部分功能。通过丰富的信息服务渠道（服务柜台、终端机、门户网站、语音平台、多媒体机等），师生能够随时、方便地了解自己的消费记录、存款余额、学校资源利用情况等方面的信息，积极主动地安排自己的学习、教学、科研和生活。校园一卡通系统将应用范围覆盖到校园生活、学习、教学、科研和管理的各个方面，真正实现"一卡多用，一卡通用，一卡在手，走遍校园"，有效地提高学校的服务水平、管理水平和决策支持能力。

校园一卡通的项目设计需要符合现实要求，各个高校均立足于学校的长远和持续发展，计划将一卡通项目体系的水平提升到国内前列，这就需要应用世界最新的一卡通项目技术和方法，而高校一卡通项目提供的服务是应用性和实用性强的服务。在建立高校一卡通项目的建设方案时，必须考虑到学校的现状，构建符合学校特征的校园一卡通项目系统。

在校园一卡通项目的筹备方案中，要以高校数字化校园整体规划为指导思想，高校一卡通项目的建设要为实现高校数字化校园做准备，是高校数字化进程中必不可少的部分。当前在维护一卡通项目稳步进行前提下，高校一卡通项目身份识别功能将随着应用越来越多而得到扩大和升级。

校园一卡通的目标体系的建立核心内容是利用先进的科学技术，将数字化校园平台上的各个数据资源在网络环境中将其精密联系、深度挖掘。

无论是身份的认证还是数据资源的共享，或是消费参数的统计，都需要依托高校网络基础的规划来实现。

为确保信息资源的安全，一卡通项目系统必须具备一套完整合理的数据资料备份系统。数据资料库经过软件的处理而建立的，具有高度的实用性，利用软件建立数据资料备份系统，当高校一卡通项目系统的信息库出现错误或系统崩溃时，可以利用数据资料备份系统来修复和重建。除此之外，还必须在异地构建信息资源中心，将本地的数据资料对异地信息资源中心实现同步传输和共享，当本地的高校一卡通信息服务器出现故障时，由异地的数据资料服务中心来代替，为系统的正常运转提供保障。这也是为了确保系统的安全性而设计的。

提到一卡通项目最初的理解就是"一卡在手，走遍校园"并实现现金流的校银结合。一卡通项目系统的作用发挥范围是高校全部领域促进应用高校一卡通身份鉴别统一化、高校管理统一化、高校消费统一化等，利用共同的信息资源网络、规定的身份鉴别系统、一致的用户中心与校内任一系统进行信息资源的交流与共享，以促进构建理想的校园一卡通建设步伐。一卡通的财务体系与银行卡的金融体系联系紧密，银行卡拥有广泛的银行网点，实现金融流通和货币交易，且各类银行财务是可以实现互相流通的。用户通过网上银行来实现银行卡与高校一卡通转账，以银行的财务系统促进高校一卡通账户的正常运转。同时，高校一卡通兼具信息储备与查询、身份鉴别与确认、校内日常事务的管理等作用。

通过规范并支撑各个应用系统的开发运行，带动全校信息化、规范化管理的进程，为学校管理提供决策支持。学校建成以软件架构为核心、学校掌握主动权、注重信息资源开发和利用水平的开放性的新一代校园一卡通系统为建设目标新一代校园一卡通系统具有如下特点：

开放式的一卡通系统，学校自主掌握系统的主动权和设备选择权。建成的一卡通系统密钥由校方自主生成和保管，学校根据各厂商设备的性价比和服务质量来自主选择设备品牌，学校根据应用的发展自行进行系统功能拓展，不需要受制于某一个设备厂商。

开放式的一卡通系统是以软件架构为中心的一卡通系统，具有强大的核心平台。采用集中式多层架构设计，保障数据的统一管理、通信的安全可靠、系统接口的层次清晰。

基于数据交换平台的一卡通系统，实现与数字化校园的合理结合。制定全校统一的数据采集、维护、交换的技术规范和标准，实现学校信息资源的交换共享、信息集成管理和信息资源的充分利用。

开放式的一卡通系统建设强大的统计分析与数据挖掘功能。系统的设计可将信息资源进行充分利用，为不同角色的人员提供丰富报表和图形化数据，为领导决策提供辅助支持。建设先进的、高安全性的、基于通信中间件的、高可扩展性的一卡通系统。

（三）校园一卡通的设计原则

校园一卡通是数字化校园建设的重要组成部分，也是数字化校园应用推广的核心落脚点。在进行校园一卡通系统设计时，建设的项目必须完全遵循实用性、先进性、开放性和安全性的原则，确保一卡通的项目可以充分满足用户的需求和数字化校园建设的可延展性。

校园一卡通项目应充分体现高校内部管理的模式和特点，在系统设计时使用的主要技术和产品必须具有成熟、稳定、实用的特点。

校园一卡通项目设计既要采用先进的技术架构和系统工程方法，不但能反映当今的先进技术和理念，而且具有发展潜力，能保证未来若干年内占主导地位。

校园一卡通项目必须从整体架构和具体功能上保证降低管理难度、降低维护成本、降低人员依赖。

校园一卡通项目必须采用开放的架构、开放的平台、开放的产品，提供完备的文档资料和接口程序，学校自主掌握密钥和算法。业务扩展和设备接入不得采用厂商标准的加密卡等设备。

校园一卡通项目应采用严格的分级管理技术，管理人员、查询人员分级按权限操作；采用多层体系架构，单层次出现故障；系统运行中间层次、中间环节不能保留敏感数据，以避免财务风险。

（四）校园一卡通项目管理能力研究的必要性分析

项目管理作为一种科学的管理技术和手段，其目的是在范围、时间、费用这"三重约束"条件下，保质、保量地完成预定的任务，使得用户对项目的最终结果满意。从项目管理知识体系中可以看到，在信息化建设中，信息系统项目不但具有项目管理所涵盖的内容，如"三重约束"条件、整体管理、人力资源管理、沟通管理等，而且其自身的特殊性决定了信息系统项目更有必要实施项目管理。

由于技术的进步以及科学的发展，一卡通项目作为一种高校的信息化建设项目，对项目管理能力提出了更高的要求。项目管理能力较弱可能会导致出现对项目的可行性分析不到位，对项目的风险预测不足，对影响项目的一些因素没有进行有效的控制，项目执行过程中利益分配不均衡，项目偏离了预定的目标，以及后期监控服务工作不到位等诸多的问题。以上所出现的问题归根结底是因为项目管理中的环节出现了问题，即项目管理能力存在着一定的弊端。

如果没有行之有效的项目管理计划，会造成项目目标不明确，需求变化频繁，最终导致项目执行过程中反复调整，浪费时间、财力最后还达不到预期的效果。主要表现在以下两个方面：一是在信息系统建设过程中，用户常在项目开始时只有一些初步的要求，没有明确的想法，也提不出确切的需求，因而项目的任务范围很大程度上取决于系统分析师对系统的规划和需求的分析。随着项目的进展，用户对自己所需的产品或服务逐渐清晰，对当初的想法不满意，不可避免地提出新的要求，如此反复，造成了项目需求的频繁变化，进而影响到项目范围、进度、费用等发生变更；二是信息系统项目的产品或服务事先是不可见的，不论是用户还是系统的建设方，在项目前期只能对项目进行粗略的定义，随着项目的进展才能逐渐清晰、完善，即项目的渐进性，这同样会引起需求的变化。这种渐进性表明了基于对未来估算和假设基础上的项目计划和预算，亦带有许多的不确定性。目标不明确、需求变化、不确定性等问题，正是项目管理知识体系中所要着重解决的问题。

一卡通项目作为一种信息系统项目是典型的技术密集、知识密集的项目。项目成员的结构、责任心、能力以及人员的稳定性对项目的质量乃至项目的成败都具有决定性的影响。由于人力资源成本在信息系统项目中占据了相当大的比例，因而有必要对项目中人力资源的获取、激励机制和团队管理等方面进行有效的管理。由此可见，在信息化建设中推行项目管理存在诸多有利条件。要充分认识到项目管理对提高信息化项目的质量、效率和资源配置等方面发挥的积极作用，从观念上进一步认识到项目管理的重要性。

针对校园一卡通项目，需要对项目管理能力中存在的薄弱环节进行弥补，才能有效保证一卡通项目顺利、成功地进行，为此需要对一卡通项目管理能力进行评价，明确校园一卡通项目管理过程中存在的短板并且根据评价结果提出相应的管理能力提升策略。一卡通项目管理能力的研究一方面可以使一卡通项目有效地实施，另一方面可以使项目管理者了解自身的项目管理能力以进一步提升项目管理水平，并且不断完善项目管理中出现的问题。因此，进行项目管理能力研究是十分必要的。

二、项目管理评价指标体系的构建原则

高校一卡通项目与一般的项目不同，它是服务性项目，而且这种服务不是短期完成的，具有长期性特点，因此不能将一般的项目管理能力衡量参考标准生搬硬套在它身上，必须考虑到其自身特点，不仅要考虑项目的设计、实施能力，在确立参考标准系统的雏形时要考虑到项目的后期维护能力。

所以我们在论证了不同的指标体系之后，按照项目执行的时间轴，从项目管理的角度，根据项目启动、项目设计、项目执行管控、项目反馈这五个基本过程，建立项目管理能力评价体系。建立项目管理评价指标体系时，应该按照科学性原则、可行性原则、可比性原则、合理性原则以及整体性和简明性原则来规划和设计项目管理评价指标体系。

（1）科学性原则。校园一卡通项目管理能力评估指标体系是校园一卡通项目管理能力的重要组成部分，在很大程度上反映了校园一卡通项目管理能力的科学合理性和衡量标准的准确性。项目管理能力评价指标体系应当准确反映校园一卡通项目管理能力的主要因素，以保证校园一卡通项目管理能力评价指标体系的科学性和评价结果的客观性。这就要求所建立的项目管理水平评估体系必须清晰明确，并且要建立在科学合理的数据资料上，所用的评估方法也需有效。并且要求所建立的评价指标体系应该具有科学合理的结构，清晰的层次和逻辑关系，所选指标要有充足的理论依据，同时，指标的选择方法和所用的计算方法也要科学、合理。

（2）可行性原则。校园一卡通项目管理能力评估指标体系的构建是为校园一卡通项目管理能力的评估提供数据依据，与校园一卡通项目管理的组成部分相关。这就必须考虑到指标体系的有效性，在构建指标体系时保证衡量的实际效果。考虑到指标的获取性和实践性，项目管理在设计指标体系时要尽量在全面的基础上保证指标相关数据的获取具有一定的可行性。

（3）可比性原则。校园一卡通项目管理能力评估指标体系的构建目的是为校园一卡通项目管理能力评估提供一手数据资料，并在此过程中发现校园一卡通项目管理存在的问题，以进行改进。所以要求指标体系具有可比性，能全面比较一卡通项目管理各个方面的水平。一卡通项目管理能力评价指标体系的建立是为了帮助了解其校园一卡通项目管理的相关状况，找出其项目管理能力强或弱的原因，从而进行项目管理能力提升。因此，指标选取要尽可能地易于比较，能在整体上反映项目管理能力的状况。

（4）合理性原则。校园一卡通项目管理能力本身就是抽象的，很难对其进行精确地度量。所以在进行校园一卡通项目管理能力评估时，要充分结合有关理念和实践来构建参考标准系统，才能保证校园一卡通项目管理能力评估指标体系能够较为合理有效地反映一卡通项目管理能力。一卡通项目管理能力评价指标体系选取基于某种经验和理论基础上，正确度量其目标属性，具有较高的认可程度。

（5）整体性和简明性原则。在确立指标体系时，要将校园一卡通项目管理各个要素和特点作为一个整体来看待，结合多方面管理要求，保证参考标准的整体性。与此同时，在确立参考标准同时，不可避免要面对多方面的繁杂的信息资料、不同管理部门和组织的要求、各类版本的理念等问题。然而，选择的指标越多、覆盖面越广，数据的整理加工工作也就越烦琐，准确性反而会降低。同时，也为了避免因指标过多而造成的重复、冲突等现象，这就要在确立指标体系时坚持简明性原则，紧紧围绕着核心目标，对信息进行遴选，同时保证指标体系的整体性和简明性，为评价分析提供便利。

三、评价指标体系的确立

（一）评价指标体系的初步筛选和确定

根据上面提到的评价体系确定原则，考虑到一卡通项目的服务性和长期性特点，根据项目进程的时间轴来确定其评价指标体系参数。一卡通项目有别于其他的信息化项目，它的后期反馈和维护也是项目管理评价指标体系的重要组成部分，因此不仅需要在前期做好相关的决策、设计等工作，还需要在项目结束后做好相应的维护及管理工作以保证项目的服务质量。在项目管理的进度过程中，将评价指标体系的参数按照时间轴的进程设计为：项目前期规划能力、项目策划能力、项目组织管理能力、项目实施管理能力、项目验收管理能力、项目服务反馈管理能力。在每个一级评价指标后面，设定各二级评价指标。

对于上述初步设定的评价体系指标，采用调查问卷的方法，利用五级李克特量表法对指标体系进行量化，具体内容为：表示完全不合理；表示比较不合理；表示比较合理；表示合理；表示完全合理。获得他们对本文所确立各项的指标的意见和看法，来判断指标的合理性。当指标的评价得分在以上时，则认为该指标有效，否则就删除。

（二）评价指标的隶属度

一卡通项目的评价指标体系的确定是根据项目进程的时间轴设定的二级指标体系，其中第一级别指标6项，第二级别指标总计23项。这个指标的确定体现了校园一卡通项目评价指标体系及高校信息化建设及应用内容的理论整体构想，因为专业知识和个人理解程度的限制，有些指标的设置并非科学合理。因此在设定指标体系之后需要对成熟度评价指标体系进行相关的隶属度分析，以增强其科学性、合理性以及可操作性。

模糊数学的方法是对隶属度进行检验的基础方法。主要是通过调查问卷的形式向专家、学者等进行意见征询的。咨询对象与之前的调查对象不同的是，需要找一些比较有经验的专家学者对指标进行讨论和析辩。依据自己经验知识及个人见解对评价指标体系的评价指标进行主观选择和判断。但是这里的判断和删改是基于上述体系确定的基础上，换句话说基本上是基于之前设定的体系基础，在集合中判断哪些可留哪些无意义。集合多数专家学者的意见，将定性问题定量化，依据咨询对象的意见，剔除出些不能较好反映高校信息化协同绩效评价指标体系的评价指标，能够极大地改善评价指标的代表性，增强其科学性和合理性。

依据模糊数学理论，将成熟度评价指标体系的每一个指标作为一个元素得到模糊集合 {A}，然后对照评价指标体系的各级指标的隶属度进行检验。若各专家对某一指标 A1 选择的总次数为 X1，那么就是说有 X1 位专家认为 A1 是评价指标体系的理想指标，那么 A1 的隶属度为 R1=X1+43。若 R1 的值越大，则说明 A1 在很大程度上属于模糊集合 {A}，也就是 A1 在成熟度评价指标体系中的重要性程度越高，这一指标可以保留。相反若 R1 的值越小，则说明 A1 在成熟度评价指标体系中的重要性程度越小，则此指标需要剔除。

通常大家公认的隶属度的临界点为 0.6。幸运的是上述确定的指标体系均在 0.65 之上，所以隶属关系分析后并没有对指标体系的确定做过多的修改和删减。

（三）评价指标体系的信效度

评价指标体系的各项指标与结构是否良好合理，以及评价指标体系得出的评价结果是否具有可信度和有效性，需要通过科学统计的方法进行检验。信度又叫可信度，是指测量结果的一致性和稳定性，是对测量可信程度的统计学描述。效度，是指测量的有效程度，如果测量的效度越高，则说明测量的结果越能代表被测对象的真实特征。效度是指概念定义及操作化定义之间是否契合。因此，当说一个指标有效度时，是在特定目的及定义的情况下作此判断的。同样的指标在不同的研究目的下，可能有不同的效度。测量的效度比信度难达到。因为效度的概念是抽象的，而指标则是具体的观察。内容效度是一种特殊的表面效度。

对指标体系信度的分析，可以采用内部一致性信度来进行测量。选取系数来确定评价指标体系的内部一致性信度。

参考文献

[1] 刘雍潜，孙默主编.数字校园综合解决方案 2015.北京：中央广播电视大学出版社，2015.

[2] 肖博编著.数字化校园探索与信息化管理能力评估.北京：国防工业出版社，2017.

[3] 刘雍潜，孙默主编；张生，李丹.数字校园综合解决方案 2014.北京：中央广播电视大学出版社，2014.

[4] 王鹤蒙，叶丛如主编.高校数字化校园建设.徐州：中国矿业大学出版社，2016.

[5] 刘邦奇，孙曙辉编著.数字化校园理念、设计与实现.合肥：中国科学技术大学出版社，2014.

[6] 朱安平著.数字化校园的现实探索.武汉：华中科技大学出版社，2011.

[7] 王继成主编.数字化校园建设与实践.沈阳：东北大学出版社，2010.

[8]《高校数字化校园建设模式探索与实践》编委会编.高校数字化校园建设模式探索与实践.郑州：河南人民出版社，2006.

[9] 邱健筠著.数字化云校园.南京：东南大学出版社，2016.